W0235769

Lexikon
der Kräuter & Gewürze

Inhalt

Seekarte aus dem 16. Jh. n. Chr.

Wohl kaum ein anderes Lebensmittel hat den Lauf der Geschichte derart stark beeinflußt wie die Gewürze. Sie führten zur Entdeckung Amerikas, gehörten nach Gold, Edelsteinen und Seide zu den ältesten Handelsgütern und spielten in der Mythologie und im Aberglauben eine wichtige Rolle. Im Mittelalter gab der Gewürzhandel Anlaß zu Streitereien und löste sogar Kriege aus. Araber, Venezianer, aber auch deutsche Kaufleute, wie die Fugger, wurden unermeßlich reich durch den Handel mit Gewürzen. Denn sie waren zeitweilig so kostbar, daß man sie mit purem Gold aufwog. Neben dem Würzen von Speisen und Konservieren von Lebensmitteln, spielten Gewürze schon in der Antike, aber vor allem im Mittelalter in der natürlichen Heilkunde eine Rolle. Bis heute nutzen wir dieses Wissen. Gewürze machen unsere Speisen gesünder

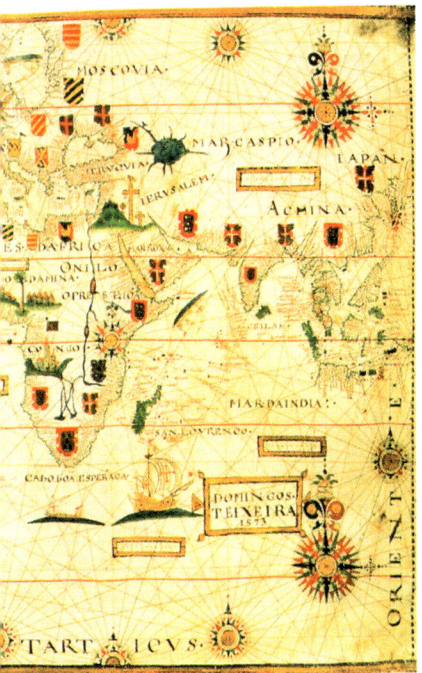

Aromen aus aller Welt in fast jedem gutsortierten Supermarkt. Abwechslungsreich und raffiniert zu kochen, ist für uns — was das Handwerkszeug angeht — kein Problem mehr. Dennoch gehört das Würzen zur hohen Kunst des Kochens, die allerdings durchaus erlernbar ist. In diesem Buch finden Sie ein kurzes Porträt von über mehr als 100 Gewürzen, Kräutern, Wurzeln, Knollen und Aromen. Der Inhalt erstreckt sich von Anis bis Zwiebel, von Asafoetida bis Zitronengras. Sie erfahren Interessantes zu Würzsaucen und -pasten, Gewürzmischungen, Essigen, Ölen, Süßungsmitteln und Spirituosen. Zusätzlich erhalten Sie Informationen über Herkunft, Anwendung, Lagerung und Verwendung in der Küche. Und natürlich finden Sie auch eine Fülle raffinierter Rezepte.

Lassen Sie sich von diesem Buch in die geheimnisvolle Welt der Gewürze entführen! Entdecken Sie mit uns die Vielfalt der Aromen der Welt, Sie werden mit Sicherheit auf den Geschmack kommen ...

und bekömmlicher, denn sie enthalten lebensnotwendige Bestandteile, die unsere Gesundheit positiv beeinflussen. Gewürze haben etwas Magisches an sich, denn sie faszinieren die Menschheit seit altersher mit ihren exotischen Düften und ihren unbeschreiblichen Aromen. Über Jahrhunderte waren sie ein Privileg der Reichen und Mächtigen. Heute sind sie für jedermann erschwinglich. In großer Vielfalt findet man Gewürze und

VON PFEFFER-SÄCKEN UND VIELEN FELDZÜGEN

Schon sehr früh beschäftigten sich Menschen damit, ihre Nahrung noch aromatischer zu machen, indem sie ihre Speisen mit Gewürzen verfeinerten. Ausgrabungen in Mexiko ergaben, daß man dort bereits in der Jungsteinzeit um 7000 v. Chr. wild wachsende Sorten von Chilipfeffer kannte. Die älteste Stadt, in der die Verwendung von Gewürzen nachgewiesen ist, war der mindestens seit dem 4. Jh. v. Chr. bestehende sumerische Ort Uruk. Zur gleichen Zeit exportierte Indien bereits Pfeffer, Nelken, Kardamom und Safran. 1000 Jahre später kannten die Chinesen Kassia und Soja, und die Assyrer im Zweistromtal benutzten Dill, Safran, Kümmel, Thymian und Kardamom als Würze, kosmetische Tinktur und Rauchfeuer, um ihre Götter gnädig zu stimmen. Zur Zeit der Pharaonen gab es bereits den Beruf des Gewürzhändlers, der meist von Arabern oder Phöniziern ausgeübt wurde – übrigens sehr zum Ärger der Ägypter. Und so eroberten die Ägypter unter der Herrschaft von Königin Hatschepsut um 1500 v. Chr. das Land der Götter, Punt genannt. Dies war ein wichtiger Umschlagplatz für Gewürze. Dorthin gelangten viele exotische Gewürze aus China und Indien über die alte Seidenstraße, die südlich der Wüste Gobi über den Norden des Himalajas und durch Afghanistan und Persien nach Syrien führte. Archäologen vermuten diesen Handelsort in Südarabien oder in Äthiopien. Nach der Eroberung Punts durch die Ägypter übernahmen die Ptolemäer und später die Kaufleute von Alexandria den gesamten Gewürzhandel mit den Barbaren im Norden. Und wer in Athen Zimt und in Rom Pfeffer haben wollte, mußte dafür wahrlich gepfefferte Preise bezahlen. Dies kam den Römern teuer zu stehen, denn sie waren geradezu würzwütig. Sie setzten ihren ganzen Ehrgeiz daran, Speisen so zu würzen, daß man deren Ursprung nicht mehr schmecken konnte. Außerdem brauchten sie Gewürze für Parfüms und als Medizin. Infolge der Kreuzzüge gelangten immer mehr exotische Gewürze auch nach Mittel- und Nordeuropa.

Mittelalterlicher Kräutergarten, Buchmalerei aus dem 15. Jh. n. Chr.

Im gesamten Mittelalter galten exotische Gewürze als Statussymbol. Eine kleine Schicht, die sich Gewürze leisten konnte, ging ausgesprochen verschwenderisch damit um. So zählte der Erzbischof Isidor von Spanien im 7. Jh. n. Chr. bereits 133 Gewürze und aromatische Kräuter auf, die zum Würzen in der Küche verwendet wurden.

DER KAMPF UMS MONOPOL

Nach den Kaufleuten von Alexandria hatten im 15. Jh. n. Chr. die Venizianer die Vorherrschaft im Gewürzhandel und erlangten dadurch unermeßlichen Reichtum und sicherten sich die politische Macht. Nicht ohne Grund nannte damals der Volksmund alle gut verdienenden Gewürzhändler, zu denen übrigens auch die Großkaufleute Fugger, Tucher und Welser gehörten, „Pfeffersäcke". Rund 500 Jahre konnten die Venezianer ihr Gewürzmonopol halten, dann bekamen sie durch aufsteigende Seefahrtsnationen, wie die Spanier, Portugiesen, Holländer und Engländer, Konkurrenz.

Auf der Suche nach neuen Wegen zu den fernen Gewürzländern entdeckte der Spanier Christoph Kolumbus die Neue Welt und damit auch Chilis, Piment und Vanille. Der Portugiese Vasco da Gama segelte als erster ums Kap der Guten Hoffnung nach Indien und brachte von seinen Seefahrten unter anderem Nelken, Pfeffer, Zimt und Muskat mit. Das Gewürzmonopol ging für etwa 100 Jahre nach Lissabon.

Danach eroberten Holland und England die Herrschaft über die Meere und somit auch über die Gewürze. Besonders rabiat waren dabei die Holländer auf den Molukken. Sie unterwarfen gnadenlos die Bewohner der Gewürzinseln, vertrieben die Portugiesen und beuteten das Land rigoros aus. Und jedem Eingeborenen, der eine Mußkatnuß ohne Erlaubnis pflückte, ließen sie die Hand abhacken. Genützt hat es nichts, denn es dauerte gar nicht lange, da verschleppten sogenannte Muskatfresser, eine Taubenart, die Nüsse auf andere Inseln.

Das Ende der holländischen Herrschaft begann im Krieg mit den Engländern im Jahre 1780. Englische Schiffe blokkierten holländische Schiffe in Ostindien, die Holländisch-Ostindische Kompanie ging bankrott. Gewürzschmuggel und Piraterie nahmen zu.

Es begann ein jahrzehntelanger Kampf um die Kolonien, der bis zum Ende des Zweiten Weltkrieges dauerte. Erst danach war die Zeit des Gewürzmonopols endgültig vorbei.

VON ZAUBERTRÄNKEN UND KLOSTERGÄRTEN

Anders als die Gewürze brauchten Kräuter keine Handelsorganisationen. Sie wuchsen fast überall, und das schon seit Tausenden von Jahren. Mit Thymian und Dill kochten schon die Assyrer. Ein besonderes Verhältnis zu aromatischen Kräutern hatten auch die Griechen. Sie widmeten fast jedes Kraut einem Gott, z. B. Majoran, Rosmarin und Thymian der Göttin Aphrodite. Der griechische Arzt und Philosoph Hippokrates, der um 400 v. Chr. lebte, war der erste, der Kräuter systematisch zur Heilung von Patienten einsetzte. Aber auch in den heimischen Küchen gehörten

Kräuter zu den üblichen und einzigen Gewürzen. Der Grieche Pedanios Dioskurides, der um die Mitte des 1. Jh. n.Chr. lebte, kannte bereits die meisten der heute verwendeten Heil- und Gewürzkräuter. Er unterschied zwischen wild wachsenden und kultivierten Pflanzen und gab Hinweise zu Pflege und Lagerung.

Im Mittelalter waren die Klostergärten die wichtigsten Pflegestätten des Kräuteranbaues. Vor allem die Benediktiner brachten von ihrem Stammkloster auf dem Monte Cassino Pflanzen aus dem Mittelmeerraum zu den Heiden nördlich der Alpen. Und auch Karl der Große förderte in seinem Reich den Anbau der Mittelmeerkräuter. In seiner Anordnung „Capitulare de Villes" führte er viele Kräuter auf, die in den Klöstern und Pfalzen angebaut werden sollten, z.B. Melisse, Majoran, Salbei und Thymian. Im späten Mittelalter ging das Wissen um die Heil- und Würzkraft der Kräuter auf die Apotheker

über. Zu jeder Apotheke gehörte ein Kräutergarten, in dem zarte Pflänzchen kultiviert wurden. Für die wild wachsenden Kräuter allerdings waren die Kräuterweiblein zuständig. Sie mixten Liebestränke, Abführmittel und Wundsalben und wurden dafür oft noch bis in die Neuzeit als Hexen verfolgt. Populär wurde die Kräuterkunde erst ab dem 15. Jh. n. Chr. mit der Erfindung der Buchdruckerkunst. Ein Kräuterbuch erschien nach dem anderen, die Nachfrage nach Kräutern in der Heilkunde, aber auch in der Küche wuchs und wuchs.

Die Ursachen sind unklar, aber mit Ende des 19. Jh. verschwanden die aromatischen Kräuter aus der deutschen Küche. In unserem Jh. mit der Entdeckung der Mittelmeerländer als beliebte Urlaubsziele kehrten Rosmarin, Thymian, Salbei und Co. wieder in unsere Töpfe zurück. Diese Kräuter und Gewürze sind aus unserem Essen nicht mehr wegzudenken.

DER RICHTIGE UMGANG MIT KRÄUTERN UND GEWÜRZEN

Rein sprachkundlich gesehen, gibt es zwischen Kräutern und Gewürzen überhaupt keine Grenze. Denn ein Gewürz ist nichts anderes als eine Vielzahl von „Würzen", und das Wort „Würze" stammt ab vom altniederdeutschen „wurt" = „Pflanze", vom gotischen „Waurts" = „Wurzel" und vom altniederdeutschen „wurtia" = „Würzware". Im täglichen Sprachgebrauch verstehen wir jedoch unter Kräutern alle Pflanzenblätter und -stiele, die würzen, duften und heilkräftig sind. Gewürze gehören dagegen, wie auch Salz, Zucker, Essig, Würzsaucen, -pasten und Aromen zur großen Gruppe der Geschmacksstoffe, die eine bestimmte Geschmacksempfindung vermitteln. Theorie hin – Praxis her: richtiges Würzen erfordert Fingerspitzengefühl, ein bißchen Mut zum Risiko und Freude am Experimentieren und natürlich auch ein gutes Geschmacksempfinden.

Zudem sollten Sie ein paar Regeln beachten:
- Je frischer die Kräuter, desto intensiver ist ihr Aroma. Deshalb sollten Sie schon beim Einkauf darauf achten, daß Kräuter möglichst frisch sind. Bunde mit welken Blättern und schlaff hängenden Köpfen sollten Sie gar nicht erst einkaufen. Frische Kräuter aus dem eigenen Garten immer erst unmittelbar vor dem Gebrauch ernten.
- Saisonal angebotene Kräuter im Bund sind intensiver im Duft als die Treibhauspflänzchen, die es das ganze Jahr über zu kaufen gibt. Wer Wert auf einen intensiven Kräutergeschmack legt, sollte deshalb im Winter lieber getrocknete, im Geschmack kräftige Kräuter, wie Thymian, Rosmarin und Salbei verwenden oder TK-Kräuter, wie Petersilie, Schnittlauch und Dill, einsetzen.
- Kräuter sollten niemals naß sein, wenn man sie hackt, weil sonst die Aromastoffe verlorengehen. Deshalb immer gut trockentupfen. Bei zarten Kräutern, wie Kerbel, kann man auf das Waschen verzichten.

■ Hacken Sie die Kräuter immer erst unmittelbar vor der Verwendung. Am besten bleibt das Aroma erhalten, wenn man die Blätter von den Stielen zupft und sie mit einem scharfen, breiten Messer fein hackt. Die frisch gehackten Kräuter decken Sie bis zum endgültigen Gebrauch mit Frischhaltefolie ab.

■ Nicht alle Kräuter dürfen von Anfang an mitgegart werden. So sind z.B. Basilikum, Kerbel und Borretsch sehr hitzeempfindlich. Man gibt sie erst kurz vor Ende der Garzeit zu den Speisen. Dagegen dürfen Kräuter mit kräftigem Aroma, wie Rosmarin, Salbei und Lorbeer, von Anfang an mitkochen, da sich ihre Geschmacksstoffe erst durch die Hitze voll entfalten.

■ Auch ungemahlene Gewürze, wie Nelken, Pfefferkörner oder Kümmel, geben ihre

Aromastoffe beim Kochen nur langsam ab, deshalb sollten auch sie von Kochbeginn an zugefügt werden. Frisch gemahlener Pfeffer gehört hingegen erst ganz zum Schluß ans Gericht.

■ Am besten kaufen Sie nur unzerkleinerte Gewürze. Sie halten sich länger und lassen sich schnell feinhacken. Körner, wie Piment, Pfeffer und Koriander, kann man im Mörser zerstoßen oder in einer Gewürzmühle zermahlen. Für die Muskatnuß nimmt man eine kleine Reibe.

■ Geben Sie getrocknete Kräuter und Gewürze niemals direkt aus der Packung in die heiße Speise. Die Feuchtigkeit verklebt die winzigen Teile, das wiederum führt zur Klümpchenbildung und Aromaveränderung bei den restlichen Würzmitteln.

KRÄUTER SELBER ZIEHEN, ERNTEN UND KONSERVIEREN

Obwohl man Petersilie, Dill, Schnittlauch und auch Basilikum das ganze Jahr über bekommt, lohnt es sich immer noch, diese Kräuter selbst zu ziehen. Erstens ist das Aroma der eigenen Gartenkräuter wesentlich intensiver, und zweitens bekommt man ausgefallenere Kräuter, wie Ysop und Pimpernelle, immer noch sehr selten auf Märkten zu kaufen. Die meisten Küchenkräuter lassen sich auch ganz problemlos aufziehen – entweder draußen im eigenen Kräuterbeet, auf der Terrasse oder dem Balkon, aber auch drinnen auf der Fensterbank.

DIE AUFZUCHT AUF DER FENSTERBANK

Fast alle gebräuchlichen Küchenkräuter lassen sich auf der Fensterbank in kleinen Töpfen ziehen. Voraussetzung ist allerdings ein zugfreier und heller, jedoch nicht allzu sonniger Standort. Die Töpfe, am besten aus Ton mit einem Mindestdurchmesser von 10 cm, sollten im Boden mindestens ein Ablaufloch haben, denn Staunässe verträgt keine Pflanze. Am besten füllt man den Boden unten mit Tonscheiben oder einer Schicht Kies aus. Als Erde nimmt man humushaltige Mischerde oder Fertigerde, die man im Gartenfachhandel bekommt. Sie enthält im richtigen Mischverhältnis alle wichtigen Nährstoffe. Mit Ausnahme von Estragon und Minze lassen sich alle gebräuchlichen Küchenkräuter aus Samen ziehen. Bei der Aussaat im Frühjahr oder Herbst werden die Samenkörner 2–3 cm tief in die Erde gesteckt. Die Erde darf nicht zu feucht, aber auch nicht zu trocken sein. Bei einer Zimmertemperatur von 16–21 °C gedeihen die Pflänzchen am besten. Sind die Samen gekeimt, setzt man die jungen Pflänzchen in andere Töpfe um, damit sie nicht zu dicht stehen. Man nennt diesen Vorgang Pikieren. Die Aufzucht aus Samen empfiehlt sich allerdings nur bei einjährigen Pflanzen wie Petersilie, Borretsch, Kresse, Koriander und Portulak. Mehrjährige Kräuter, wie Thymian, Rosmarin, Oregano, Schnittlauch und Liebstöckel, aber auch einjährige, wie Basilikum und Bohnenkraut, sollte man lieber als

Jungpflanze kaufen. Küchenkräuter sollten mäßig, aber regelmäßig mit lauwarmem Wasser gegossen werden. Lange Jungtriebe müssen frühzeitig herausgeschnitten werden, damit die Pflanzen buschig werden.

Glückliche Besitzer eines Balkons oder einer Terrasse können ihre Kräuter natürlich auch dort ziehen. Vorausgesetzt, beides liegt nicht direkt an einer Hauptverkehrsstraße mit hoher Abgasbelastung oder an der Südseite ihres Hauses. Als Pflanzengefäß eignen sich hierfür Blumentöpfe oder -schalen aus Ton und Terrakotta, da sie die Feuchtigkeit ideal verdunsten lassen, aber auch aus Schaumstoff. Holz ist weniger geeignet, es wird schnell morsch und brüchig und beherbergt oft Schädlinge. Niedrig und buschig wachsende Kräuter wie krause Petersilie, Rosmarin und Kapuzinerkres-

se, wachsen auch gut in Hängeampeln. Wer verschiedene Kräuter in einem Kübel zusammenpflanzen will, sollte eine passend große Pflanzschale benutzen, um so üppiger entwickeln sich die Kräuter.

DER ANBAU IM GARTEN

Die meisten Pflanzen gedeihen an einem sonnigen Plätzchen. Nur Bohnenkraut, Estragon, Gartenkresse, Kerbel, Liebstöckel, Schnittlauch und Waldmeister fühlen sich auch im Halbschatten sehr wohl. Das Kräuterbeet sollte windgeschützt und vor allem sehr übersichtlich sein, am besten in Nord-Süd-Richtung angelegt. Achten Sie bei der Bepflanzung oder Aussaat darauf, die höher wachsenden Pflanzen, wie Liebstöckel und Estragon, nach hinten zu setzen, damit sie den niedrig wachsenden Kräutern, wie Petersilie und Basilikum, nicht zu viel Licht wegnehmen. Natürlich können Sie für Ihr Kräuterbeet auch Jungpflanzen kaufen

und diese dann im Frühjahr auspflanzen. Selbst in Ihrem Ziergarten passen dekorative Kräuter, wie Salbei und Rosmarin, gut ins Staudenbeet. Tripmadam und Waldmeister eignen sich als Bodendecker. Achten Sie darauf, daß sich keine Schädlinge, wie Blattläuse, Schnecken und Raupen, über Ihre Kräuter hermachen. Bei den ersten Anzeichen von Schädlingen sollten Sie die Pflanzen mit verdünnter Seifenlauge besprühen.

DIE ERNTE

Petersilie, Schnittlauch und Salbei können das ganze Jahr über geerntet werden. Basilikum, Borretsch, Kresse, Kerbel, Minze, Salbei, Oregano und Thymian haben das beste Aroma vor der Blüte. Rosmarin, Majoran und Ysop kann man und nach der Blüte ernten. Kräuter, deren Hauptwürze jedoch die Blüten und nicht die Blätter sind, wie Bohnenkraut, sollten während der Blüte geerntet werden. In jedem Fall sollte man warten, bis die Pflanze gut ausgewachsen ist. Ernten Sie jedoch nicht mehr als 10 Prozent der Triebe und Blätter auf einmal. Die Pflanze könnte sonst eingehen. Je vorsichtiger man bei der Ernte ist, desto aromatischer bleiben die Kräuter. Abgeknickte und zerissene Blätter beeinträchtigen ihre Würzkraft.

KRÄUTER AUFBEWAHREN

DAS TROCKNEN VON KRÄUTERN

Wer sich einen Vorrat an Kräutern für den Winter anlegen will, sollte folgendes beachten:
■ Das Trocknen ist vor allem für Kräuter mit einem kräftigen Aroma, wie Bohnenkraut, Lorbeer, Minze, Rosmarin,

Oregano, Thymian und Salbei bestens geeignet, weil die Kräuter dadurch noch an Geschmack gewinnen; Petersilie allerdings verliert an Würzkraft.

■ Die Kräuter werden am Stengel zu Bündeln zusammengebunden und an einem dunklen, luftigen, trockenen Platz kopfüber aufgehängt. Oder man legt die Blätter auf einen Gitterrost oder auf einen mit Mulltüchern bespannten Rahmen.

■ Kräuter, z. B. Koriander, bei denen die Früchte verwendet werden, bindet man zu Garben und drischt die Samen nach dem Trocknen aus.

■ Die Trockentemperatur sollte 30 °C nicht übersteigen, weil sich sonst die ätherischen Öle der Kräuter verflüchtigen. Nach etwa 1 Woche sind die Blätter trocken. Sie werden dann von den Zweigen gestreift, gerebelt und luftdicht und dunkel aufbewahrt.

■ Zum Trocknen ist auch das Mikrowellengerät bestens geeignet. Man breitet die Kräuter locker auf Küchenpapier aus, gart sie auf höchster Stufe 1 Minute, wendet sie dann und gart sie, bis sie ganz durchgetrocknet sind. Die Zeit hängt von der Kräutermenge ab. Sie beträgt in der Regel nur wenige Minuten.

Verschiedene Salbeiarten

DAS EINLEGEN IN ÖL, ESSIG ODER BUTTER

Salbei, Rosmarin, Basilikum und Minze behalten viel von ihrem ursprünglichen Aroma, wenn man sie in Öl einlegt. Dafür gibt man die gewaschenen und getrockneten Blätter in ein gut verschließbares Glas und bedeckt sie mit einem hochwertigen Öl, z. B. geschmacksneutrales Sonnenblumenöl oder gutes Olivenöl. Das Öl muß 2–3 Wochen an einem hellen Platz durchziehen. Danach wird es durchgeseiht.

Nach der gleichen Methode wird auch Kräuteressig hergestellt. Man nimmt ein oder auch mehrere Kräutersorten, wäscht und tupft sie trocken, gibt sie in eine Flasche und gießt leicht erwärmten Essig, z. B. Sherry- oder Weißweinessig darüber. Besonders gut zum Einlegen eignen sich Estragon, Basilikum, Dill, Salbei und Thymian. Die Kräuter läßt man mehrere Wochen durchziehen und seiht sie dann ab. Aber auch in Butter lassen sich Kräuter konservieren – das Ergebnis ist selbstgemachte Kräuterbutter. Man verrührt feingehackte Kräuter, wie Schnittlauch, Dill, Basilikum, Melisse und Petersilie, mit weicher Butter, etwas Salz, Pfeffer und Zitronensaft, rollt diese Mischung auf und friert die Rolle ein. Die Kräuterbutter hält sich bis zu 8 Monate im Gefrierfach.

DAS EINFRIEREN

Basilikum, Bohnenkraut, Dill, Estragon, Kerbel, Petersilie, Liebstöckel, Schnittlauch und Zitronenmelisse lassen sich sehr gut einfrieren. Dafür werden die gewaschenen, trockengetupften und feingehackten Kräuter einzeln oder als Mischung in die Fächer eines Eiswürfelbehälters gegeben. Darüber gießt man etwas Wasser und läßt sie gefrieren. Danach löst man die Würfel aus dem Behälter und füllt sie in Gefrierbeutel. Man kann die feingehackten Kräuter auch in kleinen Portionen, am besten 2–3 Eßlöffel in Gefrierbeutel geben. Auch mit dieser Methode halten sich die Kräuter bis zu 8 Monate. Bereits aufgetaute Kräuter sollten schnell verbraucht werden, sie büßen sonst stark ihr Aroma ein.

DER BESTE PLATZ FÜR GEWÜRZE UND CO.

Gewürze und getrocknete Kräuter sind ausgesprochen lichtscheue Gesellen. Mögen auch Gewürzregale mit hellen Gläsern sehr dekorativ und übersichtlich sein, den Kräutern und Gewürzen gefallen sie aber gar nicht. Direktes Sonnenlicht läßt sie schnell ausbleichen und sie verlieren dadurch ihren Geschmack. Sie sollten auch nicht zu nahe am Herd stehen, denn die Wärme und Feuchtigkeit schaden den Kräutern und Gewürzen. Getrocknete Gewürze behalten ihre Würzeigenschaft am besten, wenn man sie in luftdichten Behältern an einem dunklen, kühlen, trockenen Platz aufbewahrt. Ideal sind spezielle Gewürzregale im Küchenschrank oder in der Speisekammer. Ganze Knollengewürze, wie Zwiebeln, Knoblauch und Ingwer lagern am besten in luftdurchlässigen Körben oder Tontöpfen, da sie sonst schnell verfaulen. In Plastiktüten verpackte Gewürze sollten Sie so-

Einlegen in Essig oder Öl

fort in die luftdichten Behälter umfüllen. Mehrere Gewürze sollten niemals im gleichen Gefäß gelagert werden, da sie Duft- und Aromastoffe an die Umgebung abgeben und fremde Gerüche leicht annehmen. Ausführliche Lagertips finden Sie übrigens zu den einzelnen Gewürzen innerhalb der Kapitel. Auch wenn Sie Kräuter und Gewürze vorschriftsmäßig aufbewahren, sollten Sie von Zeit zu Zeit Ihre Bestände erneuern, damit Sie sich wirklich auf ein volles Aroma verlassen können.

Gewürze

AJOWAN

(Lat. Trachyspermum ammi),
auch Adjowan genannt.

Die getrockneten, dunkelbraunen Früchte der 30–60 cm hohen Pflanze kommen ursprünglich aus Indien, werden heute jedoch auch in Ägypten, Äthiopien, Pakistan, Afghanistan und im Iran angebaut. Die krautige Pflanze, die zur Familie der Doldenblütler gehört, erinnert im Aussehen ein bißchen an wilde Pertersilie. Die Früchte ähneln großen Selleriesamen.

GESCHMACK UND AROMA

Ajowan schmeckt brennend scharf, leicht bitter und duftet nach Thymian.

VERWENDUNG

Man verwendet die Früchte gemahlen oder als ganze Körner. Ajowan paßt gut zu allen Hülsenfrüchten und Wurzelgemüsen, ebenso zu Pickles und gegrillten Fleisch- und Geflügelgerichten. Es würzt orientalische Pilaws und indische Pankorhas (pikante Kuchen aus Eierteig).

Als ganze Körner streut man sie vor dem Backen über Fladenbrot und auf Kleingebäck.

LAGERUNG

In fest schließenden Dosen kühl und dunkel aufbewahren.

ANWENDUNG

IN DER HEILKUNDE

Die Früchte sind vor allem in Indien ein Hausmittel gegen Verdauungsstörungen und Asthma.

 KÜCHENTIPS

◾ Das Aroma von Ajowan ist sehr intensiv, deshalb sparsam dosieren.

◾ Ajowan finden Sie in orientalischen und indischen Lebensmittelgeschäften.

 REZEPTVORSCHLAG

Pikanter Kichererbsensnack

Für 4 Personen

400 g Kichererbsenmehl (Besan)

180 g Reismehl

1 1/2 TL Garam masala

1/2 TL Chilipulver

1/2 TL Ajowansamen

1/2 TL Kreuzkümmelsamen

1 1/2 TL Salz

3 EL Butterschmalz

ca. 160 ml Wasser

Öl zum Ausbacken

Das Kichererbsenmehl in eine große Schüssel sieben, den gemalenen Reis, Garam masala und Chilipulver sowie Ajowan, Kreuzkümmel und Salz damit verrühren. Das Butterschmalz zerlassen und unterrühren. Wasser zugeben und alles zu einem Teig verrühren, der etwa die Konsistenz eines Biskuitteiges hat. Etwas Teig in eine Spätzle- oder Kartoffelpresse geben und ins heiße Öl drücken. Bei mittlerer Hitze goldbraun backen. Herausnehmen, auf Küchenpapier gut abtropfen und abkühlen lassen.

ANIS

**(Lat. Pimpinella anisum),
auch Anais, Brotsamen oder
Süßer Kümmel genannt.**

*Die graugrünen bis bräunlich
gefärbten Samen der bis zu 50 cm
hohen Anispflanze waren schon
in der Antike in Ägypten, Syrien,
Griechenland und Zypern als
Gewürz und Heilmittel bekannt.
Anis braucht viel Sonne, um seinen typischen Geschmack zu entwickeln. Deshalb wird die Pflanze
hauptsächlich im Mittelmeerraum,
vor allem in Spanien, Italien,
Griechenland und der Türkei sowie
in Bulgarien auf Feldern angebaut.
Aber auch in Indien, Rußland
sowie Mittel- und Südamerika ist
Anis verbreitet.
Anispflanzen gehören zur Familie
der Doldenblütler. Die süßlich
duftende Pflanze mit petersilien-
ähnlichen Blättern bildet Blüten-
stände mit lockeren Dolden.*

*Darin sitzen kleine weiße Blüten,
aus denen sich die winzigen
Samen entwickeln. Zur Reifezeit
wird die Pflanze geschnitten und
anschließend gedroschen.*

GESCHMACK UND AROMA
Anis riecht und schmeckt
würzig-herb und süßlich-aromatisch.

VERWENDUNG
Die Samen gibt es ganz und
gemahlen. Am intensivsten
entwickelt sich das Aroma des
gestoßenen Anis. Gemahlen
oder als ganzer Samen wird
Anis insbesondere zum Würzen
von Weihnachtsgebäck, Brot
und Kuchen verwendet. Er
paßt auch zu Süßspeisen wie
Obstsalaten, Birnen- und Apfel-
kompott, Milch- und Grieß-
speisen sowie Pflaumenmus.

LAGERUNG

LAGERUNG

In fest schließenden Dosen trocken, kühl und dunkel aufbewahren. So hält Anis sich etwa 12 Monate.

ANWENDUNG
IN DER HEILKUNDE

Anistee lindert Husten und Erkältung, beruhigt und wirkt schlaffördernd. Außerdem gibt er „reinen Atem", wie schon der Römer Plinius zu berichten wußte.

KÜCHENTIPS

■ Ganze Samen, im Mörser zerstoßen, entwickeln doppelt so viel Aroma wie schon gemahlener Anis, der seine Würzkraft rasch verliert. Deshalb sollte man gemahlenen Anis nur in kleinen Mengen kaufen und rasch verbrauchen.

■ Anis ist sehr würzkräftig, deshalb sparsam verwenden. Oft genügt schon eine Prise.

REZEPTVORSCHLAG
Anisplätzchen

Für ca. 40 Stück

| 2 Eier |
| 250 g Zucker |
| 1 Prise Salz |
| 1 Päckchen Vanillinzucker |
| 250 g Mehl |
| 1 TL gemahlener Anis |
| 1 EL Stärkemehl |
| Butter für das Blech |

Die Eier mit Zucker, Salz und Vanillinzucker im Wasserbad warm aufschlagen. Danach wieder kaltschlagen. Das Mehl mit dem Anis und dem Stärkemehl vermischen und unter die Ei-Zucker-Masse ziehen. Aus dem Teig mit einem Löffel oder mit Hilfe eines Spritzbeutels mit Lochtülle kleine Häufchen auf ein gefettetes Backblech setzen oder spritzen. Die Plätzchen bei Raumtemperatur über Nacht antrocknen lassen, bis sie eine feste Oberfläche erhalten. Dann den Backofen auf 170 °C vorheizen und die Anisplätzchen auf der mittleren Schiene etwa 10 Minuten backen, so daß die Oberfläche noch weiß bleibt.

BERGKÜMMEL

(Lat. Laserpitium siler),
auch Echter Bergkümmel
genannt.

Die getrockneten Früchte einer
mehrjährigen, krautigen Dolden-
pflanze werden vor allem in
der türkischen Küche verwendet.
Auf den kalkreichen Gebirgsböden
der Türkei wächst der Bergkümmel
heute noch wild. Er stammt
ursprünglich aus Südeuropa, dem
Kaukasus, Iran und Kleinasien.
Die Früchte des Bergkümmels sind
länglich und haben mehrere in
Längsrichtung verlaufende Haupt-
rippen. Die Samen sind 7–8 mm
lang und 3–4 mm breit.

GESCHMACK UND AROMA

Bergkümmel schmeckt würzig
scharf und eignet sich, wie
auch der Schwarzkümmel und
Kreuzkümmel, als Pfeffersatz.

VERWENDUNG

Man verwendet die Samen ganz
oder gemahlen. Sie passen gut
zu Eintöpfen, Tomaten- und
Kohlgerichten, Chutneys und
Pickles.

LAGERUNG

In fest schließenden Dosen
kühl und dunkel aufbewahren.

 KÜCHENTIPS

■ Wenn man die Samen
vor der Verwendung kurz in
einer trockenen Pfanne anröstet oder im Mörser zerstößt,
dann ist das Aroma wesentlich
intensiver.

■ Bergkümmel immer sehr
sparsam verwenden, da es
leicht passieren kann, daß
andere Gewürze geschmack-
lich überdeckt werden.

BOCKSHORNKLEE

(Lat. Trigonella feonumgrae-cum), auch Griechisches Heu, Rehkorn, Kuhhorn oder Ziegenhorn genannt.

Die getrockneten Samen der bis zu 50 cm hohen, einjährigen Pflanze stammen ursprünglich aus Indien und den Ländern des östlichen Mittelmeerraumes. Sie werden auch heute noch vorwiegend von dort, aber auch aus China und der Ukraine, importiert.

Die zur Familie der Schmetterlingsblütler gehörende Pflanze besitzt blaßgelbe, manchmal auch hellviolette Blüten, aus denen sich bis zu 20 cm lange Hülsen entwickeln. Die Früchte enthalten 3 – 5 mm lange, sehr dicke, bräunliche Samen, die so buckelig geformt sind, daß die Buckel in der Form Ähnlichkeit mit Tierhörnern haben.

GESCHMACK UND AROMA

Bockshornklee riecht stark würzig, fast wie frisch gemähtes Heu, schmeckt eigenartig bitter und leicht mehlig.

VERWENDUNG

Bockshornklee verwendet man als ganze Samen oder gemahlen. Beides gibt indischen Currygerichten und Chutneys, ägyptischen und äthiopischen Fisch- und Fleischgerichten, aber auch heimischen Eintöpfen und Gemüsegerichten eine orientalische Note. Die Samen eignen sich zudem zum Bestreuen von gebratenen Fleischgerichten, aber auch von Brot und Kleingebäck.
In der indischen Küche verwendet man neben dem Samen auch die grünen Blätter, deren bitterer Geschmack eine angenehm erfrischende Würze gibt. Die keimenden Sprossen eignen sich ideal für Salate.

LAGERUNG

Samen in fest schließenden Dosen kühl und dunkel aufbewahren. Gemahlenen Bockshornklee möglichst schnell verbrauchen.

KÜCHENTIPS

■ Rösten Sie die Samen vor der Verwendung in einer beschichteten Pfanne ohne Fett kurz an, der unangenehme Geruch und Geschmack verliert sich dadurch.

■ Bockshornklee immer mitkochen lassen, nur so entwickelt er seine Würzkraft. Er ist Bestandteil vieler Würzmischungen, wie auch der bulgarischen Tschubritza.

Blühende Bockshornkleepflanze

REZEPTVORSCHLAG
Thunfischcurry

Für 4 Personen

500 g Thunfischsteaks
2 EL Öl
6–8 frische Curryblätter
1 Zwiebel
2 Knoblauchzehen
1 TL frisch geriebener Ingwer
1 TL gemahlener Koriander
2 TL gemahlener Kreuzkümmel
1 TL Chilipulver
½ TL gemahl. Bockshornklee
500 ml gesüßte Kokosmilch
etwas Salz, etwas Zitronensaft

Den Fisch in mundgerechte Stücke zerpflücken. Öl erhitzen und die Curryblätter darin leicht anbräunen. Zwiebelringe mit gehacktem Knoblauch und Ingwer anbraten, bis die Zwiebelringe glasig sind. Die restlichen Gewürze zugeben und unter Rühren rösten. Kokosmilch und Salz zugeben, unter Rühren zum Kochen bringen. Etwa 7–10 Minuten offen leicht köcheln lassen. Den Fisch hineinlegen und garen. Zum Schluß mit Zitronensaft würzen.

CAYENNEPFEFFER

(Lat. Capsicum frutescens), auch Spanischer, Kolumbianischer oder Roter Pfeffer, Guinea- oder Teufelspfeffer genannt.

Das blaßrote Pulver wird aus den kleinen Beerenfrüchten einer tropischen Capsicumart gewonnen, die vor allem in Süd- und Mittelamerika angebaut wird. Mit der Insel Cayenne hat das Gewürz nur den Namen gemein, es stammt aber nicht von dort. Diese Früchte, auch Vogelaugenchilis (› S. 207) genannt, ähneln den Paprikaschoten, sind aber wesentlich kleiner. Ihre Früchte, die orangeroten bis goldgelben Schoten, werden getrocknet und dann zu Cayennepfeffer gemahlen.

GESCHMACK UND AROMA

Cayennepfeffer ist etwa zwanzigmal so scharf wie Paprikapulver, jedoch nicht ganz so aromatisch und pikant.

VERWENDUNG

Cayennepfeffer würzt Gerichte aus der chinesischen, indischen, südamerikanischen und auch der kreolischen Küche. Er paßt zu Grillsaucen, Suppen und Eintöpfen, kräftigen Schmorgerichten, wie Gulasch, aber auch zu kurzgebratenem Fleisch. Er gibt Fisch und Meeresfrüchten, aber auch Reis- und Eiergerichten, eine pikante Note. Außerdem steckt er in vielen Wurstwaren, wie Mortadella und Leberwurst, und wird auch als Einmachgewürz für Pickles und Gurken verwandt.

LAGERUNG

In fest schließenden Behältern kühl und dunkel aufbewahren. So hält er sich etwa 9 Monate.

KÜCHENTIPS

■ Cayennepfeffer immer ganz vorsichtig dosieren, damit die Schärfe nicht alle anderen Gewürze übertönt.

■ Er läßt sich auch durch feingemahlenes Chilipulver ersetzen. Dies ist etwas milder als Cayennepfeffer.

KARDAMOM

*(Lat. Elettaria cardamomum),
auch Cardamom genannt.*

*Die getrockneten Fruchtkapseln
des Kardamomstrauches zählen zu
den ältesten und feinsten Gewürzen überhaupt. Die Kardamom-
pflanze mit ihren langen grünen
Blättern und weißlila gefärbten
Spitzen gehört zur Familie der
Ingwergewächse und wird heute
vor allem auf Ceylon sowie in
Indien, Guatemala und Tansania
kultiviert. An den schilfartigen
Stauden reifen kleine, grüne
Fruchtkapseln heran, die von Hand
geerntet werden. Im Innern der
Frucht befinden sich braunschwar-
ze, klebrige Samen. Die grünen
Kapseln werden noch vor der Reife
geerntet und sofort getrocknet.
Bei weißem Kardamom handelt es
sich um grüne Kapseln, die zuvor
gebleicht wurden.*

*Braungelbliche Früchte werden an
der Sonne getrocknet und würzen
nicht ganz so intensiv wie grüne.*

GESCHMACK UND AROMA

Kardamom hat ein sehr feines,
süßlich-scharfes Aroma, das
ein bißchen an Eukalyptus
erinnert.

VERWENDUNG

Kardamom gibt es als geschlos-
sene Fruchtkapseln, als ganze
Samen und gemahlen. Gemahlener Kardamom darf nur aus
Samenbestandteilen bestehen.
Werden die Fruchtkapseln mitgemahlen, dann ist die Kenn-
zeichnung „in bzw. mit der
Schale gemahlen" gesetzlich
vorgeschrieben.
Kardamomkapseln, halbiert
oder zerstoßen, würzen Suppen
und Saucen, orientalische Reis-
und Currygerichte sowie
geschmortes und gebratenes
Kalb- und Schweinefleisch.
Sie verfeinern Desserts, wie
Obstsalat, Birnen- und Apfel-
kompott und Eiscreme, aber
auch Glühwein, Punsch, Bowle
und arabischen Kaffee.
Gemahlener Kardamom ist
ein Muß in zartem Weihnachtsgebäck, z. B. Spekulatius,
Lebkuchen und Stollen.

Fruchtkapsel des Kardamom

LAGERUNG

Die ganzen Früchte lassen
sich luftdicht verschlossen,
kühl und dunkel am längsten
aufbewahren. Ganze oder
gemahlene Samen verlieren
schnell an Geschmack und
Aroma.

KÜCHENTIPS

■ Kardamom entwickelt ein
noch intensiveres Aroma,
wenn man die Samen vor dem
Gebrauch ohne Fett in einer
beschichteten Pfanne kurz
anröstet.

■ Kardamomkapseln müssen
mitgekocht werden, sonst
entwickeln sie nicht ihr volles
Aroma.

KORIANDER

**(Lat. Coriandrum sativum),
auch Wanzenkraut, Schwindel-
korn und Hochzeitskügel-
chen genannt.**

*Die getrockneten Spaltfrüchte
einer 30–60 cm hohen ein- bis
zweijährigen Pflanze stammen
vermutlich ursprünglich aus dem
östlichen Mittelmeerraum. Heute
ist Koriander überall in den Mittelmeerländern vertreten. Außerdem wird er in den Niederlanden,
Ungarn, Rumänien und Rußland
sowie Indien, Ostasien und Ame-
rika angebaut. Wichtigste deutsche
Anbaugebiete sind Thüringen,
Württemberg und Franken.
Die unten fächerförmig, oben gefiederten Blätter der zu den Doldenblütlern gehörenden Pflanze
haben weiße oder blaßrötliche*

*Blüten, die kugelig runde, gelb-
braune bis gelbrötliche, gerippte
Früchte hervorbringen.
Koriander ist eines der ältesten
Gewürze der Welt und wurde als
eines der bitteren Kräuter des
Passahfestes schon in der Bibel er-
wähnt. Samen fand man auch bei
Ausgrabungen von neolithischen
Kulturrelikten.*

GESCHMACK UND AROMA

Die Samenkerne schmecken
würzig-pikant, leicht süßlich
und erinnern ein bißchen an
eine Mischung aus getrockneter Orangenschale, Zimt und
Muskat.

VERWENDUNG

Man verwendet die Samen ganz
oder gemahlen. Koriander
paßt gut zu Gemüse, wie Kohl,
Kartoffeln, Getreide und
Hülsenfrüchten, zu Suppen
und Saucen, gebratenem Fisch,
Fleisch und Geflügelgerichten.
Es würzt süß-sauer eingeleg-
tes Gemüse, Chutneys und
Pflaumenmus. Außerdem gibt
Koriander Brot und Weih-
nachtsgebäck, wie Spekulatius
und Printen, die richtig Würze.
Zum Würzen verwendet
man aber auch die frischen
Blätter der Korianderpflanze
(› S. 127).

Blühender Koriander

LAGERUNG

Ganze Samen in fest schließenden Behältern kühl und dunkel aufbewahren. So halten sie sich etwa 12 Monate. Das Pulver hingegen verliert schnell sein Aroma.

ANWENDUNG

IN DER HEILKUNDE

Zerdrückte Koriandersamen wirken krampflösend bei Magenschmerzen und Darmbeschwerden.

KÜCHENTIPS

■ Das Aroma wird noch intensiver, wenn man die Samen kurz vor der Verwendung ohne Fett in einer beschichteten Pfanne anröstet oder sie im Mörser zerstößt.

■ Koriander harmoniert mit Knoblauch, Chili, frischer Minze und mit Kreuzkümmel.

KREUZKÜMMEL

(Lat. Cuminum cyminum),
auch Mutter- oder Hafer-
kümmel, Römischer Kümmel,
Kumin oder Pfefferkümmel
genannt.

Die kleinen, hellbraunen, getrock-
neten Samen ähneln denen des
normalen Kümmels, sind von der
Farbe aber etwas heller. Sie stam-
men von einer zu den Doldenge-
wächsen gehörenden, etwa 25 cm
großen, einjährigen Pflanze, die
ursprünglich aus dem östlichen
Mittelmeergebiet und Oberägypten
stammt. Heute wird sie vor allem
in der Türkei, dem Iran, Indien,
Nordafrika und China angebaut.
Kreuzkümmel fand sich schon
in ägyptischen Pharaonengräbern
und wurde im Alten Testament er-
wähnt. Die alten Griechen fluchten
bei der Aussaat von Kreuzkümmel,
um böse Geister zu vertreiben. Im
alten Rom rauchten Schüler Kreuz-
kümmel, um blaß auszusehen und
Überarbeitung vorzutäuschen.

GESCHMACK UND AROMA

Kreuzkümmel riecht etwas
aufdringlich und schmeckt aro-
matisch-würzig, leicht bitter.

VERWENDUNG

Man verwendet die Samen
ganz oder gemahlen. Kreuzkümmel würzt landestypische
Gerichte, wie nordafrikani-
schen Couscous, mexikanisches
Chili con carne und indische
Currys. Er paßt gut zu Fisch,
Lamm, Huhn, aber auch
zu Gemüse sowie zu Saucen
und Suppen.

LAGERUNG

Luftdicht verschlossen, kühl
und dunkel aufbewahrt halten
sich ganze Samen bis zu 1 Jahr.
Gemahlene Samen verlieren
innerhalb von 1–2 Monaten an
Geschmack und Aroma.

 KÜCHENTIP

Kreuzkümmel wird noch
aromatischer, wenn man die
Samen vor der Verwendung
ohne Fett in einer beschichteten Pfanne kurz anröstet oder
sie im Mörser zerstößt.

KÜMMEL

**(Lat. Carum carvi), auch Feld-
oder Wiesenkümmel, Küm-
mich oder Karbei genannt.**

*Die kleinen, hell- bis dunkelbrau-
nen, getrockneten Samen einer
zweijährigen Pflanze gehören zu
den ältesten Gewürzen Europas.
Die 60–100 cm hohe, zu den
Doldenblütlern gehörende Pflanze
wächst wild in ganz Europa, Vorderasien und Nordafrika. Sie wird
heute aber vorwiegend in Frankreich, den Niederlanden und Polen
angebaut.
Kümmel hat zartweiße Blütendolden und gleichmäßige gefiederte
Blütenblätter. Aus ihnen entstehen
die typischen Doppelspaltfrüchte.
Im zweiten Jahr wird der Kümmel
geschnitten, gedroschen und getrocknet.*

*Kümmel kennt man schon seit
vielen tausend Jahren, man fand
ihn in den Überresten jungstein-
zeitlicher Pfahlbauten. Im Mittelalter benutzte man Kümmel, um
böse Geister und Dämonen zu
vertreiben.*

GESCHMACK UND AROMA
Kümmel duftet sehr aroma-
tisch und schmeckt scharf und
angenehm süßlich zugleich.

VERWENDUNG
Kümmel gibt es als Samen oder
gemahlen. Er paßt zu Sauerkraut und Kohlgerichten, wie
Wirsing und Weißkohl, zu
Schweine-, Lamm- und Gänsebraten, zu kräftigen Schmorgerichten und zu herzhaften
Kartoffelgerichten, wie Bratkartoffeln. Er gibt Suppen
und Saucen, aber auch Quark
und Käse sowie Salaten eine
pikante Note. Ein unentbehrli-
ches Gewürz ist Kümmel auch
im Kochsud von Langusten,
Hummern und Krebsen. Die
ganzen Körner streut man in
oder über Brot, Brötchen und
pikantes Gebäck.

Die jungen, frischen Blätter
mit ihrem milden Aroma werden als Würze von Suppen
und Salaten geschätzt.

Blühender Kümmel

LAGERUNG

In fest schließenden Behältern kühl und dunkel aufbewahren. Die Würzkraft des Kümmels nimmt übrigens mit zunehmender Lagerung zu.

ANWENDUNG
IN DER HEILKUNDE

Kümmelkörner wirken krampflösend und appetitanregend. Außerdem fördern sie den Stoffwechsel und die Verdauung und sind zudem ein bewährtes Anti-Kater-Mittel.

 KÜCHENTIPS

■ Kümmel ist ein Einzelgänger, der eigentlich kein anderes intensives Gewürz neben sich duldet. Nur mit Pfeffer und Chilipulver verträgt er sich.

■ Qualitativ hochwertiger Kümmel enthält weder Spelzen noch Sand oder fremde Körner. Gemahlen ist er von kräftiger, dunkler Farbe.

KURKUMA

(Lat. Curcuma longa), auch Gelbwurz, Chinesische Wurzel, Indischer Safran, Gelber Ingwer oder Turmerik genannt.

Die getrocknete Wurzelknolle stammt von der 1–2,5 m hohen, mehrjährigen Kurkumapflanze mit lanzettförmigen Blättern und lilienartigen, gelblichen Blüten. Die zu den Ingwergewächsen zählende Pflanze ist ursprünglich in Südostasien beheimatet, wird heute aber auch in Indien, Westindien und Südamerika angebaut. Die Wurzel wird nach der Ernte kurz gebrüht und dann in der Sonne getrocknet. Danach wird die äußere Schicht entfernt.

GESCHMACK UND AROMA

Kurkuma duftet ingwerähnlich und schmeckt würzig, allerdings bitterer als Ingwer.

VERWENDUNG

Kurkuma gibt es hauptsächlich gemahlen als gelbes Pulver, selten als getrocknete Wurzel. Das gelbe Pulver würzt Reis- und Nudelgerichte, Suppen, Saucen und Mayonnaisen. Es paßt zu Fisch, Meeresfrüchten, Rindfleisch, Geflügel und Eiern, aber auch zu Gemüsecurrys und Chutneys.

LAGERUNG

Gemahlenes Kurkumagewürz ist sehr lichtempfindlich. Deshalb das Pulver in fest schließenden Behältern kühl und dunkel aufbewahren.

 ### KÜCHENTIPS

■ Kaufen Sie möglichst nur kleine Mengen, denn das Pulver verliert nach wenigen Monaten sein Aroma und seine Würzkraft und schmeckt dann leicht senfartig.

■ Kurkuma gibt übrigens Curry und Senf seine gelbe Farbe und ist wesentlicher Bestandteil von Worcestersauce und Piccalilli Relish.

Blühender Ingwer

REZEPTVORSCHLAG

Stachelbeer-chutney

ca. 2 Gläser à 450 g

75 g Zucker

1 kg grüne Stachelbeeren

1 eingelegte Inwerknolle

4 Zwiebeln

Saft und abgeriebene Schale von
1 unbehandelten Zitrone

$1/2$ TL gemahlene Nelken

1 TL Kurkuma

1 TL Estragonsenf

2 EL Essig

1 EL Honig

Den Zucker mit $1/2$ l Wasser zum Kochen bringen. Die geputzten, gewaschenen Stachelbeeren hineingeben und darin weich kochen. Feingehackten Ingwer und geschälte Zwiebeln, Zitronensaft und -schale, Gewürze, Senf, Essig und Honig zu den Stachelbeeren geben. Alles bei milder Hitze im offenen Topf dicklich einkochen lassen, dabei hin und wieder umrühren. Das kochend heiße Chutney in die vorbereiteten Gläser füllen, sofort mit Twist-Off-Deckeln verschließen. Am besten im Kühlschrank aufbewahren. Das Chutney paßt gut zu Schweine- und Lammfleisch.

Sie können auch einen kleinen Anteil der Stachelbeeren gegen Physalis, auch Kapstachelbeeren genannt, austauschen. Dann schmeckt das Chutney süßer.

MACIS

*(Lat. Myristica fragrans),
auch Muskatblüte oder Macis-
blüte genannt.*

*Macis ist der getrocknete, horn-
artige Samenmantel der Muskat-
nußfrucht. Und die wiederum
stammt von dem immergrünen
Muskatnußbaum, der wildwach-
send bis zu 20 Meter hoch und
über 100 Jahre alt werden kann.
Die eigentliche Heimat der Muskatnuß sind die Molukken und
Neuguinea, heute wird Muskatnuß hauptsächlich in Indonesien
und Westindien, aber auch auf
Madagaskar, Mauritius und in
Brasilien kultiviert.
Die orange-braune Hülle, also
die Muskatnußblüte, wird mit der
Hand von der dicken Frucht-
fleischhülle der Muskatnuß abge-
zogen. Sie wird dann an der Sonne
oder in Trockenhallen getrocknet
und grob in Fäden gebrochen.*

GESCHMACK UND AROMA
Macis riecht angenehm würzig, schmeckt süßlich-bitter,
ist noch feiner und zarter als
Muskatnuß im Geschmack
und Aroma.

VERWENDUNG
Macis gibt es als schmale Streifen, die man mitkocht und
vor dem Essen entfernt, aber
auch zu Pulver gemahlen. Die
Muskatblüte kann für die gleichen Gerichte wie die Muskatnuß verwendet werden, paßt
aber besonders gut zu Süßspeisen, wie Cremes, Puddings,
Fruchtgelees und Kompott.
Sie würzt Suppen, Saucen,
Pasteten und Eintöpfe ebenso
wie Reis- und Fischgerichte
und Weihnachtsgebäck, wie
Lebkuchen und Printen, sowie
Punschgetränke.

LAGERUNG
In fest schließenden Dosen
kühl und dunkel aufbewahren.
Gemahlener Macis verliert
schnell an Aroma.

KÜCHENTIPS

■ Macis besitzt eine ausgeprägte Würzkraft, deshalb immer nur sparsam verwenden.

■ Macisblütenstreifen lassen sich nicht von Hand reiben. Hier hilft eine Kaffeemühle, allerdings wird das Pulver dann sehr grobkörnig. Am besten kauft man jedoch bereits gemahlene Macis in kleinen Mengen.

■ Christstollen wird übrigens besonders aromatisch, wenn man ihn mit einer Messerspitze Macis und Kardamom würzt.

REZEPTVORSCHLAG

Heißer Apfelpunsch

Für ca. 4 Gläser

¹/₂ l Apfelsaft
2 Zimtstangen
1 TL Nelken
1 Prise gemahlener Macis
1 TL gemahlener Kardamom
2 EL Zucker
¹/₄ l trockener Apfelwein
Saft und abgeriebene Schale von 3 unbehandelten Zitronen
Saft und abgeriebene Schale von 1 unbehandelten Orange

Den Apfelsaft mit den Gewürzen, dem Zucker und dem Apfelwein in einem Topf verrühren. Den Zitronen- und Orangensaft sowie die Zitronen- und Orangenschale dazugeben. Alles bis kurz vor dem Siedepunkt erhitzen und etwa 5 Minuten ziehen lassen.

MOHN

(Lat. Papaver somniferum),
auch Mohnsaat, Mohnsamen,
Schlaf-, Blau- oder Garten-
mohn genannt.

Die kleinen, getrockneten Samen
stammen vom im Mittleren Osten
und Asien beheimateten Schlaf-
mohn, einer Pflanze, die bis zu
1,5 m hoch wächst. Sie hat große,
längliche Blätter und blüht je
nach Sorte weiß, purpurviolett
oder dunkelrot. Aus der Blüte ent-
wickelt sich nach der Befruchtung
eine Samenkapsel, die unzählige
kleine Samen, die Mohnkörner
enthält.
Heute wird Schlafmohn vorwiegend
in der Türkei, in Nord- und Vor-
derindien, in Griechenland, aber
auch in Holland und Ostfriesland,
Württemberg und Baden angebaut.
Mohn war schon im alten Ägypten
ein beliebtes Gewürz. Im antiken
Griechenland und in Rom schätz-
ten die reichen Leute Mohnsamen
als Heilmittel. Und Kuchen aus
Mohn und Honig waren in
der Antike Kraftnahrung für die
Athleten.

GESCHMACK UND AROMA

Mohnsamen sind fast geruchlos, sie schmecken leicht nussig.

VERWENDUNG

Mohn wird als Körner, gemahlen oder backfertig angeboten.
Man unterscheidet ihn in zwei
Farben: blauschwarzen und
weißen Mohn. Letzterer wird
vor allem in der indischen
Küche für Saucen und Currys
verwendet. Ganze Mohnkör-
ner passen gut zu Broten, Brötchen, Keksen, Brezeln, süßen
Aufläufen, aber auch zu herzhaften Braten, Nudel- und
Kohlgerichten, Kartoffelpüree
und Wurzelgemüse.
Gemahlener oder backfertig
abgepackter Mohn dient als
Grundzutat für Strudel, Stollen und Torten.

LAGERUNG

In luftdicht verschlossenen
Behältern kühl und dunkel aufbewahren.

Mohnblüte und -kapsel

KÜCHENTIP

Die Samen lassen sich in speziellen Mühlen – erhältlich in Haushaltsfachgeschäften – mahlen. Wer keine Mühle besitzt, kann die Samen auch erst anrösten und dann in einer Gewürzmühle mahlen oder im Mörser mit dem Stößel zerreiben.

REZEPTVORSCHLAG
Mohnauflauf

Für 4 Personen

$^1/_4$ l süße Sahne
$^1/_2$ l Milch
1 Vanilleschote
200 g gemahlener Mohn
4 EL Zucker, etwas Salz
abgeriebene Schale von $^1/_2$ unbehandelten Zitrone
500 g Weißbrot
200 g Rumrosinen
100 g Mandelblättchen

Sahne und Milch mit dem ausgekratzten Vanillemark und der Schote aufkochen lassen. Die Schote herausnehmen, Mohn, Zucker, Salz und Zitronenschale dazugeben und alles unter ständigem Rühren aufkochen lassen. Das Weißbrot in Scheiben schneiden und entrinden, eine eingefettete Auflaufform mit den Brotscheiben auslegen. Rumrosinen und Mandelblättchen bis auf einen kleinen Rest unter die Mohnmasse mischen und diese in die Form gießen. Den Auflauf glattstreichen und mit Mandeln und Rosinen bestreuen. Bei 200 °C etwa 20 Minuten auf mittlerer Schiene garen.

MUSKATNUSS

*(Lat. Myristica fragrans),
auch Bandanuß oder Suppen-
nuß genannt.*

*Die Muskatnuß ist der Samenkern
der aprikosenähnlichen Muskat-
nußfrucht. Sie trägt unter ihrem
Fruchtfleisch einen steinigen
Kern, der von einem orangeroten
Samenmantel, Macis genannt
(› S. 39), umhüllt ist. Die Samen-
schalen der vom Samenmantel
befreiten und getrockneten Samen
werden aufgeschlagen und die
netzartig gerunzelten, eiförmigen
bis runden Samenkörner, die sogenannten Muskatnüsse, kommen
zum Vorschein. Muskatnußfrüchte
wachsen an Muskatnußbäumen in
allen tropischen Gebieten nördlich und südlich des Äquators.
Die besten Sorten kommen jedoch
aus Westindien und Indonesien.
Muskatnüsse gehören schon immer
zu den begehrtesten Gewürzen. Und
sie waren lange Zeit sehr teuer. Zu
manchen Zeiten kostete ein Pfund
Muskat so viel wie drei Schafe.*

GESCHMACK UND AROMA

Muskatnuß duftet aromatisch
und schmeckt feurig-würzig
und leicht bitter.

VERWENDUNG

Mußkatnuß gibt es als ganze
„Nuß" oder bereits gemahlen
zu kaufen. Sie würzt Suppen,
helle Soßen, Gemüsegerichte,
wie Spinat, Rosenkohl, Blumenkohl und Brokkoli, aber
auch Eiergerichte, Kartoffeln
und Nudeln. Sie paßt gut zu
Fisch- und Fleischgerichten
oder Ragouts, ebenso zu Pudding und zartem Gebäck.
Außerdem gehört oft eine
Prise Muskatnuß in Eierpunsch,
Rum- und Fruchtbowlen.

LAGERUNG

In fest verschließbaren Behältern kühl und dunkel aufbewahrt halten sich ganze Muskatnüsse 2–3 Jahre.

 KÜCHENTIP

Das Aroma der Muskatnuß
wird erst beim Reiben frei,
schwindet aber sehr schnell.
Deshalb sollte man Muskatnuß
immer frisch über die Gerichte
reiben.

NELKEN

(Lat. Syzygium aromaticum), auch Gewürznelke, Nägelein oder Nelkenkopf genannt.

Nelken sind die getrockneten Blütenknospen des zur Familie der Myrtengewächse gehörenden Gewürznelkenbaumes. Wie die Muskatnußbäume stammen die Gewürznelkenbäume von den Molukken, wo sie heute noch angepflanzt werden. Die Bäume wachsen nur in tropischen Küstenregionen und werden heute in Indonesien, Madagaskar, Tansania, Sri Lanka und Malaysia kultiviert. Die rosafarbenen Blütenknospen werden kurz vor dem Aufblühen geerntet, wenn die Blüten also noch geschlossen sind. Danach werden sie getrocknet und verfärben sich dabei dunkelbraun.

GESCHMACK UND AROMA

Nelken duften enorm stark und schmecken feurigscharf bis leicht brennend. Sie enthalten bis zu 25% verschiedene ätherische Öle.

VERWENDUNG

Nelken verwendet man ganz oder gemahlen. Sie würzen Süßspeisen und Eingemachtes, Wild- und Schweinebraten, aber auch Rotkohl, Glühwein, Feuerzangenbowle und Lebkuchen. Nelken sind ebenso unentbehrlich in Marinaden und Beizen.
Als Würzzutat für Suppen und Fonds dient häufig 1 mit 1–2 Nelken sowie 1 Lorbeerblatt gespickte Zwiebel.

LAGERUNG

In fest verschließbaren Behältern kühl und dunkel aufbewahren. So halten sie sich etwa 2 Jahre.

Nelken

Blütenknospen der Gewürznelke

ANWENDUNG
IN DER HEILKUNDE

Nelken wirken anregend,
steigern die Durchblutung,
fördern den Appetit und die
Verdauung.

KÜCHENTIPS

■ Frische und Qualität der
Nelken lassen sich prüfen, indem man den Stiel einer Nelke
knickt oder einritzt. Tritt ätherisches Öl aus, ist das Gewürz
noch stark aromatisch.

■ Das Nelkenaroma ist so
intensiv, daß man äußerst
sparsam damit umgehen sollte.
Oft genügt nur eine Prise.

PAPRIKAPULVER

(Lat. Capsicum annuum),
auch Gewürzpaprika, Spani-
scher, Indischer, Türkischer,
Ungarischer, Roter Pfeffer
oder Beißbeere genannt.

Paprikapulver ist die getrocknete
und gemahlene Frucht des Gewürz-
paprikas, einer einjährigen Pflanze,
die zu den Nachtschattengewächsen
gehört. Ihre Heimat ist Südamerika,
heute wird sie jedoch vorwiegend in
Ungarn, Rumänien, Bulgarien und
Mittelamerika angebaut.
Die bis zu 1 m hohe Pflanze hat
lange eiförmige Blätter mit gelb-
lichen oder weißen Blüten. Aus
den Blüten entwickeln sich läng-
liche, konische oder kugelförmige,
kräftigrote Beerenfrüchte, die zwi-
schen 6—12 cm lang und bis zu
4 cm breit werden. In den Beeren-
früchten sitzen an den inneren

Trennwänden kleine, hellgelbe Sa-
men. Die geernteten Früchte zieht
man auf Schnüre und läßt sie
3—4 Wochen in der Sonne trocknen.
Danach werden sie fein gemahlen.

GESCHMACK UND AROMA
Je nachdem ob Kerne und
Rippen der Gemüsepaprika-
schoten mitgemahlen werden,
entstehen unterschiedliche
Geschmacksstufen. Als Faustregel gilt: je intensiver die
Rotfärbung, desto milder ist
der Paprika.

Man unterscheidet folgende
Sorten:

DELIKATESS-PAPRIKA
Dieser ist ohne Rippen und
Kerne, schmeckt mild-aroma-
tisch und ist hellrot.

EDELSÜSS-PAPRIKA
Dieses Pulver mit wenig Samen
und ohne Rippen, schmeckt
würzig mit milder Schärfe und
ist tiefrot.

HALBSÜSS-PAPRIKA
Dieses Pulver mit mehr Samen
und ohne Rippen schmeckt
sehr aromatisch, ist deutlich
schärfer als Edelsüß-Paprika
und gelblichrot.

ROSEN-PAPRIKA

Dieses Pulver mit Kernen und Rippen schmeckt sehr scharf und ist dunkel- oder gelblichrot.

SCHARF-PAPRIKA

Diese Sorte mit Rippen und Kernen – bei besseren Qualitäten ohne Rippen – schmeckt fast brennend scharf und ist bräunlichrot.

SCHÄRFEFREIER DELIKATESS- UND MILD-PAPRIKA

Es sind schärfefrei gezüchtete Sorten, die sehr mild und bekömmlich sind, aber tiefrot färben.

VERWENDUNG

Paprika ist ein wahrer Tausendsassa in der Küche. Er würzt Suppen und Saucen, Eierspeisen und Käsegerichte sowie Salate. Das Gewürz paßt zu Rind-, Schweine- und Kalbfleisch, zu Lamm und Geflügel, aber auch zu Fisch und Gemüse, wie Kohl, Tomaten, Pilzen und Gurken.

LAGERUNG

In fest schließenden Behältern kühl und dunkel aufbewahren. So behält es etwa 9 Monate sein Aroma. Bei Überlagerung wird es braun und schmeckt schal.

KÜCHENTIPS

■ Paprikapulver braucht Fett, um seinen typischen Geschmack und seine Färbung voll entfalten zu können. Deshalb milde Paprikasorten sofort nach dem Anbraten oder Andünsten ins Fett geben und dann bei milder Hitze kurz mitdünsten. Das Fett darf allerdings nicht zu heiß sein, sonst wird das Gewürz bitter.

■ Scharfe Paprikasorten dürfen nicht mitkochen. Mit ihnen wird das Gericht ganz zum Schluß – und das am besten auch nur mit einer Messerspitze dosiert – abgeschmeckt.

■ Da Paprikapulver nicht nur würzt, sondern auch bindet, darf man mit Delikateß- und Edelsüß-Paprika löffelweise umgehen.

■ Paprika am besten nur in kleinen Mengen kaufen und schnell verbrauchen.

PFEFFER

(Lat. Piper nigrum)

*Echter Pfeffer sind die Beeren-
früchte des immergrünen Pfefferstrauches, der ursprünglich in den
feuchten Monsumwäldern Indiens
beheimatet war, heute aber auch
in Brasilien, Indonesien, Malaysia,
auf Sri Lanka und Madagaskar
angebaut wird. Die kugeligen
Beerenfrüchte wachsen an Rispen,
die den Johannisbeeren ähneln. Je
nach Reifegrad sind die Beeren-
grün, rot oder gelb.
Kaum ein anderes Gewürz hat in
der Geschichte so eindrucksvolle
Spuren hinterlassen wie der Pfeffer. Bereits vor 3000 Jahren wurde
„pippari" in alten Sanskritschrif-
ten lobend erwähnt. Im antiken
Rom galten die scharfen Körner
als begehrtes Statussymbol. Venezianer, Portugiesen und Holländer
stritten sich um das Gewürzmonopol und ließen die kleinen Körner
im wahrsten Sinne des Wortes mit
Gold aufwiegen.*

**GESCHMACK UND
VERWENDUNG**

Echten Pfeffer gibt es in unterschiedlichen Geschmacksrichtungen, von mild bis feurig,
ganz, gemahlen, in Lake eingelegt, gefriergetrocknet oder
grob geschrotet.
Hier ein Überblick über die
Sorten:

**SCHWARZER
PFEFFER**

Die noch unreifen, grünen
Beeren werden gepflückt und
dann in der Sonne getrocknet,
bis sie schwarz und schrumpe-
lig sind. Gemahlen sollte
der Pfeffer eher hellgrau als
schwarz aussehen.
Schwarzer Pfeffer würzt besonders scharf und leicht
brennend. Paßt gut zu Suppen,
Saucen, Marinaden, Salaten,
zu kurzgebratenem und gegrilltem Fleisch, Gulasch, Ragouts
und zu Eintopfgerichten, aber
auch zu Wild, Fleischfüllungen
und Pastagerichten.

WEISSER PFEFFER

Die vollreif geernteten, roten Beeren werden 8 Tage gewässert, vom Fruchtfleisch befreit und getrocknet, bis sie gelblich weiß sind. Gemahlen sollte der Pfeffer niemals grau, sondern weißlichgelb sein. Weißer Pfeffer ist etwas milder und feiner im Geschmack als sein schwarzer Bruder. Paßt gut zu hellen Saucen, Suppen und Kartoffelgerichten.

Paßt gut zu Steaks, Hackfleisch, Suppen, Saucen und Fleischfüllungen. Frisch eingelegt, eignet er sich für Lamm, Tatar, Marinaden, Ragouts, Frikadellen, Koteletts, Rouladen und sogar für Cocktails. Selbst Früchte wie Erdbeeren bekommen durch ihn eine pikante Note.

ROSA PFEFFER

Die fast reifen rosafarbenen Beeren sind die Früchte des in Südamerika beheimateten Brasilianischen Pfefferbaumes, der aber nicht mit dem echten Pfeffer verwandt ist. Rosa Pfefferkörner schmecken süßlich-würzig, leicht scharf und sollten sparsam verwendet werden. In großen Mengen wirken sie toxisch.

GRÜNER PFEFFER

Die noch unreifen, grünen Körner kommen nach der Ernte lose oder noch am Zweig in eine Essig- oder Salzlake, oder sie werden gefriergetrocknet. Grüner Pfeffer ist ausgesprochen mild und voll aromatisch.

Rispen des Pfefferstrauches

BUNTER PFEFFER

Dies ist eine Mischung aus schwarzen, weißen und grünen Pfefferkörnern. Sie paßt ausgezeichnet zu Koteletts, Steaks und Hackfleischgerichten.

MIGNONETTE

Eine französiche Bezeichnung für schwarzen Pfeffer, der in feine Stücke zerteilt, also grobgehackt ist. In Frankreich ist es als Tischgewürz sehr beliebt. Paßt gut zu kurzgebratenem und gegrilltem Fleisch.

LAGERUNG

Luftdicht verschlossen halten sich Pfefferkörner 2–3 Jahre. Gemahlener Pfeffer verliert dagegen an Aroma und Würzkraft schon nach wenigen Tagen. Ein geöffnetes Glas ein-gelegter grüner Pfeffer sollte innerhalb von 4–6 Wochen verwendet werden und sollte im Kühlschrank lagern.

KÜCHENTIPS

■ Als Faustregel gilt: weißer Pfeffer an helle Speisen, schwarzer an dunkle.

■ Ganze Pfefferkörner mitkochen. Gemahlenen Pfeffer erst am Ende der Garzeit zum Gericht geben.

■ Gemahlener Pfeffer verliert bei Gerichten mit langer Garzeit an Würzkraft. Deshalb lieber ein Säckchen mit Pfefferkörnern mitgaren und es vor dem Servieren entfernen.

PIMENT

(Lat. Pimenta dioica), auch Nelkenpfeffer, Jamaikapfeffer, Neugewürz, Englischgewürz und Allgewürz genannt.

Piment sind die getrockneten Früchte des immergrünen Nelkenpfefferbaumes aus der Familie der Myrtengewächse. Die Pflanze, die 6–13 m hoch wird, trägt weiße Blüten, aus denen sich dann zuerst grüne und später rote Beeren bilden. Sie stammt aus dem tropischen Mittelamerika und wird auch heute noch dort und auf Jamaika und Barbados angebaut. Die Beeren werden noch unreif, also grün, gepflückt und danach getrocknet. Übrigens hielt Kolumbus die Beeren einst für Pfeffer, und so nannte man sie Pimienta, was wiederum Pfeffer bedeutet.

GESCHMACK UND AROMA

Piment schmeckt und riecht ein bißchen wie eine Kombination aus Pfeffer, Nelken, Muskat und Zimt, ist aber nicht ganz so scharf wie Pfeffer.

VERWENDUNG

Piment gibt es als ganze Körner oder gemahlen zu kaufen. Ganze Körner würzen Fleischbeizen, Fischmarinaden, eingelegte Gurken und Mixed Pickles, aber auch Fischsuppen, Kochfischsud, wie Bouillabaisse und Kohlgerichte. Gemahlen paßt er zu Suppen, Eintöpfen und Saucen, aber auch zu Sauerkraut, zu Leberknödeln, Wild, Kalb-, Schweine- und Rindfleisch sowie Pasteten. Unentbehrlich ist es in Weihnachtsgebäck, wie Aachener Printen und Spekulatius.

LAGERUNG

In fest schließenden Behältern kühl und dunkel aufbewahren. Ganze Körner halten sich bis zu 3 Jahre. Gemahlener Piment verliert schnell an Aroma.

KÜCHENTIPS

■ Die Würzkraft von Piment ist stärker, wenn man die Körner im Mörser zerstößt oder sie in der Pfeffermühle vor Gebrauch frisch mahlt.

■ Piment verträgt sich mit den meisten exotischen Gewürzen.

SAFRAN

(Lat. Crocus sativus), auch Gelbe Würze oder Suppengelb genannt.

Safran sind die getrockneten Blütennarben einer ursprünglich in Vorderasien beheimateten Krokusart aus der Familie der Liliengewächse. Heute wird die hellblauviolett blühende Pflanze vor allem in den Mittelmeerländern, in Österreich und in Ostasien angepflanzt. Die besten Sorten kommen übrigens aus Spanien und Frankreich. Während der 15 Tage dauernden Blüte werden täglich die roten Narben der geöffneten Blüte mit der Hand abgezwickt. Danach werden sie möglichst rasch getrocknet. Für 1g Safran braucht man 100000 bis 200000 Blütennarben, kein Wunder, daß Safran das teuerste Gewürz der Welt ist.

Schon der Grieche Homer berichtet, daß für Safran jeder geforderte Preis bezahlt wurde. Im Mittelalter war er dreimal so teuer wie Pfeffer. Über seine Herkunft streiten sich nach wie vor die Wissenschaftler. Sizilien, Indien und das Heilige Land stehen zur Diskussion. Sicher ist nur, daß Safran den Arabern seinen Namen verdankt. Denn von ihnen stammt die Bezeichnung „za'faran".

GESCHMACK UND AROMA

Safran schmeckt aromatisch herb, zartbitter bis würzig und hat eine starke Gelbfärbung.

VERWENDUNG

Safran ist in Fäden oder gemahlen in kleinen Döschen erhältlich. Man verwendet ihn für pikante, helle Saucen, Bouillons, mediterane Reisgerichte, wie spanische Paella, arabische Pilafs, Lamm- Geflügel- und Fischgerichte, wie Bouillabaisse oder spanische Zarzuela. Aber auch süße Gerichte, wie Pudding, Grießbrei, Rühr- und Hefeteig sowie Plätzchen, bekommen durch ein Prise Safran ein besonderes Aroma und eine leuchtend gelbe Farbe.

Safran — eine Krokusart

LAGERUNG

Luftdicht verschlossen und dunkel aufbewahren. Safran ist sehr lichtempfindlich.

 KÜCHENTIPS

■ Das beste Aroma bekommt Safran, wenn man die Fäden in einem Mörser aus Keramik zerreibt. Den Safran danach an die Speisen geben und den Mörser mit Garflüssigkeit säubern. Anstelle des Mörsers kann man sie auch mit einem Teelöffel zerdrücken.

■ Besonders gleichmäßig verteilen sich die Farbstoffe von Safran in den Speisen, wenn man die Fäden zuvor in heißem Wasser etwas einweicht und dann zusammen mit dem Einweichwasser ans Gericht gibt. Das Pulver kann man gleich in das Gericht streuen.

■ Hochwertige Safranfäden sind kräftig rot und fühlen sich leicht fettig an.

SASSAFRAS

**(Lat. Sassafras albidum),
auch Filé-Pulver genannt.**

*Die getrockneten und gemahlenen
Blätter des Sassafrasbaumes
waren schon den indianischen
Ureinwohnern Nordamerikas als
Würzmittel bekannt. Der zur
Familie der Lorbeergewächse gehörende, in Nordamerika beheimatete
Baum wird bis zu 13 m hoch. Aus
seinen gelben Blüten entwickeln sich
dunkelblaue Beeren, die allerdings
ungenießbar sind.
Früher bereitete man aus den Blättern und der getrockneten Rinde
einen Tee, heute ist Sassafras nur
noch als Filé-Pulver bekannt.*

GESCHMACK UND AROMA
Sassafras schmeckt fein-würzig.

VERWENDUNG
Sassafras ist vor allem eine Spezialität Louisianas, wo man
kreolische Gerichte, wie die
Gumbos – herzhafte Eintöpfe
aus Krustentieren und/oder
Geflügel –, damit würzt und
andickt. Wie das Gemüse Okra
gibt Sassafras einen Schleim-
stoff ab, der den Gumbos ihre
typische Konsistenz verleiht.
Er paßt aber auch gut zu
stark gewürzten Fleisch- und
Gemüsegerichten und zu
Fisch und Meeresfrüchten.

LAGERUNG
In fest schließenden Dosen
kühl und dunkel aufbewahren.

 ### KÜCHENTIP

Filé-Pulver immer in heiße,
aber nicht mehr kochende
Speisen einrühren. Danach
darf das Gericht nicht mehr
kochen, ansonsten zieht die
Sauce Fäden.

REZEPTVORSCHLAG

Gumbo mit Meeresfrüchten

Für 4 Personen

4 EL Öl

2 EL Mehl

1 Zwiebel

100 g Staudensellerie

100 g rote Paprikaschote

1 Knoblauchzehe

60 g Chorizo (geräucherte Wurst)

250 g Krebsfleisch

³/₄ l Fischfond (Glas)

2 Frühlingszwiebeln

1 EL gehackte Petersillie

Salz

Cayennepfeffer

1 EL Filé-Pulver

125 g kleine ausgelöste Garnelen

125 g gegartes Muschelfleisch

Das Öl in einem großen Topf erhitzen, Mehl darin anschwitzen. Gehackte Zwiebel, kleingeschnittenen Staudensellerie, Paprika und gewürfelte Knoblauchzehe sowie die in Scheiben geschnittene Wurst hineingeben und 3–5 Minuten andünsten. Die Hälfte des Krebsfleisches dazugeben. Unter ständigem Rühren nach und nach schöpfkellenweise den Fischfond dazugießen. Dabei darauf achten, daß keine Klümpchen entstehen. Das Ganze aufkochen lassen, Hitze reduzieren und etwa 30 Minuten köcheln lassen. Falls der Eintopf zu dick wird, noch etwas Fond angießen. Gehackte Frühlingszwiebeln und Petersilie unterrühren, mit Salz und Cayennepfeffer abschmecken. Filé-Pulver einrühren. Garnelen, restliches Krebsfleisch und Muscheln untermengen, etwa 5 Minuten köcheln lassen. Nochmals abschmecken.

SCHWARZKÜMMEL

(Lat. Nigella sativa), auch
Zwiebelsamen oder Kalonji
genannt.

Die getrockneten schwarzen Samen
einer bis zu 60 cm hohen, einjäh-
rigen Pflanze kommen ursprüng-
lich aus Westasien und Südeuropa.
Sie werden heute jedoch vorwie-
gend in Indien, in Ägypten, in der
Türkei und in den Ländern des
Mittleren Ostens verwendet. Die
fiederartigen Blätter der zu den
Hahnenfußgewächsen zählenden
Pflanze enthalten weiße und blaue
Blüten, aus denen sich dann
Früchte mit Samenhüllen bilden.
Diese platzen am Ende der Reife
auf und bringen die rauhen,
dreikantigen, fast tropfenförmigen
Samen hervor, die außen schwarz
und innen ölig weiß sind.

GESCHMACK UND AROMA
Schwarzkümmel schmeckt
würzig scharf und eignet sich
hervorragend als Pfefferersatz,
obwohl er etwas bitterer ist.

VERWENDUNG
Man verwendet die Samen gemahlen oder als ganze Körner.
Beides paßt gut zu Gemüse,
wie Bohnen, Zucchini, Kohl,
Spinat und Gurken. Sie würzen
indische Currys und Chutneys
sowie Dals – indisches Hülsen-
früchtegericht –, Lamm und
Geflügel, aber auch Süßspeisen
und Früchte, wie Melonen.
Als ganze Körner streut man
sie wie Mohnsamen über
Kuchen, Brot, Fladenbrot und
Kleingebäck.

LAGERUNG
In fest schließenden Dosen
kühl und dunkel aufbewahren.

 ### KÜCHENTIP

Besonders intensiv wird der
Geschmack und das Aroma von
Schwarzkümmelsamen, wenn
man sie vor der Verwendung
ohne Fett in einer beschichteten Pfanne kurz anröstet.

REZEPTVORSCHLAG

Hefefladenbrot

Für ca. 10 Stück

$^1/_4$ Würfel Hefe

500 g Weizenmehl

etwas Salz

2 Eier

3 EL Joghurt

3 EL Öl

50 g Schwarzkümmelsamen

Aus Hefe, $^1/_8$ l lauwarmes Wasser, Mehl und Salz einen Vorteig herstellen. Etwa 15 Minuten gehen lassen, dann Öl hinzufügen und das Ganze zu einem elastischen Teig kneten. Diesen Teig an einem warmen Ort etwa 1 Stunde gehen lassen. Ihn anschließend noch einmal durchkneten. Den Backofen auf 250 °C vorheizen. Den Teig in 10 Stücke teilen und jedes auf einer bemehlten Arbeitsplatte zu einer etwa 20 cm langen Ovalform ausrollen. Das Brot mit Schwarzkümmel bestreuen. Die Fladen auf der mittleren Einschubleiste im Ofen in 4–5 Minuten goldgelb backen.

REZEPTVORSCHLAG

Indischer Spinat

Für 4 Personen

500 g Blattspinat

2 EL Ghee oder Butterschmalz

2 EL Öl

2 große Zwiebeln

2 Knoblauchzehen

1 TL feingehackter Ingwer

1 TL Kreuzkümmelsamen

$^1/_2$ TL gemahlener Kreuzkümmel

$^1/_2$ TL gemahlener Koriander

$^1/_2$ TL gemahlener Kurkuma

$^1/_4$ TL Chilipulver

etwas Salz

Den Spinat mehrmals in frischem Wasser gründlich waschen. Die harten Stengel entfernen. In einem großen Topf Ghee oder Butterschmalz zusammen mit dem Öl erhitzen, feingehackte Zwiebel und Knoblauch darin andünsten. Die Gewürzsamen, die gemahlenen Gewürze und etwas Salz darin dazu unterrühren. Tropfnassen Spinat dazugeben, die Hitze reduzieren und das Gemüse unter häufigem Rühren offen 10–15 Minuten garen. Sollte der Spinat am Topfboden ansetzen, etwas Wasser angießen.

SENFKÖRNER

Man unterscheidet zwischen
drei Sorten:

WEISSER SENF
*(Lat. Sinapsis alba), auch
Gelber Senf genannt.*

Die Samen stammen von der
bis zu 1 m hohen, einjährigen
Pflanze, die zur Familie der
Kreuzblütler gehört. Ihre Heimat ist der Süden und Osten
Europas. Sie ist verbreitet bis
hin nach Indien und China.
Hauptsächlich angebaut wird
sie heute jedoch in Frankreich,
den Niederlanden, aber auch
in Deutschland. Aus den in
dichten Trauben stehenden,
hellgoldgelben Blüten reifen
Schoten, die nur im unteren
Ende hellgelbe, kugelige
Samen tragen. Senf wird
überwiegend auf dem Feld
angebaut. Kurz vor der Reife
der Senfkörner mäht man die
Pflanze und läßt sie trocknen.
Dann wird der Senf gedro-
schen und die Körner werden
erneut getrocknet.

GESCHMACK UND AROMA
Weißer Senf ist geruchlos.
Erst beim Zerkauen entwickelt
sich sein würzig-scharfer,
leicht nußartiger Geschmack.

SCHWARZER SENF
*(Lat. Brassica nigra) auch
Grüner oder Holländischer
Senf genannt.*

Die etwas kleineren schwarzen Samen stammen von einer
ursprünglich im Mittelmeergebiet heimischen Pflanze, die
ebenfalls zu den Kreuzblütlern
gehört. Sie wird allerdings
etwa 1,20 m hoch. Ihre Blätter
sitzen auf aufrechten Stengeln,
die sich oberhalb verzweigen.
Auch diese Senfpflanze blüht
gelb. Schwarzer Senf wird
heute vor allem in Osteuropa,
China und Indien kultiviert.

GESCHMACK UND AROMA
Schwarze Senfkörner sind
schärfer als die weißen und haben einen leicht bitteren Geschmack. Schwarzer Senf wird
ausschließlich zur Herstellung
von Tafelsenf verwendet.

BRAUNER SENF

(Lat. Brassica juncea) auch Sareptasenf genannt.

Die kugeligen, 1,5 – 2 mm großen, braunen Samen stammen von einer nahen Verwandten des schwarzen Senfs. Auch sie gehört zur Familie der Kreuzblütler und ist vor allem in Indien und im Vorderen Orient beheimatet.

GESCHMACK UND AROMA

Brauner Senf schmeckt scharf-würzig.

VERWENDUNG

Senfkörner gibt es ganz oder gemahlen als Senfpulver. Aus ihnen wird Tafelsenf (› S. 191) bzw. Mostrich hergestellt. Mit ganzen Körnern würzt man Wurst, Fisch-, Fleisch- und Wildmarinaden und Beizen, eingelegtes Gemüse, wie Mixed Pickles und Gurken, Sülzen und Kohlgerichte. Senfpulver paßt gut zu Geflügel- und Rindfleischgerichten, zu pikanten Suppen und Saucen sowie zu süß-sauren Früchten.

LAGERUNG

Senfkörner in fest schließenden Behältern kühl und dunkel aufbewahren. So halten sie sich 1 – 2 Jahre.

ANWENDUNG
IN DER HEILKUNDE

Senfpflaster helfen gegen Rheuma und Arthritis. Zudem wirkt Senf appetitanregend und verdauungsfördernd.

 KÜCHENTIPS

■ Weiße Senfkörner von guter Qualität sind groß und gleichmäßig goldgelb.

■ Senfpulver entwickelt seine brennende Schärfe erst, wenn es mit Flüssigkeit in Berührung kommt. Deshalb wird es mit Essig, Wasser, Bier oder Apfelwein verrührt, bis ein sämiger Brei entsteht. Die angerührte Paste sollte 15 – 20 Minuten durchziehen.

■ Man kann Senfpulver aber auch zusammen mit Zwiebeln und Knoblauch in Öl leicht andünsten. Das gibt vor allem Eintöpfen und Fleischgerichten eine besondere Note.

SESAMSAMEN

**(Lat. Sesamum indicum),
auch Lein- oder Flachsdotter
genannt.**

*Die kleinen, flachen Samen stam-
men von einer einjährigen, etwa
50 cm hohen Pflanze, die zu den
Pedaliaceae, einer exotischen
Pflanzenfamilie, gehört. Ihre Heimat sind die Tropen, vor allem in
Ostafrika und in Indien ist sie
beheimatet. Blätter und Blüten
ähneln denen des Fingerhutes. Sie
blühen weiß oder weinrot und
bringen danach Fruchtkapseln hervor, die je nach Sorte weißgelbe,
schwarze, rote oder braune Sesamsamen enthalten. Die Samen werden nach der Ernte getrocknet.
Sesam ist die älteste Kulturpflanze
der Welt, die hauptsächlich wegen
ihres Ölgehaltes angebaut wurde.*

*Schon zu Zeiten der Pharaonen
machten die Ägypter Mehl daraus,
in China wurde vor über 2000 Jah-
ren aus dem Ruß, der aus dem
Öl stammt, Tinte hergestellt. Die
Römer und Griechen streuten den
Samen über ihr Brot und auf ihr
Gebäck und machten daraus eine
Paste (Tahina oder Tahin), die heute
noch im Mittleren Osten und im
Mittelmeerraum beliebt ist.*

GESCHMACK UND AROMA
Sesamsamen schmeckt leicht
süßlich, etwas nußartig.

VERWENDUNG
Sesam gibt es als getrocknete
Samen zu kaufen. Man streut
ihn über Brot, Brötchen,
Kekse und über das berühmte
Halva, ein türkisches Konfekt.
Er paßt aber auch zu Rind- oder
Hühnerfleisch, zu Gemüse,
wie Spinat, Spargel, Blumen-
kohl und grünen Bohnen.
Die Amerikaner benutzen ihn
oft als Fischgewürz, in Japan
und Korea wird er erst geröstet
und dann gemahlen verwendet.

LAGERUNG
In fest verschließbaren Dosen
kühl und dunkel aufbewahren.

KÜCHENTIPS

■ Der nussige Geschmack wird noch intensiver, wenn man die Samen kurz vor Verwendung ohne Fett in einer beschichteten Pfanne anröstet.

■ Die Samen lassen sich auch gut in einer Gewürzmühle mahlen oder im Mörser zerstoßen.

Sesamrispen

REZEPTVORSCHLAG

Türkische Sesamkringel

8 Stücke

500 g Mehl
1 Päck. Trockenhefe
1 Pr. Zucker
50 g weiche Butter
1 TL Salz
1 Ei
100 g Sesamsamen

Mehl in eine Schüssel sieben, in die Mitte die Hefe, den Zucker und $^{1}/_{4}$ l lauwarmes Wasser geben. Alles miteinander verrühren. Butter und Salz zufügen und alles zu einem Teig verkneten. Den Teig etwa 1 Stunde gehen lassen. Danach in 8 Portionen teilen und mit der Hand die Teigstücke rollen und zu Kränzen formen. Die Teigkringel kurz in Wasser tauchen und auf ein gefettetes Backblech legen. Das Ei verquirlen und die Oberfläche der Kringel damit bepinseln. Kringel mit Sesam bestreuen und im vorgeheizten Backofen bei 180 °C 20–30 Minuten backen.

STERNANIS

(Lat. Illicium verum),
auch Chinaanis oder Badian
genannt.

Die getrockneten Früchte des bis
zu 6 m hohen, immergrünen Stern-
anisbaumes kommen ursprünglich
aus China und gehören zur
Familie der Magnoliengewächse.
Sie werden heute jedoch auch in
Südostasien kultiviert: in der Reife-
zeit springen die Sternanisfrüchte
auf und zeigen zwischen ihren
Fächern jeweils 8–10 glänzende,
braune „Sterne". Diese werden ge-
erntet und anschließend getrocknet.

GESCHMACK UND AROMA
Sternanis gleicht im Geruch
und Geschmack dem Anis. Sein
Aroma ist jedoch feiner, wenn-
gleich auch etwas bitterer.

VERWENDUNG
Sternanis wird als ganze
Frucht oder gemahlen angeboten. Es würzt Glühwein
oder Teemischungen.

Gemahlen paßt Sternanis zu
zartem Gebäck, wie Anisplätzchen, Springerle, Lebkuchen,
aber auch zu süß-saurem
Schweinefleisch- und zu chinesischen Entengerichten mit
Dim-Sum-Füllungen. Es würzt
Süßes, wie Pflaumenmus und
Pudding.

LAGERUNG
In fest schließenden Dosen
kühl und dunkel aufbewahren.
So halten sich die getrockneten Früchte bis zu 3 Jahre.

ANWENDUNG
IN DER HEILKUNDE
Sternanis gilt als reizmildern-
des und schleimförderndes
Hustenmittel, ist in Bronchitis-
und Gallentees enthalten
und wirkt außerdem blähungs-
treibend.

 ### KÜCHENTIP

Sternanis verträgt sich gut mit
anderen Gewürzen, so z. B. mit
Pfeffer, Nelken, Ingwer, Zimt
und auch Sojasauce. Deshalb
ist es auch Bestandteil vieler
Gewürzmischungen, wie Fünfgewürzpulver und Pfeffer-
kuchengewürz.

SUMACH

(Lat. Rhus coriaria), auch Sizilianischer Zucker oder Sumak genannt.

Die getrockneten, braunroten Samen eines bis zu 3 m hohen, buschigen Strauches werden vor allem in der Küche des Nahen und Mittleren Ostens geschätzt. Und dort, vor allem im Libanon, in Syrien, in der Türkei und im Iran, wird der Sumachstrauch auch vorwiegend angepflanzt. Seine Äste und Blätter sind behaart. Aus den kleinen, gelblichen Blütenrispen bilden sich dunkelrote Beeren, die übrigens schon von den Römern als Säuerungsmittel geschätzt wurden. Nach der Ernte werden die Sumachbeeren getrocknet und gemahlen.

GESCHMACK UND AROMA

Sumach schmeckt fruchtig-säuerlich, bedingt durch seinen hohen Anteil an Fruchtsäuren, wie Apfel-, Zitronen- und Weinsäure. Er ist jedoch nicht so säurehaltig wie Essig oder Zitronensaft.

VERWENDUNG

Sumach gibt es als ganze Beeren oder gemahlen. Oft enthält das ziegelrote bis purpurrote Pulver auch einen Zusatz von Kochsalz. Man erhält Sumach vor allem in türkischen Lebensmittelläden und verwendet ihn vor allem gemahlen zum Einreiben von Grillfleisch, Fisch, Geflügel, und für Kebabs, streut das Pulver über Salate und rührt es in Joghurtsaucen. Sumach paßt aber auch zu Reis, Hülsenfrüchten und Gemüsesalaten.

LAGERUNG

In fest schließenden Behältern kühl und dunkel aufbewahren. Das Pulver hält sich nur für ein paar Wochen.

KÜCHENTIP

Aus dem Samen läßt sich eine köstliche Marinade zum Einlegen von Grillfleisch, Fisch und Geflügel zubereiten: 100 g Sumachbeeren im Mörser zerstoßen, in 350 ml Wasser 20–30 Minuten einweichen, dann durch ein Mulltuch drücken und über das Grillgut gießen.

SZECHUANPFEFFER

(Lat. Zanthoxylum piperitum), auch Anispfeffer, Japanischer Pfeffer oder Sichuanpfeffer genannt.

Die getrockneten Früchte eines zur Familie der Rautengewächse gehörenden, kleinen Baumes werden vor allem in der chinesischen und japanischen Küche verwendet. Der in Japan, Korea und im Norden Chinas wachsende Baum hat gefiederte Blätter, die denen des Vogelbeerbaumes ähneln. Aus den weißen oder grünlichen Blüten werden Kapseln, die man im unreifen Zustand erntet und dann trocknet, Szechuanpfeffer ist aber nicht mit dem echten Pfeffer verwandt.

GESCHMACK UND AROMA

Szechuanpfeffer schmeckt stark pfeffrig, beißend scharf und hat ein leichtes Zitronenaroma.

VERWENDUNG

Szechuanpfeffer gibt es ganz oder gemahlen zu kaufen. Im Mörser grob zerstoßen oder in einer Pfeffermühle gemahlen paßt er besonders gut zu Fisch, aber auch zu Schweinefleisch, Hähnchen und Ente sowie zu Suppen Reis und Nudeln. Beliebt ist er auch an chinesischen Gerichten.

KÜCHENTIPS

■ Die rostroten Körner werden vor Gebrauch stets ohne Fett in einer beschichteten Pfanne angeröstet, damit sich ihr Aroma optimal entfaltet. Danach mahlt man sie oder zerstößt sie im Mörser. Szechuanpfeffer immer sparsam dosieren.

■ Die Chinesen mischen den gerösteten und gemahlenen Szechuanpfeffer im Verhältnis 5:1 mit Salz und würzen mit dieser Mischung gerne gegarte Speisen.

VANILLE

(Lat. Vanilla planifolia)

Die getrocknete Fruchtkapsel einer im südlichen Mexiko beheimateten Kletterorchidee gilt als Königin der Gewürze. Heute wird die Vanille liefernde Orchidee vor allem in den ehemals französischen Kolonien im Indischen Ozean, wie Madagaskar, Reunion (früher Bourbon) und den Komoren kultiviert. Die Pflanze wird an Spalieren bis zu einer Höhe von 2 m gezogen. Aus den nur einen Tag lang blühenden gelben Blüten bilden sich nach Bestäubung des Fruchtknotens die grünen Fruchtkapseln, auch Schoten genannt. Diese werden kurz vor der Reife gepflückt. Die Vanilleschoten läßt man wiederholt in luftdichten Behältern „schwitzen" und an der Sonne trocknen, so entwickeln sie ihr typisches Aroma. Als schokoladenbraune Vanilleschote oder Vanillestange kommen sie dann in den Handel.

Bei dem Indianerstamm der Montezumas galt Vanille als Freudenspender und Kostbarkeit. Die Azteken würzten mit Vanille ihr köstliches Schokoladengetränk und zahlten sogar ihre Steuern in Form von Vanilleschoten. Im 16. Jh. n. Chr. brachte der spanische Konquistador Hernan Cortés die Orchidee mit nach Spanien. Erst im 19. Jh. n. Chr. bemerkte man, daß allein eine kleine Biene unter natürlichen Bedingungen in der Lage ist, die Vanilleblüten zu bestäuben.

GESCHMACK UND AROMA

Vanille riecht intensiv, sehr lieblich und schmeckt süßlichwürzig.

VERWENDUNG

Vanille wird als weiche biegsame Schote im Glasröhrchen oder der Samen, aus der Schote gekratzt, angeboten. Sie würzt Desserts, wie Pudding, Cremes, Obstkompott, Quark- und Joghurtspeisen, Eiscreme, süße Aufläufe, aber auch Teepunsch, Kaffee, heiße Schokolade und Kakao. Sie ist unentbehrlich bei Marmeladen, süßen Suppen und Saucen sowie Gebäck und Kuchen, paßt aber auch zu pikanten Geflügel- und Kalbfleischgerichten.

Vanilleblüten

LAGERUNG

Ganze Schoten in Schraubgläsern luftdicht, kühl und dunkel lagern. Unverpackte Vanillestangen nehmen schnell fremde Gerüche an und trocknen aus.

 KÜCHENTIPS

■ Das feine Aroma der Vanille sitzt im Mark und in der Schale. Das Mark wird aus der aufgeschlitzten Schote gekratzt. Die Schote kann noch weiterverwendet werden. Man kann Vanilleschoten mitkochen, dabei übertragen sich die Aromastoffe auf das Gericht.

■ Die Vanillestange kann man in ein mit Zucker gefülltes, gut verschlossenes Glas geben und so seinen eigenen Vanillezucker herstellen.

■ Vanilleschoten von bester Qualität glänzen fettig und haben oft einen weißen Überzug aus Vanillekristallen.

■ Vanille harmoniert übrigens gut mit Zimt, Anis, Nelken, Ingwer und Kardamom.

■ Neben der Schote und dem Pulver gibt es auch echten Vanillezucker im Handel (→ S. 270).

WACHOLDER

(Lat. Juniperus communis),
auch Kaddigbeere, Krammet-
beere, Krana- oder Kronawitt,
Machandel, Räucherstrauch,
Rech- oder Reckolder genannt.

Die getrockneten, 6 – 8 mm großen
Beerenpflanzen des immergrünen
Wacholderstrauches, der zu den
Zypressengewächsen gehört, findet
man in ganz Europa und im
gemäßigten Asien. Kultiviert wird
der Strauch vor allem in Italien.
Aus den unscheinbaren Blüten, die
an den stacheligen Nadeln sitzen,
bilden sich grüne oder auch dunkel-
violette Beeren, in Form eines
Zapfens. Durch das Trocknen
bekommen die Wacholderbeeren
ihre bläulichschwarze Farbe.
Wacholder ist ein uraltes Heil-,
Würz- und auch Zaubermittel.

Die alten Ägypter verwendeten die
Wacholderbeeren für Mundwasser,
den Griechen und Römern galt
Wacholder als Mittel gegen Schlan-
genbisse und im Mittelalter glaubte
man, mit Wacholderzweigen den
Teufel vertreiben zu können.

GESCHMACK UND AROMA
Wacholder schmeckt süßlich-
würzig, leicht harzig-bitter
und riecht sehr kräftig.

VERWENDUNG
Wacholder gibt es als ganze
getrocknete Beeren zu kaufen.
Sie passen sehr gut zu Fleisch-
und Wildmarinaden, zum
Fischsud, zu herzhaften Rind-
und Schweinefleischgerichten,
Sauerkraut, Rot- und Weißkohl, aber auch zu Pasteten,
und eingelegtem Gemüse.
Zerdrückt oder grob zerstoßen
würzen sie Gelees, Suppen
und auch Saucen.

LAGERUNG
In fest schließenden Behältern – am besten mit Schraub-
verschluß – kühl und dunkel
aufbewahren. So halten sie sich
bis zu 3 Jahre.

Als Tee wirkt Wacholder harntreibend, appetitanregend, blutreinigend und gegen Darm- und Magenbeschwerden.

KÜCHENTIPS

■ Der Geschmack von Wacholder ist sehr kräftig und kann jedes andere Aroma übertönen. Deshalb nicht mehr als 6–8 Beeren auf einmal verwenden. Frisch getrocknete Beeren haben die stärkste Würzkraft.

■ Der Geschmack hängt aber auch von der Gegend ab, wo die Beeren herkommen. So ist die Wacholder aus Italien wesentlich aromatischer als der aus Norddeutschland.

■ Wacholder harmoniert mit Lorbeer, Knoblauch, Majoran, Tymian, Fenchel, Pfeffer und Senfkörnern.

REZEPTVORSCHLAG

Brombeer-Wacholder-Gelee

Für ca. 4 Gläser à 250 g

500 g Brombeeren

500 g Holunderbeeren

8 Wacholderbeeren

Gelierzucker (auf 4 Teile Saft 5 Teile Gelierzucker)

2 EL Zitronensaft

4 EL Gin

Brombeeren verlesen, kurz waschen, Holunderbeeren waschen, von den Dolden streifen und mit den zerdrückten Wacholderbeeren und den Brombeeren aufkochen lassen. Danach zerdrücken und Saft ziehen lassen. Die Beeren in ein Sieb mit Mulltuch geben und über Nacht ablaufen lassen. Am nächsten Tag auf 4 Teile Saft 5 Teile Gelierzucker abwiegen. Saft, Gelierzucker und Zitronensaft erhitzen und etwa 4 Minuten sprudelnd kochen lassen. Danach mit Gin abschmecken und in saubere Twist-off-Gläser füllen.

ZIMT

Es ist eine Sammelbezeichnung für Ceylon-Zimt, Kassia-Zimt und Padang-Zimt.

Die getrocknete innere Rinde des Zimtbaumes, der zu den Lorbeergewächsen gehört, zählt zu den ältesten Aromastoffen der Welt. Schon vor über 4500 Jahren verströmte Zimt in den chinesichen Küchen seinen aromatischen Duft. Die Ägypter verwendeten Zimt vornehmlich, um ihre Mumien damit einzubalsamieren. Bei den Völkern des Alten Orients erfreute sich Zimt als Duftstoff großer Beliebtheit. Und auch als Medizin war er gegen jegliches Leiden beliebt. Seine Würzkraft entdeckte man erst im Mittelalter. Die Klosterköche von St. Gallen sollen ihn zuerst als Zutat an Fischgerichten verwendet haben.

Bei Zimt unterscheidet man zwischen drei Arten:

CEYLON-ZIMT
(Lat. Cinnamomum verum), auch Canehl oder Kaneel genannt.

Er stammt aus Ceylon, dem heutigen Sri Lanka, und wird auch in Indonesien, auf Madagaskar, auf den Kleinen Antillen und in Mittelamerika angebaut. Die Rinde der Zimtbaumschößlinge wird abgelöst und von allen Kork- und Primärschichten befreit. Dann schiebt man 6–10 dieser hauchdünnen Innenrinden ineinander und trocknet sie.

GESCHMACK UND AROMA
Ceylon-Zimt ist hocharomatisch, fein und süßlich im Geschmack und von hellbrauner Farbe. Es gibt ihn als Stangenzimt oder als gemahlenes Pulver zu kaufen.

PADANG-ZIMT
(Lat. *Cinnamomum burmanii*), auch Cassia vera genannt.

Er stammt aus Indonesien und wird heute vor allem auf Sumatra angebaut. Wie auch der China-Zimt wird Padang-Zimt weniger aufwendig entrindet. Beim Trocknen rollt sich seine Rinde beidseitig auf. Er wird oft gemahlen oder in groben Stücken angeboten.

GESCHMACK UND AROMA
Padang-Zimt schmeckt etwas herber und nicht so fein wie Kassia-Zimt.

KASSIA-ZIMT
(Lat. *Cinnamonum aromatica*), auch China-Zimt genannt.

Er kommt aus dem südlichen China und aus Indonesien, wird ähnlich angebaut wie der Ceylon-Zimt. Allerdings wird er weniger aufwendig entrindet. Beim Trocknen rollen sich die Rinden einseitig zusammen. Kassia-Stangen sind derb und dunkelbraun in der Farbe. Er wird allerdings hauptsächlich gemahlen angeboten.

GESCHMACK UND AROMA
Kassia-Zimt schmeckt etwas bitterer als Ceylon-Zimt, ist allerdings hocharomatisch.

VERWENDUNG
Zimt verwendet man gemahlen, als ganze Stange oder in Stücke gebrochen. Als ganze Stange oder Bruch paßt er zu Kompott, Saucen, Milch- und Obstsuppen, aber auch zu Wildragouts, zu Punsch, Glühwein, Rumtopf und eingelegten Früchten. Gemahlen würzt das Pulver Milchreis und Bratäpfel, aber auch Lamm- und Geflügelgerichte. Der Kruste eines Schweinebratens gibt Zimt eine besonders delikate Note.

LAGERUNG

Zimtstangen in fest schließenden Behältern kühl und dunkel aufbewahren. Sie behalten ihr Aroma bis zu 3 Jahre. Zimtpulver verliert schnell an Aroma.

KÜCHENTIP

Zimt vor guter Qualität ist gleichmäßig gebräunt.

REZEPTVORSCHLAG

Pflaumen-ketchup

Für 4 Personen

500 g frische Pflaumen
125 g Schalotten
1 Knoblauchzehe
1 Stück frischer Ingwer (ca. 4 cm lang)
2 eingelegte Chilischoten
4 EL Rotwein
Schale und Saft von 1 unbehandelten Orange
2–3 EL Rotweinessig
70 g brauner Rohrzucker
$\frac{1}{2}$ TL Macis, etwas Salz
$\frac{1}{2}$ TL gemahlener Zimt

Die Pflaumen waschen, halbieren und entkernen. Die Schalotten und den Knoblauch schälen und in Würfel schneiden. Den Ingwer schälen und ebenfalls würfeln. Pflaumen, Schalotten, Knoblauch und Ingwer zusammen mit dem Rotwein, dem Orangensaft und der -schale sowie mit Essig, Zucker, Chilischoten und den Gewürzen in einem Topf zum Kochen bringen. Alles zugedeckt etwa 15 Minuten bei schwacher Hitze köcheln lassen, dann weitere 30 Minuten ohne Deckel bei schwacher Hitze einkochen lassen. Die Sauce im Mixer pürieren und erneut erhitzen. Sie nochmals mit den Gewürzen gegebenenfalls abschmecken, in ein Schälchen geben und abkühlen lassen.

Gewürzmischungen und Salze

GEWÜRZMISCHUNGEN

Ob Pizza oder Punsch, Steak oder Schmorbraten – für fast jede Zubereitung und auch für fast jeden Geschmack bietet der Handel inzwischen fertige Mischungen aus verschiedenen Gewürzen an. Groß ist das Angebot, verwirrend aber auch oft die Bezeichnung auf der Gewürzpackung. Nach den „Leitsätzen für Gewürze und andere würzende Mittel" unterscheidet man unter anderem zwischen folgenden Arten:

GEWÜRZMISCHUNGEN

Sie bestehen ausschließlich aus reinen Gewürzen und werden nach ihrer Art oder ihrem Verwendungszweck bezeichnet. Andere Zutaten, wie auch Salz, dürfen nicht enthalten sein. Zu den Gewürzmischungen gehören z. B. Pizzagewürz und Chili-con-carne-Gewürz.

GEWÜRZZUBEREI-TUNGEN

Sie bestehen mindestens zu 60 % aus einem oder mehreren Gewürzen, die mit anderen geschmacksgebenden und/ oder geschmacksverbessernden Zutaten, wie Stärke, Bierhefe und Glutamat vermischt sind.

Auch bis zu 5 % Kochsalz kann in Gewürzzubereitungen enthalten sein, dieser Zusatz muß nicht deklariert werden. Zu den Gewürzzubereitungen gehören z. B. Tzatziki-Gewürzzubereitung.

GEWÜRZSALZE

Sie sind Mischungen von Kochsalz mit einem oder mehreren Gewürzen und/oder Gewürzzubereitungen. Der geforderte Gewürzanteil liegt bei mindestens 15 % (außer bei Knoblauchsalz). Der Knoblauchgehalt liegt bei über 40 %. Zu dieser Gruppe gehören z. B. Bratkartoffel-Gewürzsalz, Tomaten-Gewürzsalz, bezeichnet nach ihrem Verwendungszweck, oder auch Selleriesalz, Kräutersalz, bezeichnet nach ihrer Art.

GEWÜRZAROMA-ZUBEREITUNGEN UND GEWÜRZAROMASALZE

So werden die Erzeugnisse genannt, bei denen Gewürze in der Gewürzzubereitung oder im Gewürzsalz ganz oder teilweise durch „Gewürzaromen" ersetzt sind. Dazu gehört z. B. Hickory-Rauchsalz-Aroma.

CHILIPULVER

Eine dunkelrote Mischung aus getrockneten, gemahlenen Ancho-Chilis (› S. 207) sowie Oregano, Cayennepfeffer, Kreuzkümmel, Knoblauchpulver, Nelken, Piment und manchmal auch Zwiebelpulver. Weniger hochwertiges Chilipulver enthält auch Zusätze von Glutamat. Die Mischung, auch unter dem Namen „Chilipowder" angeboten, soll angeblich von englischen Siedlern in Texas erfunden worden sein, die 1835 erstmals damit ein deftiges Fleischgericht im mexikanischen Stil würzten. Damals bestand die Mischung allerdings nur aus Cayennepfeffer und Oregano. Vermutlich benutzten aber schon die Azteken Chilipulver.

GESCHMACK UND AROMA

Chilipulver ist feurigscharf, allerdings etwas milder als Cayennepfeffer.

VERWENDUNG

Chilipulver wird vor allem in der amerikanischen, mexikanischen und spanischen Küche eingesetzt. Es würzt Fleisch-, Fisch- und Gemüsesuppen sowie Marinaden und Beizen. Es paßt zu Eierspeisen, zu Gulasch und Tatar sowie zu Gemüsegerichten und Salaten, mit Bohnen und Paprika. Außerdem ist es unentbehrlich im Chili con carne.

LAGERUNG

In festen schließenden Behältern kühl und dunkel aufbewahren.

 KÜCHENTIP

Man kann sich sein Chilipulver auch selbst mischen. Dazu werden frische Chilis auf Fäden gezogen und dann getrocknet. Danach zerkleinert man die Schoten in der Gewürzmühle und mischt sie z. B. mit zerdrücktem Kreuzkümmel, getrocknetem Oregano und Knoblauchpulver.

CURRYPULVER

Die wohl bekannteste Gewürzmischung der Welt besteht aus
12–20, oft sogar bis zu 36 verschiedenen Gewürzen. Ein
Standardrezept für Currypulver gibt es nicht. Die wichtigsten Zutaten sind jedoch Ingwer, Kardamom, Cayenne-
und schwarzer Pfeffer sowie
Koriander, Piment, Paprikapulver, aber auch Nelken,
Macis, Zimt, Kreuzkümmel,
Bockshornklee und unbedingt
Kurkuma, das für die gelbe
Farbe sorgt. Manchmal wird
auch Salz zugesetzt und bei
billigem Currypulver das Mehl
von Hülsenfrüchten.
In Indien, der Heimat des Cur-
rypulvers gibt es fast so viele
Mischungen wie Menschen.

Denn keine indische Hausfrau
würde fertig gemischtes
Currypulver verwenden. Sie
mischt sich ihr Currypulver
für jede Mahlzeit neu, je nach
Art des Gerichtes. Der Name
Curry stammt vermutlich
vom talmilischen Wort „kari"
ab, was Gewürzmischung oder
Gewürzsauce heißt.
Eigentlich ist das Currypulver
eine englische Erfindung.
Den britischen Kolonialherren
schmeckten die für ihren Geschmack ausgefallenen, indischen Gerichte so gut, daß sie
ihre Köche anwiesen, ebenso zu würzen. Denen war das
Zubereiten mit so vielen verschiedenen Gewürzen zu kom-
pliziert und so mischten sie der
Einfachheit halber ein Pulver.
Unter Curry verstehen die Inder nicht die Gewürzmischung,
sondern bezeichnen damit
Schmorgerichte aus Fleisch,
Fisch, Geflügel und Gemüse.
Die Zusammensetzung der
Gewürze fürs Curry variiert
je nach Rezept und Region.
Im Norden mag man es lieblich mild, im Süden dagegen
feurigscharf.

GESCHMACK UND AROMA

Currypulver wird in verschiedenen Geschmacksrichtungen angeboten. So gibt es den mildfruchtigen „Indischen Curry", den mildaromatischen „Madras-Curry" und den würzigscharfen „Bengalen-Curry". In asiatischen Läden findet man zusätzliche Mischungen, wie Currypulver aus Pakistan, aber auch aus Java, aus Siam und aus Malabar.

LAGERUNG

In fest schließenden Gefäßen kühl und dunkel aufbewahren. So bleibt das Currypulver etwa 6 Monate frisch.

 KÜCHENTIPS

■ Curry entfaltet sein Aroma am besten, wenn man das Gewürz zunächst im Fett etwas andünstet und danach die Flüssigkeit zugibt. Doch Vorsicht: das Fett darf nicht zu heiß sein, damit der Curry nicht verbrennt und bitter wird.

■ Curry harmoniert mit Zwiebeln, Knoblauch, Lorbeer, Paprikapulver und Pfeffer.

REZEPTVORSCHLAG

Curryspaghetti

Für 4 Personen

1 gelbe Paprikaschote

1 rote Paprikaschote

1 Zwiebel

400 g Hähnchenbrustfilet

1 EL Butterschmalz

2 EL Currypulver

$^1/_8$ l Hühnerbrühe

500 g Kokosnußcreme (Dose)

2 EL Zitronensaft

2 EL helle Sojasauce

etwas Salz

weißer Peffer aus der Mühle

400 g Spaghetti

Die Paprikaschoten waschen, putzen und in kleine Würfel schneiden. Die Zwiebel schälen und fein hacken. Das Hähnchenbrustfilet unter kaltem Wasser waschen, gründlich trockentupfen und in feine Streifen schneiden. Das Butterschmalz in einer Pfanne zerlassen. Die Zwiebelwürfel darin glasig braten. Das Hähnchenbrustfilet und die Paprikawürfel dazugeben und beides unter Rühren kurz mitbraten. Das Currypulver hinzufügen

und alles durchrühren. Die
Hühnerbrühe und die Kokos-
creme zur Paprika-Fleisch-
Mischung geben und alles
8–10 Minuten zugedeckt
köcheln lassen. Die Sauce mit
Zitronensaft, Sojasauce, Salz
und Pfeffer abschmecken und
weitere 5 Minuten köcheln
lassen. In der Zwischenzeit
4 l Salzwasser in einem
großen Topf zum Kochen
bringen. Die Spaghetti hineingeben und in 8–10 Minuten bißfest kochen. Die
Nudeln in ein Sieb schütten,
gut abtropfen lassen und
sofort mit der Curry-Fleisch-
Sauce mischen.

EINMACHGEWÜRZ

Es wird auch Gurken- und
Mariniergewürz genannt.
Diese Mischung enthält Senfkörner, Dillsaat, schwarzen
und weißen Pfeffer sowie Nelken und Ingwer, aber auch
Lorbeer, Piment und Kümmel,
manchmal Chilis und Estragon.
Es gibt aber auch Mischungen
aus roten Chilis, schwarzem
Pfeffer, Nelkenpfeffer, Ingwer
und Muskat.

GESCHMACK UND AROMA
Einmachgewürz schmeckt
süß-säuerlich.

VERWENDUNG
Einmachgewürz paßt ideal zum
Einlegen und Einkochen von
Gewürzgurken, süß-sauren
Gurken, Senfgurken, Zwiebeln,
Mixed Pickles, Tomatenpaprika,
Essiggemüse und Chutneys.
Man kann es aber auch zum
Marinieren von Sauerbraten und
grünen Heringen verwenden.

KÜCHENTIP

Einmachgewürz wird immer in Essig-Wasser-Lösung aufgelöst und dann heiß über das Einlege- oder Mariniergut gegossen.

REZEPTVORSCHLAG

Süß-saure Gurken

Für ca. 5 Gläser à 1 l

2,5 kg Gewürzgurken

etwas Salz

250 g kleine Zwiebeln

1 l Weinessig

500 g Zucker, 1 EL Salz

1 Beutel Einmachgewürz

Die Gurken waschen und über Nacht in leicht gesalzenes Wasser legen. Die Zwiebeln schälen und mit den gut abgetrockneten Gurken in Gläser schichten. Essig mit Zucker, Salz, 1 l Wasser und dem Einmachgewürz aufkochen. Diese Mischung über die Gurken gießen. Die Gläser mit einem Twist-off-Verschluß verschließen.

REZEPTVORSCHLAG

Rotwein-zwiebeln

Für ca. 3 Gläser à 1/2 l

1 kg kleine Zwiebeln

4 EL Salz

1 l Rotwein

1/2 l Rotweinessig

200 – 250 g Zucker

1 Beutel Einmachgewürz

Die Zwiebeln schälen und in die vorbereiteten Gläser füllen. In einem Topf 1/2 l Wasser zusammen mit 2 Eßlöffeln Salz aufkochen. Das heiße Salzwasser über die Zwiebeln gießen und etwa 12 Stunden ziehen lassen. Danach die Flüssigkeit abgießen. Rotwein zusammen mit Essig, restlichem Salz, Zucker und Einmachgewürz aufkochen und etwa 3 Minuten kochen lassen. Dann die Zwiebeln hinzufügen und alles 5–8 Minuten kochen lassen, bis die Zwiebeln glasig, aber noch fest sind. Die Zwiebeln aus dem Sud nehmen und in die Gläser füllen. Dann den Sud kochenheiß darüberfüllen und die Gläser sofort verschließen. Vor dem Servieren 4–5 Tage ruhen lassen.

EXOTISCHE GEWÜRZ-MISCHUNGEN

Die Kunst, Gewürze zu mischen, ist mindestens so alt und populär wie die des Tee-mischens. Und so haben im Laufe von Jahrhunderten un-zählige Gewürzmischungen ihren festen Platz in den Kü-chen der Welt erobert. Und immer wieder kommen neue hinzu. Hier ein Überblick über die bekanntesten:

GOMASIO ①

Es ist eine in Japan sehr popu-läre Mischung aus 3 Teilen schwarzen Sesamkörnern und 1 Teil Salz. Der Sesam wird ohne Fett in einer Pfanne ange-röstet und nach dem Abkühlen mit dem Salz in einem Mörser fein zerrieben. Im engeren Sinne ist Gomasio ein Gewürz-salz, da es überwiegend aus Salz besteht.

GESCHMACK UND AROMA
Gomasio schmeckt würzig-aromatisch.

VERWENDUNG
Man streut die Mischung über rohes Gemüse, Reisgerichte oder pfannengerührte Fleisch- und Gemüsegerichte. Sehr gut schmeckt sie auch über neue Kartoffeln.

LAGERUNG
In luftdicht verschlossenen Behältern trocken und dunkel aufbewahren.

QUATRE ÉPICES ②

Es handelt sich um eine in Frankreich äußerst beliebte Mischung aus schwarzem oder weißem Pfeffer, Nelken, Muskatnuß und Ingwer. Auch wenn die Mischung wörtlich übersetzt „Vier Gewürze" heißt, so kann sie nach Belieben aufgestockt werden. Einige geben Piment und Zimt dazu, die tunesische Quatre-épices-Gewürzmischung besteht aus getrockneten Rosenknospen, Pfeffer, Paprikapulver und Zimt.

GESCHMACK UND AROMA

Die Mischung schmeckt würzig-aromatisch.

VERWENDUNG

Quatre épices würzt vorwiegend Wurst und Pasteten aus Schweinefleisch. Sie schmeckt aber auch gut zu deftigen Schmorgerichten mit Rind, Schwein und Geflügel.

LAGERUNG

In fest schließenden Behältern kühl und trocken aufbewahren.

RAS EL HANOUT ③

Es ist eine aus Nordafrika stammende Mischung aus 10 bis 100 verschiedenen Gewürzen. Sie wird heute vorwiegend in der marokkanischen Küche verwendet. Ein Standardrezept gibt es nicht, fast jede Familie in Marokko hat ihre eigene Hausmischung. Hauptbestandteile sind jedoch Muskatnuß, Zimt, Rosenknospen sowie Ingwer, Nelken, Pfeffer, Kreuzkümmel und Cayennepfeffer. Außerdem können Macis, Anis, Lavendel, Piment und Kardamom enthalten sein.

GESCHMACK UND AROMA

Ras el hanout schmeckt und riecht leicht süßlich-aromatisch.

VERWENDUNG

Die Mischung würzt vor allem Reis, Couscous, Fleisch- und Geflügelgerichte. Man bekommt die Mischung fertig in orientalischen Lebensmittelgeschäften zu kaufen.

LAGERUNG

In fest schließenden Behältern kühl und dunkel aufbewahren.

PANCH PHORON

Ein Klassiker unter den Gewürzmischungen ist Panch
phoron, eine bengalische
Gewürzmischung. Sie enthält
2 Teile Fenchel, 1 Teil Bockshornklee, 2 Teile schwarzen
Senf und 1–2 Teile Schwarzkümmel. Alle Zutaten werden
unzerkleinert miteinander
vermischt.

GESCHMACK UND AROMA

Panch phoron schmeckt feurig-
aromatisch.

VERWENDUNG

Die Mischung paßt ideal zu gebratenem Fisch, Fleisch und
Geflügel, aber auch zu Gemüse, wie Tomaten, Auberginen
und Hülsenfrüchten.

SHICHIMI TOGARASHI

Es wird auch Japanisches Siebengewürz genannt. Die scharfe,
japanische Mischung dient vor
allem als Tischwürze. Sie besteht aus getrocknetem roten
Pfeffer, „sansho" (japanischem
Pfefferblatt), Leinsamen, Mohn,
schwarzen Sesamkörnern, getrockneten Tangarinenschalen
und nori (Seetang).

GESCHMACK UND AROMA

Das japanische Siebengewürz
ist ausgesprochen scharf.

VERWENDUNG

Shichimi togarashi würzt Suppen, Nudelgerichte sowie Eintöpfe und Gemüsegerichte. Vorsichtig dosieren. Man bekommt
es in Asienläden zu kaufen. ·

TANDOORI

Auch Tadoori genannt. Dies
ist eine indische Würzmi-
schung aus Knoblauch, Ingwer, getrockneter Tama-
rindenschale sowie Koriander,
Kreuzkümmel, Kurkuma und
Cayennepfeffer. Einige Tan-
doori-Mischungen enthalten
zusätzlich Paprika- und Chilipulver sowie Zimt, Nelken
und Safran.

GESCHMACK UND AROMA
Tandoori schmeckt fruchtig-
scharf.

VERWENDUNG
Die Mischung würzt alle indischen Tandoorigerichte mit
Geflügel und Fleisch. Sie
eignet sich auch hervorragend
zum Marinieren.

REZEPTVORSCHLAG
Tandoori-Hähnchen

Für 4 Personen

| 1 küchenfertige Poularde (à 1,5 kg) |
| 3 TL Limettensaft |
| 1 kleine Zwiebel |
| 3 TL Tandoori |
| 2 TL Garam masala |
| 2 EL frisch geriebener Ingwer |
| Salz |
| 300 g Joghurt |

Die Poularde kalt abspülen,
trockentupfen und in 8 Teile
schneiden. Die Teile in eine flache Schüssel legen. Limettensaft, geschälte, gewürfelte
Zwiebel, Tandoori, Garam
masala, Ingwer, Salz und Joghurt in einem Mixer schaumig schlagen. Über das
Geflügel gießen und zugedeckt
im Kühlschrank über Nacht
durchziehen lassen. Überschüs-
sige Marinade abgießen und
die Geflügelteile in einem Brä-
ter im vorgeheizten Backofen
bei 200 °C etwa 1 1/2 Stunde
braten.

FISCH- UND SCHALENTIER-GEWÜRZE

Ganz gleich, ob Sie nun Fisch aus der Pfanne oder aus dem Sud servieren, ob Sie zum zünftigen Muschel- oder herzhaften Heringsessen einladen wollen, fertige Würzmischungen erleichtern die Zubereitung.

BRATFISCH-GEWÜRZSALZ

Es enthält neben Salz u. a. Zitronensäure, Petersilie, Ingwer und Meerrettich. Paßt gut zu gegrilltem und gebratenem Fisch und erspart zusätzliches Salzen.

HERINGSGEWÜRZ

Es enthält etwa 12 verschiedene Kräuter und Gewürze. Paßt gut zu eingelegten Heringen, Matjes und zum Einlegen von Gabelbissen.

FISCH-GEWÜRZ-MISCHUNG

Sie enthält getrocknete Kräuter, wie Lorbeerblätter, Estragon, und Gewürze wie Nelken, sowie getrocknete Möhren, aber auch Orangen- und Zitronenschale. Paßt gut zu Kochfisch, Fischsuppen und Muschelgerichte sowie zum Würzen von Fischmarinaden.

MUSCHELGEWÜRZ

Es enthält verschiedene Kräuter, Gewürze und Wurzelgemüse. Man gibt es dem Kochsud bei. Paßt gut zu Muschelgerichten, aber auch zu Speisen mit Fisch und Meeresfrüchten.

LAGERUNG

In fest schließenden Behältern kühl und dunkel aufbewahren. So halten sie bis zu 1 Jahr nach Packungsöffnung.

FLEISCHGEWÜRZE

Ob nun für einen zünftigen Braten, ein leichtes Ragout oder ein saftigen Steak – Gewürzmischungen sind gerade für Kochanfänger eine große Hilfe. Für Gerichte mit Fleisch gibt es eine große Auswahl an Gewürzmischungen, die bekanntesten finden Sie in diesem Kapitel.

FLEISCH-WÜRZMISCHUNG
Sie enthält Senfkörner, Pfeffer, Koriander, Chilis und Zwiebeln. Paßt ideal zu gegrilltem und gebratenem Fleisch.

GULASCH-WÜRZMISCHUNG
Sie enthält Paprikapulver, getrocknete Zwiebeln, Majoran, Kümmel, Chili und Knoblauch. Paßt ideal zu ungarischem Gulasch, aber auch zu Gulaschsuppe und zu Ragouts von dunklem Fleisch sowie zu herzhaften Braten und dunklen Saucen.

GYROS-WÜRZER
Er enthält neben Paprikapulver, Oregano, Chilis, Zwiebeln, Knoblauch, Kreuzkümmel sowie Majoran, Rosmarin, Thymian und Salz auch Natriumglutamat. Paßt ideal zu der griechischen Fleischspezialität Gyros, aber auch zu gegrilltem Rind, Lamm oder Schwein sowie zu Fleischspießen aller Art.

HACKFLEISCH-GEWÜRZ-ZUBEREITUNG
Sie enthält Paprikapulver und Pfeffer, aber auch Thymian, Muskat und Kümmel. Paßt gut zu allen Hackfleischgerichten, aber auch zu Ragouts und Geschnetzeltem. Hier ist ein zusätzliches Salzen erwünscht.

KOTELETT- UND SCHNITZEL-WÜRZER

Sie enthalten neben Paprikapulver, Pfeffer, Senfsaat und Curry auch Pastinakenmehl, getrocknete Zwiebeln, Salz, gekörnte Brühe und Stärke. Passen gut zu Kalb- und Schweineschnitzel sowie zu Kotelett, aber auch zu Putenschnitzel und zu Fleischspießen. Den Würzer am besten nach dem Braten über das Fleisch streuen. Zusätzliches Salzen ist nicht mehr notwendig.

LAMM-GEWÜRZ-ZUBEREITUNG

Sie enthält u. a. Thymian, Basilikum und Rosmarin. Paßt ideal zu allen gegrillten, gebratenen und geschmorten Lammgerichten aus der Keule und Schulter sowie zu Frikassee.

SAUERBRATEN-GEWÜRZ

Es enthält neben Wacholderbeeren, Pfeffer, Macis, Nelken und Piment auch Koriander und Zimt. Es wird in eine Mischung aus Essig, Wasser und Zucker eingerührt und ergibt so eine schnelle Beize. Paßt gut zum Sauerbraten, aber auch zu Wildgerichten.

SCHASCHLIK-GEWÜRZ

Es besteht u. a. aus Paprikapulver, Zwiebeln, Senfkörnern, aber auch aus Liebstöckel, Chilis und Lorbeer. Paßt gut zu Schaschlik und alle anderen Grillspießen. Aus dem roten Pulver läßt sich aber auch sehr gut eine Sauce rühren, indem man 2 EL Schaschlik-Gewürz mit 2 EL Öl verrührt und diese Mischung nach und nach in 1 Tasse Tomatenketchup einrührt.

STEAK-WÜRZ-MISCHUNG ODER STEAK-WÜRZER

Sie enthalten Paprikapulver, Pfeffer, Senfkörner, Chilis, getrocknete Zwiebeln und Sellerie, oft auch getrocknete Kräuter oder Rauchsalzaroma. Die Mischungen können auch Natriumglutamat enthalten, achten Sie auf die Zutatenliste der Packung. Passen gut zu Steaks, wie Porterhouse oder Rumpsteak, würzen aber auch Pfannen- und Schmorgerichte sowie Lamm und Geflügel. Am besten pinselt man das Fleisch mit Öl ein und streut dann das Gewürz darüber.

Bunte Fleischspieße

Für 4 Personen

200 g Rumpsteak

200 g Schweinenacken

200 g Hähnchenbrustfilet

je ¹/₂ rote, grüne und gelbe Paprikaschote

100 g kleine Champignons

2 Zwiebeln

3 Knoblauchzehen

2 EL Schaschlik-Gewürz

180 ml Olivenöl

Das Fleisch in Stücke schneiden. Auf einige Spieße abwechselnd Paprikastücke, Zwiebelviertel, Rind- und Schweinefleisch stecken. Auf die anderen Paprikastücke, Zwiebelviertel, Pilze und Geflügelfleisch. Den Knoblauch schälen und zerdrücken. Mit dem Schaschlik-Gewürz und dem Olivenöl zu einer Marinade verrühren. Die Fleischspieße etwa 10 Stunden zugedeckt in einer flachen Schale im Kühlschrank marinieren. Danach die Spieße aus der Marinade nehmen und gut abtropfen lassen. Die Spieße unter häufigem Wenden etwa 10 Minuten grillen. Sie dabei mit der Marinade bestreichen.

FLEISCHZARTMACHER

Mischung aus Salz und Papain – ein aus der Papayafrucht gewonnenes pflanzliches Enzym. Dieses Enzym, das übrigens auch in der Ananas enthalten ist, baut teilweise Eiweiß im Fleisch ab, dadurch wird vor allem das weniger gereifte Fleisch in kurzer Zeit etwas mürber und zarter.

GESCHMACK UND AROMA

Es macht das Fleisch würzig und schmeckt leicht salzig.

VERWENDUNG

Paßt gut zu Rind- und Schweinefleisch, aber auch zu Hähnchen- oder Putenschnitzel.

KÜCHENTIP

Es gibt noch eine andere, etwas exotische Methode, Fleisch zarter zu machen. Eine noch nicht ganz reife Papaya schälen, entkernen und in Streifen schneiden. Das Fruchtfleisch in eine flache Schüssel geben, das Fleisch darauf legen und soviel Sojaöl darübergießen, daß das Fleisch gut bedeckt ist. Alles zugedeckt mindestens 24 Stunden kühl stellen.

FÜNFGEWÜRZPULVER

Kakaofarbene Mischung aus Sternanis, Zimt, Nelken, gemahlenen Fenchelsamen und Szechuanpfeffer. Sie ist die wohl bekannteste chinesische Gewürzmischung und wird als Pulver angeboten.

GESCHMACK UND AROMA
Fünfgewürzpulver schmeckt würzigscharf mit leichtem Lakritzgeschmack.

VERWENDUNG
Mit Fünfgewürzpulver würzt man Saucen, Marinaden, Rind- und Schweinefleisch sowie Hähnchen- und Entengerichte.

LAGERUNG
In fest verschlossenen Behältern kühl und dunkel aufbewahren.

REZEPTVORSCHLAG

Rindfleisch mit Paprika

Für 4 Personen

30 g getrocknete Mu-Err-Pilze

500 g Filetsteak

1 grüne und

2 rote Paprikaschoten

2 EL Öl

1 Knoblauchzehe

$1/4$ TL Fünfgewürzpulver

1 TL Maismehl

2 Zwiebeln

$1/4$ l Hühnerbrühe (Instant)

1 EL Sojasauce

Die Pilze in heißem Wasser 20 Minuten einweichen, das Einweichwasser abgießen, die Pilze trockentupfen und in Stücke schneiden. Filetsteak und Paprikaschoten in feine Streifen schneiden. Öl in einer großen Pfanne oder im Wok erhitzen, gehackten Knoblauch, Fünfgewürzpulver mit dem Fleisch hineingeben und anbraten, Zwiebelwürfel und Paprika nacheinander dazugeben und 2 Minuten garen. Maismehl mit Hühnerbrühe und Sojasauce verrühren. Das Wok-Gericht damit binden.

GARAM MASALA

Eine indische Gewürzmischung aus trockenen, gemahlenen Gewürzen. Es gibt Hunderte von Variationen, je nach Region und Gelegenheit. Fast jede indische Hausfrau hat ihr eigenes Rezept. Es ist eine ausgefeilte Mischung von Gewürzen, die vielfach von den geographischen Faktoren bestimmt wird. Eine auf den europäischen Geschmack abgestimmte Mischung ist:

4 EL Koriandersamen
2 EL Kreuzkümmelsamen
1 EL schwarze Pfefferkörner
8 Korianderkapseln
3 in Stücke gebrochene Zimtstangen
1 TL ganze Nelken
1 halbe Muskatnuß

In einer kleinen Pfanne ohne Fett nacheinander die Gewürze bis auf die halbe Muskatnuß anrösten. Die Gewürze zum Abkühlen beiseite stellen. Die Korianderkapseln aufbrechen und die Samen herauslösen. Die Kapseln wegwerfen. Alle Gewürze bis auf die halbe Muskatnuß in kleinen Portionen in einem Universalzerkleinerer zu feinem Pulver zermahlen. Die halbe Muskatnuß fein reiben und untermischen. Wer es nicht ganz so pfeffrig mag, läßt die Pfefferkörner und die Muskatnuß weg und mischt Zimt, Koriander, Nelken und Macis. Je nach Gericht und Anlaß kann man auch noch Fenchelsamen, Kurkuma – für die gelbe Farbe – Ingwer, Anis oder Senfkörner dazugeben. Wichtig ist, daß alle Gewürze getrennt angeröstet werden. Nur so entfalten sie ihr volles Aroma. Garam masala gibt es auch als fertige Gewürzmischung zu kaufen.

Neben dem trockenen Masala gibt es auch noch feuchte Masalas. Dafür werden unter die trockene Gewürzmischung zusätzlich Kräuter, wie Minze, Koriandergrün oder frische Chilischoten, gemischt.

GESCHMACK UND AROMA

Je nach Zusammensetzung schmeckt Garam masala scharfwürzig bis angenehm süßlich.

VERWENDUNG

Garam masala würzt vor allem indische Currys mit Fisch, Fleisch oder Gemüse. Es paßt aber auch zu gegrilltem Fisch und Schalentieren, Fleisch und Geflügel.

LAGERUNG

In fest schließenden Behältern kühl und dunkel aufbewahren. So hält es sich mehrere Monate.

KÜCHENTIPS

■ Garam masala gibt man gewöhnlich am Ende der Garzeit unter die Speise oder streut es zum Schluß darüber.

■ Die Gewürzkörner lassen sich auch sehr gut im Backofen rösten. Dafür alle Gewürze auf das Backblech streuen und bei 100 °C etwa 30 Minuten auf der untersten Schiene rösten. Dabei zwei- bis dreimal wenden.

REZEPTVORSCHLAG

Indischer Tomatenreis

Für 4 Personen

250 g Basmatireis
2 Zwiebeln
1 Knoblauchzehe
1/4 TL Ingwerpulver
1/4 TL Chilipulver
60 g Butterschmalz
1/2 TL Garam masala
1 Dose Tomatensaft (300 ml)
1/2 TL Salz

Reis unter kaltem Wasser abspülen. Zwiebeln und Knoblauch schälen. Zwiebeln in Ringe schneiden. Knoblauch zerdrücken und mit dem Ingwerpulver und Chilipulver vermischen. Das Butterschmalz in einer Pfanne zerlassen und die Zwiebeln darin glasig braten. Knoblauchpaste und Garam masala zugeben und für etwa 2 Minuten anbraten. Den abgetropften Reis darin anbraten. Dann Tomatensaft, etwas Salz und so viel Wasser zugeben, daß der Reis etwa 2,5 cm hoch bedeckt ist. Den Reis zum Kochen bringen und dann bei schwacher Hitze zugedeckt etwa 20 Minuten quellen lassen.

GEFLÜGEL- UND WILDGEWÜRZE

Ob Brathähnchen oder Hasenpfeffer – auch hier bietet der Handel für fast jede Zubereitung eine fertige Mischung an:

GEFLÜGEL-GEWÜRZZUBEREITUNG

Sie enthält vor allem Majoran, Beifuß, Salbei und Curry. Paßt zu allen gegrillten und gebratenen Geflügelgerichten, zu Ragouts sowie zu Pasteten aus Ente, Pute und Gans oder Hähnchen, aber auch zu gebratenem Schweine- und Lammfleisch.
Bei gegrilltem und gebratenem Geflügel reibt man das Fleisch am besten vor dem Garen mit dem Gewürz ein.

GEFLÜGEL-WÜRZER

Er enthält in erster Linie Salz, Kurkuma, gemahlene Senfkörner, Paprikapulver, Macis, Rosmarin, Salbei, Petersilie, Zucker und Natriumglutamat. Paßt gut zu gebratenem Geflügel, zu Hähnchenrisotto und Frikassee, aber auch zu Hühnersuppe und Geflügelsalat. Zusätzliches Salzen ist nicht nötig.

WILDGEWÜRZ

Es enthält neben Wacholderbeeren, Pfeffer, geriebener Zitronenschale, Lorbeer auch Piment, Nelken, Salbei und Ingwer. Paßt gut zu gebratenem und geschmortem Wild, wie Hase, Reh und Hirsch, zu Wildragouts und Wildgeflügel.

GEWÜRZ- UND KRÄUTERSALZE

Das mit Gewürzen oder Kräutern aromatisierte Salz ist eine hilfreiche Ergänzung eines jeden Gewürzschrankes. Hat man gerade keinen Knoblauch zur Hand, macht eine Prise Knoblauchsalz aus der Not eine Tugend. Es gibt im Handel eine Vielzahl fertiger Mischungen. Hier ein kleiner Überblick:

GEWÜRZTES SALZ

Es enthält neben Salz auch Pfeffer und Paprika. Paßt zu Suppen, Saucen, Salaten und Gemüse sowie zu Fleisch, Fisch und Geflügel.

KNOBLAUCHSALZ

Es ist eine Mischung aus Salz und Knoblauch. Das Universalgewürz paßt zu Saucen, Suppen und Salaten sowie zu Quark und Eiergerichten, aber auch zu Pasta und Gemüsegerichten. Außerdem würzt es Geflügel, Lamm, Fisch und Schalentiere sowie Fondues. Mit körnigem Frischkäse und Kräutern ergibt es einen pikanten Brotaufstrich oder Dip.

KRÄUTERSALZ

Eine Mischung aus Salz und getrockneten Kräutern, wie Lorbeerblatt, Thymian, Rosmarin und Oregano. Paßt zu Suppen, Saucen und Salaten sowie zu Gemüse, Quark, Fleisch- und Fischgerichten. Läßt sich auch ideal selbstmachen:

125 g Meersalz
1 zerbröseltes Lorbeerblatt
1 TL gerebelter Thymian
1 TL getrockneter Rosmarin
$1/4$ TL gerebelter Oregano

Alle Zutaten mit einem Stößel im Mörser fein zerreiben. Das Kräutersalz in fest schließenden Behältern aufbewahren.

SELLERIESALZ

Eine Mischung aus gemahlenen Selleriesamen und Salz. Paßt zu Suppen, Tomaten- und Gemüsesäften sowie zu Rohkost, Fleisch, Geflügel und Fisch. Außerdem würzt man Kartoffeln, Hülsenfrüchte, Gemüse und Eierspeisen damit.

ZWIEBELSALZ

Es ist eine Mischung aus getrockneten, geriebenen Zwiebeln und Salz. Paßt zu allen Gerichten, die einen dezenten Zwiebelgeschmack haben sollen, wie Suppen, Saucen und Schmalzbrot, aber auch Gemüse- und Pilzgerichten, Dressings und Eierspeisen.

KÜCHENTIPS

■ Bei allen Salzmischungen ist ein Nachsalzen nicht mehr nötig.

■ Der Anteil von Salz ist jedoch unterschiedlich. Deshalb sollte man vor Gebrauch die Zutatenliste auf der Packung lesen, damit die Gerichte nicht versalzen werden.

GLUTAMAT

Es wird auch Nariumglutamat oder Mononatriumglutamat genannt. Dabei handelt es sich um das Natriumsalz der Glutaminsäure. Und die wiederum ist eine Aminosäure des Nahrungseiweißes. Das ursprünglich aus Seetang und Weizenkleber gewonnene Salz wurde zuerst im Orient entdeckt. Heute ist es wichtiger Bestandteil der asiatischen Küche.

GESCHMACK UND AROMA

Das weiße, pulvrige, feinkristalline Glutamat besitzt selbst keinen Eigengeschmack, verstärkt aber den Geschmack von anderen, nicht süßen Speisen.

VERWENDUNG

In sehr kleinen Mengen verbessert es den Fleisch- oder Salzgeschmack. Paßt gut zu Suppen und Saucen, aber gehört vor allem zu chinesischen und japanischen Gerichten.

LAGERUNG

In luftdicht verschlossenen Behältern kühl und dunkel aufbewahren.

GRILLGEWÜRZ

Auch Barbecuegewürz genannt. Es besteht zumeist aus einer Mischung aus Zwiebel, Knoblauch, Paprikapulver, Pfeffer, Sellerie und Chilis. Es kann aber auch getrocknete Kräuter, wie Oregano, oder Salz enthalten.

GESCHMACK UND AROMA
Grillgewürz schmeckt pfeffrig-aromatisch.

VERWENDUNG
Grillgewürz paßt zu allen Grillspezialitäten aus Rind- und Schweinefleisch sowie Lamm und Geflügel. Es würzt Steaks jeder Art sowie Fleisch- und Gemüsespieße und Fleischpfannengerichte. Außerdem paßt es zu Pilzgerichten, Gemüse- und Tomatensaucen.

LAGERUNG
In fest schließenden Behältern kühl und dunkel aufbewahren.

KÜCHENTIPS

■ Schaschlik, Hackfleisch und Gemüsespieße erst nach dem Grillen mit dem Gewürz bestreuen.

■ Man kann auch das Grillgewürz mit etwas Öl verrühren und das Grillgut damit bepinseln.

■ Und so mischen Sie sich eine pikante Grillgewürzmischung selbst: 2 Teile getrockneten Oregano mit je 1 Teil Chilipulver, Knoblauchpulver und Zwiebelpulver, Salz, zerdrücktem Selleriesamen, Paprikapulver und braunem Zucker mischen.

REZEPTVORSCHLAG
Süß-saure Spareribs

Für 4 Personen

8 EL Sojasauce
8 EL trockener Sherry
8 EL Honig, 2 TL Grillgewürz
etwas Ingwerpulver
1/4 l Öl
2 kg Spareribs

Die Rezeptzutaten bis auf die Spareribs miteinander verrühren. Die Spareribs damit einpinseln und über Nacht durchziehen lassen. Während des Grillens die Spareribs von allen Seiten mit der Sauce bestreichen.

INTERNATIONALE GEWÜRZMISCHUNGEN

Für alle, die gern fremdländisch kochen, sich aber mit den typischen Landesgewürzen nicht so recht auskennen, gibt es eine Vielzahl fertiger Mischungen, die beim Würzen und Kochen helfen.

ITALIENISCHE GEWÜRZMISCHUNG ①
Sie enthält vor allem Oregano, Thymian, Basilikum, Knoblauch, Paprikapulver, aber auch Pfeffer, Salbei und Piment. Paßt zu allen italienischen Spezialitäten, wie Pasta, Lasagne, Pizza. Außerdem ist sie beliebt bei Spaghettisaucen, Tomatengerichten und Salaten, sowie bei italienischen Fisch- und Fleischgerichten.

INDISCHE GEWÜRZZUBEREITUNG ②
Sie enthält vor allem Curry, Knoblauch und Koriander. Es gibt sie mit und ohne Salz und Glutamat. Die würzig-pikante Mischung paßt zu Reis, aber auch zu Geflügel, Lamm, Schweine- und Hackfleisch sowie zu gedünstetem Gemüse, Suppen und Aufläufen.

GRIECHISCHE GEWÜRZZUBEREITUNG ③
Neben Paprikapulver, Zwiebeln, Oregano, Knoblauch, Thymian und Majoran enthält sie Pastinakenmehl, Pfeffer, Salz und Glutamat. Paßt zu allen griechischen Spezialitäten, wie Moussaka, Gyros, Souvlaki, aber auch zu Eintöpfen, Aufläufen und Pfannengerichten.

FRANZÖSISCHE GEWÜRZ-ZUBEREITUNG ①

Sie ist eine Mischung aus Pfeffer, gemahlenen Senfkörnern, Curry, Zwiebeln, Ingwerpulver, Piment, Petersilie, Schnittlauch, Kerbel sowie Salz und Glutamat. Paßt gut zu Fisch-, Krusten- und Schalentieren sowie zu Eintöpfen, Pfannengerichten, Gemüseragouts und Saucen.

UNGARISCHE GEWÜRZMISCHUNG ②

Sie enthält vor allem reichlich Paprikapulver, Zwiebeln und Knoblauch. Paßt zu herzhaften Eintöpfen sowie zu Schmorgerichten mit Lamm, Schwein und Geflügel.

CHINA-GEWÜRZ-ZUBEREITUNG ③

Sie enthält u. a. Koriander, Kurkuma, Ingwer und Sellerie. Paßt gut zu Suppen und Saucen, zu Reis- und Nudelgerichten sowie zu Geflügel und Schweinefleisch.

MEXIKANISCHE GEWÜRZMISCHUNG ④

Neben Salz, Chili- und Paprikapulver sowie Pfeffer und Knoblauch enthält sie Zucker, Ingwer, Koriander, Senfsaat, Thymian und Oregano. Paßt zu allen typisch mexikanischen Spezialitäten, wie Tortilla, Tacos, Salsa und den mexikanischen Bohnengerichten. Ist aber auch ideal als Grillgewürz für Fleisch, Geflügel und Fisch sowie als Würze für Reis, Gemüse und Salate.

KRÄUTER DER PROVENCE

Diese Gewürzmischung wird auch „Herbes de Provence" genannt. Eine Mischung aus getrockneten Kräutern nach Rezepten aus der französischen Region Provence. Sie besteht meistens aus Thymian, Rosmarin, Bohnenkraut, wildem Majoran, Oregano und Lavendel. Oft wird sie aber auch um zerdrückte Lobeerblätter, Fenchel und etwas geriebene Orangenschale ergänzt.

GESCHMACK UND AROMA

Sie schmeckt würzig-pikant und riecht sehr aromatisch.

VERWENDUNG

Sie paßt zu Gemüsesuppen und Gemüsegerichten mit Tomaten, Auberginen und Zucchini. Würzt Salate, aber auch Geflügel, Lamm, Kurzgebratenes und Gegrilltes. Kräuter der Provence lassen sich auch sehr gut in Öl oder Essig einlegen und als Marinaden benutzen.

LAGERUNG

In luftdicht verschlossenen Behältern kühl und dunkel aufbewahren.

 ## KÜCHENTIPS

■ Das Aroma der Kräuter der Provence kann sich am besten entfalten, wenn man sie zwischen den Handballen zerreibt.

■ Kräuter der Provence sollten immer mitgegart werden.

KNOBLAUCH-PFEFFER

Eine würzige Mischung aus Knoblauch, Pfeffer und etwas Petersilie. Paßt zu allen Gerichten, die Knoblauch vertragen, wie zu Lamm, Fisch, Rind- und Schweinefleisch, aber auch zu Geflügel und Gemüse, wie Tomaten, Auberginen, Zucchini und zu Salaten und Suppen.

PFEFFERMISCHUNGEN

Immer dann, wenn man Pfeffer und nur einen Hauch von Aroma, wie Zwiebel, Knoblauch oder Zitrone haben möchte, sind Pfeffermischungen unentbehrlich im Gewürzregal.

GEWÜRZTER PFEFFER

Eine pikante Mischung aus Pfeffer, Paprika, Zucker und Oregano. Paßt zu Fleisch, Fisch und Geflügel sowie zu Suppen, Salaten und Gemüse.

KRÄUTER-PFEFFER

Eine pikante Mischung aus getrockneten Kräutern, wie Basilikum, Oregano, Thymian und Pfeffer. Paßt zu Kräuterbutter und Kräuterquark, aber auch zu gegrilltem und gebratenem Fleisch, zu Geflügel und Fisch sowie zu Meeresfrüchten. Deftige Salate, Marinaden, Gemüse-, Pilz- und Pfannengerichte lassen sich gut mit Kräuter-Pfeffer abschmecken.

ORANGEN-PFEFFER

Eine fruchtigpikante Mischung aus geriebener Orangenschale und Pfeffer. Paßt zu Geflügel, zu Wild und Wildsaucen, wie auch zu Ragouts, Salaten und Salatsaucen. Orangenpfeffer verfeinert besonders gut die Sauce eines saftigen Wildschweinbratens.

STEAK-PFEFFER

Eine pikante Mischung aus schwarzem Pfeffer, Salz, Paprikapulver, Zwiebeln, Knoblauch, Thymian und Basilikum. Er kann auch Glutamat enthalten. Paßt zu Steaks und Koteletts, aber auch zu Rinder- und Schweinebraten sowie zu Fondue. Steak-Pfeffer immer erst nach dem Braten verwenden, da er Salz enthält.

ZITRONEN-PFEFFER

Eine fruchtigaromatische Mischung aus geriebener Zitronenschale und Pfeffer. Paßt zu Fleisch-, Fisch- und Geflügelgerichten sowie zu Meeresfrüchten, aber auch Salaten, Saucen und Gemüsesäften. Besonders gut schmeckt er zu Carpaccio.

ZWIEBEL-PFEFFER

Eine pikante Mischung aus Zwiebeln, Senfsamen, Pfeffer, Paprikapulver und Petersilie. Paßt zu allen Gerichten, die einen dezenten Zwiebelgeschmack vertragen, wie zu Suppen, Saucen und zu Salaten, aber auch zu Gemüsegerichten und zu Gemüsesäften. Er ist sehr beliebt zum Würzen von Ragouts, Hackfleisch, Rind- und Schweinefleisch.

REZEPTVORSCHLAG
Limettendip

Für 4 Personen

| 150 g Petersilie |
| 2 Limetten |
| 2 EL Crème fraîche |
| Zitronenpfeffer |

Die Petersilie unter kaltem Wasser abspülen und gründlich trockenschleudern. Danach die groben Stiele entfernen. 1 Limette heiß abwaschen, abtrocknen und die Schale fein abreiben. Beide Limetten auspressen. Die Petersilie zusammen mit dem Limettensaft und der -schale im Mixer pürieren. Dann die Crème fraîche darunterrühren und den Dip mit Zitronenpfeffer abschmecken. Ihn dann etwa 30 Minuten zugedeckt in den Kühlschrank stellen.

SPEISESALZ

Auch Kochsalz genannt. Chemisch gesehen ist es eine fast reine Verbindung der beiden Mineralstoffe Natrium und Chlor zu Natriumchlorid. Historisch ist es das älteste und wohl gebräuchlichste Würzmittel für Speisen aller Art. Bereits die alten Römer schätzten Salz als wertvolle Handelsware. Und das Wort „Salär", also Gehalt, wird vom lateinischen „selarium" abgeleitet, was soviel wie Salzgeld bedeutet. Die römischen Soldaten, die in der Fremde Dienst leisteten, bekamen zum üblichen Sold eine Extraportion Salz.

Speisesalz wird aus Meerwasser, durch den Abbau von unterirdischen Salzlagern oder durch Auslaugen von Steinsalzlagern gewonnen.

Und so werden im Handel unter anderem folgende Sorten angeboten:

MEERSALZ

Es wird aus Meerwasser oder aus dem Wasser salzhaltiger Binnenseen durch Verdampfen gewonnen. In sogenannten Salzgärten verdunstet das Wasser durch die Sonnenwärme. Übrig bleibt verkrustetes Salz. Meersalz ist reich an Spurenelementen und enthält im Gegensatz zum Steinsalz nur 34 % Natriumchlorid. Meersalz gibt es gereinigt oder naturbelassen, grobkörnig oder gemahlen zu kaufen.

STEINSALZ

Es wird unter Tage in Salzbergwerken durch den Abbau von Steinsalzbrocken gewonnen. Diese Brocken werden dann gemahlen und anschließend gesiebt. Man bekommt es als grobgemahlenes Salz – ideal für die Salzmühle – oder feines Steinsalz. Manche halten Steinsalz für das Würzmittel mit dem feinsten Aroma.

SIEDE- ODER SALINENSALZ

Die Salzlösung (Sole) wird aus unterirdischen Salinen gefördert und anschließend eingedämpft. Man bekommt es als feinkörniges oder grobkörniges Salz.

TAFELSALZ

Bei Tafelsalz handelt es sich um feingemahlenes Kochsalz aus Salzbergwerken und Salinen, das für bessere Rieselfähigkeit auch Calciumkarbonat oder andere Trennmittel enthalten kann.

JODIERTES SALZ

Es ist Kochsalz, dem Natrium- oder Kaliumjodat zugesetzt wurde. Und zwar 15–25 mg Jod pro 1 kg Salz. Dieses Salz wird vor allem zur Vorbeugung eines Jodmangels empfohlen.

DIÄTSALZ

Es ist ein natriumarmes Salz, dessen Natriumanteil weitgehend durch Kalium und Magnesium ersetzt wurde. Oft hat es einen leicht bitteren Nachgeschmack.

NITRITPÖKELSALZ

Es ist Kochsalz, dem Natriumnitrit zugesetzt wurde. Der Anteil muß zwischen 0,4 und 0,5 % liegen. Dieses Salz wird vor allem zur Herstellung von Wurst- und Fleischwaren verwendet. Die damit behandelten Waren haben ein typisches Pökelaroma.

VERWENDUNG

Salz ist eine Grundwürze für fast alle Speisen. Außerdem braucht man es zum Konservieren.

LAGERUNG

Salz immer kühl und trocken aufbewahren, sonst klumpt es. Am besten ist ein Salzfäßchen aus Keramik geeignet.

 KÜCHENTIPS

■ Fleisch immer erst nach dem Braten salzen, weil sonst der aromatische Fleischsaft austritt.

■ Salz verstärkt den Eigengeschmack von Gemüse. Deshalb Gemüse immer in Salzwasser garen.

■ Beim Garen in der Mikrowelle Salz immer erst am Ende der Garzeit zusetzen. Das Fleisch wird sonst zäh und das Gemüse verbrennt.

■ Um das Verklumpen von Salz zu verhindern, können Sie Reiskörner in den Salzstreuer geben. Der Reis sorgt für eine gute Rieselfähigkeit des Salzes, da er die Feuchtigkeit aufnimmt.

STREUWÜRZEN

Sie sind eine Mischung aus Glutamat, Stärke, Fett, Gewürzen und Salz. Es gibt sie in Streudosen oder als Würfel. Sie heben den Eigengeschmack aller herzhaften Speisen und geben ihnen eine pikante, würzige Note.

VERWENDUNG

Streuwürzen sind universelle Würzmittel und würzen Suppen und Saucen, Gemüse, Salate sowie Kartoffeln, Reis- und Teigwaren. Auch Eiergerichte, Fisch, Fleisch und Geflügel werden mit ihnen abgeschmeckt.

 KÜCHENTIPS

■ Streuwürzen können anstelle von Salz verwendet werden. 1–2 TL Streuwürze reichen für 500 g Fleisch oder Gemüse sowie für $^1/_2$ l Sauce oder Suppe.

■ Streuwürzen können vor, während und nach der Zubereitung von warmen und kalten Speisen verwendet werden.

SUPPENGEWÜRZ

auch Suppengrün genannt. Mischung aus getrocknetem, würzendem Gemüse, wie Möhren, Sellerie, Tomaten, Porree, Pastinaken und Zwiebeln, sowie Gewürzen und getrockneten Kräutern, wie Petersilie und Macis. Es darf kein Salz enthalten.

GESCHMACK UND AROMA

Suppengewürz schmeckt aromatisch würzig.

VERWENDUNG

Getrocknetes Suppengewürz verfeinert Bouillons, Hühner- und Rindfleischsuppen sowie Kartoffel-, Reis- und Nudelsuppen, aber auch Eintöpfe mit Erbsen, Bohnen und Linsen.

 KÜCHENTIPS

■ Getrocknetes Suppengewürz würzt wesentlich intensiver als frisches Suppengrün. Sie brauchen für 1 l Suppe nicht mehr als 2 gehäufte EL Suppengewürz.

■ Das Gewürz sollte von Anfang an mitkochen.

WEIHNACHTS-GEBÄCKGEWÜRZE

Wer ausschließlich zur Weihnachtsbäckerei Anis, Koriander, Kardamom oder Macis braucht, für den gibt es bereits fix und fertig gemischte Gewürzmischungen.

LEBKUCHEN- ODER HONIGKUCHEN-GEWÜRZ

Eine Mischung aus Zimt, Koriander, Anis, Sternanis, Nelken, Orangen- und Zitronenschalen sowie Kardamom, Muskatnuß, Macis und Piment. Paßt gut zu Lebkuchen, Honigkuchen und Weihnachtsgebäck.

SPEKULATIUSGEWÜRZ

Mischung aus Zimt, Koriander, Sternanis, Nelken, Piment, Orangen- und Zitronenschalen, Kardamom, Ingwer, Macis und Muskatnuß. Paßt gut zu Spekulatius und anderem Weihnachtsgebäck, in dem ein kleines Ingweraroma erwünscht ist.

REZEPTVORSCHLAG

Lübecker Leckerli

ca. 25 Stück

150 g Marzipanrohmasse
75 g Puderzucker
1 Eigelb, 250 g Butter
1 Päck. Vanillezucker
100 g Puderzucker
250 g Speisestärke
75 g Mehl, 3 EL Kakao
½ TL Spekulatiusgewürz

Für die Füllung Marzipan, Puderzucker und Eigelb verkneten. Die Masse mit angefeuchteten Händen zu pfenniggroßen Kugeln formen. Den Backofen auf 175 °C vorheizen. Für den Teig das Fett schaumig rühren und Vanille- und Puderzucker dazugeben. Speisestärke, Mehl, Kakao und Spekulatiusgewürz darunterrühren und alles gut verkneten. Aus dem Teig Rollen (ca. 2 cm ø) formen und 1 cm dicke Scheiben abschneiden. Auf jede Scheibe ein Marzipankügelchen legen und zu Kugeln formen. Ein Backblech mit Backpapier auslegen, die Kugeln darauf setzen und 15 bis 20 Minuten backen.

Kräuter

BÄRLAUCH

(Lat. Allium ursinum), auch Wilder Knoblauch, Hexen-zwiebel oder Waldlauch genannt.

Der zur Familie der Liliengewächse gehörende Bärlauch hat lanzett-förmige grüne Blätter und viele weiße, sternförmige Blüten. Von März bis Juni wächst die in Europa und Nordasien heimische, etwa 25 cm hohe Pflanze wild in Laub- und Buchenwäldern oder unter Hecken. Aufpassen! — die Blätter ähneln denen von giftigen Maiglöckchen und Herbstzeit-losen. Neuerdings findet man Bärlauch aber auch auf Wochen-märkten und in Supermärkten. Nach dem Winterschlaf sollen die Bären angeblich mit Heißhunger über die Bärlauchfelder herge-fallen sein, daher der Name.

GESCHMACK UND AROMA

Bärlauch riecht intensiv nach Knoblauch, schmeckt aber milder und frischer und ver-schont uns mit dem unan-genehmen „Knofelduft".

VERWENDUNG

Roh und feingehackt würzen die Blätter Salate, Suppen, Saucen, Quark- und Eier-speisen, aber auch Nudel-, Reis- und Kartoffelgerichte. Gedämpft sind sie eine köst-liche Alternative zu Blatt-spinat. Mit Butter vermischt oder als Paste ist Bärlauch ein haltbares Würzmittel. Die Zwiebeln können wie Knoblauch verwendet werden.

LAGERUNG

Bärlauch eignet sich weder zum Einfrieren noch zum Trocknen. Im Gemüsefach des Kühlschranks bleiben die Blätter maximal einen Tag frisch.

ANWENDUNG
IN DER HEILKUNDE

Das Vitamin-C-reiche Kraut wirkt blutreinigend, leicht blutdrucksenkend und regu-liert den Darm.

Blühender Bärlauch

KÜCHENTIPS

■ Genießbar ist Bärlauch nur bis zur Blüte Mitte Mai, Anfang Juni. Danach schmecken die Blätter unerträglich bitter.

■ Wer außerhalb des Frühjahrs auf Bärlauch nicht verzichten mag, kann ihn u. a. als Paste oder Pesto fertig kaufen.

REZEPTVORSCHLAG

Frische Bärlauchsuppe

Für 4 Personen

1 Zwiebel
2 EL Butter
1 mittelgroße Kartoffel
Salz, schwarzer Pfeffer
750 ml Instant-Gemüsebrühe
200 g Bärlauchblätter
300 g süße Sahne
1–2 EL Zitronensaft
frisch geriebene Muskatnuß
60 g zerbröselter Schafskäse

Geschälte Zwiebel würfeln, in der Butter andünsten. Geschälte, grob gewürfelte Kartoffel untermengen, mit Salz und Pfeffer würzen, mit der Brühe ablöschen und 15 Minuten köcheln lassen. Bärlauch waschen, Stiele entfernen und die Blätter grob hacken. Bärlauch und Sahne in die Suppe geben, aufkochen und mit Mixstab pürieren. Mit Zitronensaft, Salz, Pfeffer und Muskatnuß würzen. In Tellern anrichten, mit Schafskäse bestreuen.

BASILIKUM

(Lat. Ocimum basilicum),
auch Königskraut, Basilkraut
oder Hirnkraut genannt.

Das einjährige Kraut mit den
zartgrünen, leicht gezahnten
Blättern und weißlichen Blüten,
das zur Familie der Lippenblütler
gehört, stammt ursprünglich aus
Indien. Noch heute ist eine Basili-
kumart den Hindus heilig. Von
Indien kam es nach Südeuropa.
Und von Italien schließlich ließ
es Karl der Große importieren und
in den Klostergärten nördlich der
Alpen anbauen.
Das Wort Basilikum leitet sich
übrigens von dem griechischen
„basileus" ab, und das heißt König.
Deshalb wird Basilikum auch
Königskraut genannt.

GESCHMACK UND AROMA

Frisches Basilikum schmeckt
und duftet süßlich pfeffrig, ein
bißchen nach Nelken. Getrocknet hat das Kraut einen eher
herbstumpfen Geschmack.

VERWENDUNG

Basilikum gibt es frisch und
getrocknet, d. h. gerebelt – die
Blätter sind von den Zweigen
abgestreift. Basilikum paßt
besonders gut zu frischen
Salaten, wie Tomatensalat, zu
Eier- und Nudelgerichten sowie zu Gemüse, wie Zucchini,
Möhren, Auberginen, Gurken
und Pilzen. Auch in Kräutersaucen, wie im weltberühmten
Pesto, und auf Pizza darf das
Kraut nicht fehlen. Auch Fisch,
Lamm, Geflügel und Kalb
werden mit Basilikum gewürzt.

LAGERUNG

Frisches Basilikum hält sich
im Frischhaltebeutel im Kühlschrank 1–2 Tage. Getrocknetes Basilikum, kühl und dunkel
aufbewahrt, mehrere Monate.

ANWENDUNG

IN DER HEILKUNDE

Basilikum wirkt appetitanregend, magenberuhigend,
verdauungs- und stoffwechsel-
fördernd.

KÜCHENTIPS

■ Die empfindlichen Basilikumblättchen erst kurz vor der Verwendung von den Stielen zupfen. Nicht mitkochen, sondern nur kurz erwärmen.

■ Besonders würzig ist Basilikum, das im Bund mit Wurzeln angeboten wird.

■ Im August und September wird auch manchmal rotblättriges Basilikum angeboten. Es schmeckt ein bißchen nach Ingwer und Fenchel.

■ Aus Israel kommt neuerdings Anis-Basilikum auf unsere Märkte. Die Blätter sind besonders aromatisch, schmecken gut zu Geflügel und Nudeln.

■ Basilikum harmoniert mit Salbei, Knoblauch, Rosmarin, Oregano und Thymian.

■ Es eignet sich gut zum Einfrieren und zum Einlegen in Essig oder Öl.

REZEPTVORSCHLAG

Pesto

Für 4 Personen

2 Bund Basilikum

2 EL Pinienkerne

3 Knoblauchzehen

etwas Salz

2 $^1/_2$ EL frisch geriebener Parmesan

2 $^1/_2$ EL frisch geriebener Pecorino

$^1/_8$ l kaltgepreßtes Olivenöl

Basilikumblätter waschen, trockentupfen, von den Stielen zupfen und in feine Streifen schneiden. Pinienkerne in einer Pfanne ohne Fett schwach rösten. Abkühlen lassen. Mit dem geschälten und feingehackten Knoblauch den Basilikumstreifen und 1 Prise Salz im Mörser zu einer Paste zerreiben oder im Mixer fein pürieren. Nach und nach den Käse und das Öl dazugeben und alles so lange rühren, bis das Pesto schön cremig ist.

BEIFUSS

(Lat. Artemisia vulgaris),
auch Beinweich-, Besen-,
Bibis-, Jungfern-, Gänse- oder
Johanniskraut genannt.

Die bis zu 2 m hohe, wie Unkraut
wachsende, mehrjährige Pflanze
ist mit dem Wermut verwandt und
stammt ursprünglich aus Asien.
Heute wird sie jedoch auch
in Frankreich, den Balkanstaaten
und Deutschland kultiviert. Die
Blätter der zur Familie der Korb-
blütler gehörenden Pflanze sind
oft am Rand eingerollt und haben
eine dunkelgraue Oberseite und
eine weiße, filzige Unterseite.
In den zahlreichen Blütenkörbchen
blühen dunkelgelbe Blüten. Als
Würze am besten geeignet sind
die Rispen mit den noch geschlos-
senen Knospen.

Der Name Beifuß wird vom mittel-
hochdeutschen Wort „bîbôz" =
„Beigestoßenes" – also ein Gewürz,
das zur Speise gestoßen wurde –
abgeleitet. Das Gewürz wurde vor
Gebrauch geschlagen oder zer-
stampft. Die alten Germanen um-
gürteten sich zur Sonnenwendfeier
mit Beifußstengeln als Schutz vor
Lendenkrankheiten. Im 15. Jh. n.
Chr. war Beifuß so beliebt wie
heute bei uns Petersilie.

GESCHMACK UND AROMA
Beifuß schmeckt herb,
leicht bitter und riecht wie
eine Mischung aus Minze
und Wacholder.

VERWENDUNG
Beifuß gibt es selten frisch,
hauptsächlich getrocknet. In
getrockneter Form kommt er
gemahlen und gerebelt in den
Handel. Er paßt zu allen fet-
ten Braten, wie Gans, Ente,
Schwein, Lamm, aber auch zu
kräftigen Fleischeintöpfen
und Kohlgerichten.

LAGERUNG
Frischer Beifuß hält sich im
Frischhaltebeutel im Kühlschrank etwa 2 Tage. Getrockneten Beifuß in luftdicht verschlossenen Behältern kühl und
dunkel aufbewahren.

Beifuß wirkt harntreibend und krampfstillend.

■ Beifuß sollte immer mitgaren, da er sein Aroma erst durch Hitze entfalten kann.

■ Frischer Beifuß läßt sich gut einfrieren.

■ Beste Erntezeit für Beifuß ist Anfang August.

Norddeutscher Gänsebraten

Für 8 Personen

1 küchenfertige Gans (à 3–4 kg)
Salz
4 Äpfel
$1/2$ Bund Beifuß
1 EL Stärke

Die Gans innen und außen kalt abwaschen und innen salzen. Ins Innere die Apfelviertel zusammen mit einigen Stengeln Beifuß legen und die Öffnung mit Baumwollgarn zunähen. Die Gans mit der Brust nach unten in eine Fettpfanne legen. Mit $1/4$ l Wasser übergießen und im auf 200 °C vorgeheizten Backofen braten. Nach 1 Stunde die Gans wenden, das Fett abschöpfen und $1/4$ l heißes Wasser zugießen. Während der bis zu 3 Stunden dauernden Bratzeit in Abständen die Gans mit dem Bratfond begießen. In der letzten Viertelstunde der Bratzeit die Haut mit kaltem Salzwasser bestreichen, damit sie knusprig wird. Anschließend die fertig gebratene Gans herausnehmen und warmstellen. Das Fett von der Sauce abschöpfen, den Bratfond durch ein Sieb gießen, etwas Wasser mit der Stärke verrühren, die Sauce damit binden und abschmecken. Das Garn aus der Gans entfernen. Die Sauce getrennt zur Gans reichen.

BOHNENKRAUT

(Lat. Satureja hortensis),
auch Pfeffer-, Wein-, Aalkraut
oder Josefle genannt.

Das Kraut mit seinen schmalen,
dunkelgrünen Blättern und den
zartlilafarbenen, zweilippigen
Blüten gehört zur Familie der Lip-
penblütler und wird bis zu 50 cm
hoch. Ursprünglich stammt die
Verwandte des Oreganos und des
Thymians aus dem östlichen
Mittelmeergebiet. Man findet sie
heute jedoch in ganz Süd- und
Mitteleuropa, Westasien, aber auch
Südafrika und Nordamerika.
Man unterscheidet in das einjäh-
rige Sommerbohnenkraut und das
mehrjährige Winter- oder Berg-
bohnenkraut, das etwas herber im
Geschmack ist.

GESCHMACK UND AROMA
Bohnenkraut schmeckt scharf,
pfefferartig brennend und
riecht aromatisch würzig.

VERWENDUNG
Bohnenkraut gibt es frisch
oder getrocknet, gerebelt und
gemahlen. Es paßt zu grünen
und weißen, aber auch zu
allen anderen Bohnensorten.
Es würzt Eintöpfe mit Hülsenfrüchten, Kartoffel- und
Fleischsalate und Tomaten-
gerichte. Beliebtes Gewürz ist
es auch bei Ragouts, Lamm,
Schwein und Kaninchen, aber
auch Fisch, wie Aal. Auch eingelegte Gurken und Essiggemüse können damit gewürzt
werden.

LAGERUNG
Frische Blätter im Frischhaltebeutel im Kühlschrank aufbewahren. Getrocknetes Bohnenkraut luftdicht verschlossen
kühl und dunkel lagern.

ANWENDUNG
IN DER HEILKUNDE
Bohnenkraut bewirkt bei allen
Gerichten mit Hülsenfrüchten,
daß sie zu weniger Blähungen
führen. Zudem wirkt es
appetitanregend und krampfstillend.

Blühendes Bohnenkraut

KÜCHENTIPS

■ Zu frischen Bohnengerichten am besten frisches Sommerbohnenkraut, zu getrockneten Bohnen das kräftigere Bergbohnenkraut verwenden.

■ Vorsichtig dosieren, denn erst beim Kochen entwickelt es seinen vollen Geschmack.

■ Beim frischen Kraut nimmt man die Blättchen oder jungen Triebe. Man kocht sie unzerkleinert mit den Speisen mit oder gibt sie zum Schluß feingehackt über das Gericht.

■ Bohnenkraut läßt sich sehr gut einfrieren und trocknen.

BORRETSCH

(Lat. Borago officinalis),
auch Gurkenkraut, Borgil,
Gegenfraß, Herzfreude, Lieb-
äuglein und Wohlgemuts-
kraut genannt.

Das bis zu 45 cm hohe, einjäh-
rige Kraut stammt aus Europa
und wird auch in Deutschland
als Kulturpflanze angebaut. Die
Pflanze, die zur Familie der Bor-
retschgewächse gehört, hat ovale,
leicht behaarte Blätter und stern-
förmige, blaue Blüten.

GESCHMACK UND AROMA

Borretsch schmeckt frisch
würzig, hat einen leichten Gur-
kenbeigeschmack. Die Blätter
riechen aromatisch und ein
bißchen nach Zwiebeln.

VERWENDUNG

Borretsch ist ein richtiges
Sommerkraut, daß man am
besten nur frisch verwendet.
Getrocknet verliert es an
Aroma. Es paßt ideal an Gur-
kensalate, eingelegte Gurken
und Schmorgurken, aber auch
auch zu Salaten, Saucen, kaltem Fleisch, Kräuterquark
und Kräuterbutter. Es würzt
Gemüse, wie Kohlrabi, Wirsing und Spitzkohl, aber auch
Hackfleisch, Fischgerichte
und Eierspeisen. Mit saurer
Sahne und gehackten Nüssen
vermischt, ergibt es einen
leckeren Brotaufstrich.
Zudem eignet es sich zum
Aromatisieren von Bowlen und
Fruchtsäften. Man kann die
Blätter übrigens wie Spinat
zubereiten. Auch die dekorati-
ven Blüten lassen sich mites-
sen. Sie sind ideal zum Dekorieren von Salatplatten und
Desserts oder zum Blaufärben
von Essig.

LAGERUNG

Frische Blätter welken rasch.
Allerdings lassen sich die Blätter gut einfrieren.

Borretsch

ANWENDUNG

IN DER HEILKUNDE

Aufgegossene Blätter wirken harntreibend. Außerdem wirkt das Kraut herz- und nieren-stärkend sowie erkältungs-lindernd.

KÜCHENTIPS

■ Verwenden Sie möglichst junge, zart behaarte Blätter. Schneiden Sie diese in recht dünne Streifen, damit die Bor-sten beim Essen nicht stören. Außerdem ist so das Aroma am intensivsten.

■ Borretsch nicht mitko-chen, sondern nur kurz mit-erwärmen.

REZEPTVORSCHLAG

Gurkensalat in Borretschsahne

Für 4 Personen

1 große Salatgurke
125 g süße Sahne
2 EL Kräuteressig
$1/2$ TL Salz, 1 EL Zucker
$1/2$ Bund Borretsch

Geschälte Gurke längs halbie-ren, entkernen und die Hälf-ten in feine Scheiben hobeln. Sahne mit Essig, Salz und Zucker verrühren. Die Bor-retschblätter von den Stielen zupfen, in feine Streifen schneiden und unter die Sahne rühren. Gurken in das Dres-sing geben und einige Minu-ten durchziehen lassen.

BOUQUET GARNI

(Kräutersträußchen)

Bezeichnung für ein Kräutersträußchen, das in der französichen Küche eine große Rolle spielt. Das klassische, frische Bouquet garni besteht aus 3 Petersilienstengeln, 1 kleinen Thymianzweig und 1 kleinen Lorbeerblatt. Daneben gibt es noch getrocknetes Bouquet garni. Es besteht aus gleichen Teilen getrocknetem Lorbeerblatt, Petersilie und Thymian. Man kann es fertig kaufen oder es auch selbst zubereiten. Dafür die Kräuter auf ein Stück Musselin geben und zu einem Säckchen zusammenbinden.

VERWENDUNG

Je nach Art des Gerichtes kann das traditionelle, frische Sträußchen jedoch beliebig abgewandelt werden.
Für Lamm und Rindfleisch, wie Boeuf bourguignonne, bindet man Rosmarin, Thymian, Bohnenkraut, Minze und Petersilie zusammen.
Zu Schweinefleisch paßt ein Bündel aus Salbei, Thymian und Majoran.

Für geschmortes Geflügel, wie Coq au vin, nimmt man 1 Stück Selleriestange, 1 Stengel Petersilie, 1 Zweig Thymian, 1 Zweig Majoran, 1 Zweig Estragon und 1 Lorbeerblatt. Für Wildgerichte ergänzt man diese Mischung durch ein paar Wacholderbeeren.
Meeresfrüchte schmecken am besten mit Dill, Estragon und Zitronenschale.
Getrocknetes Bouquet garni paßt ideal zu Eintöpfen, Schmorgerichten und allen Gerichten mit langer Garzeit.

LAGERUNG

Frische Kräuter verlieren schnell ihr Aroma, deshalb sollte man das Bouquet garni möglichst kurz vor der Zubereitung zusammenstellen. Getrocknetes Bouquet garni in luftdicht verschlossenen Behältern kühl und dunkel lagern.

 ### KÜCHENTIP

Frisches und getrocknetes Bouquet garni gibt man zu Beginn der Kochzeit zum Gericht und entfernt es vor dem Servieren wieder.

Brunnenkresse

BRUNNENKRESSE

**(Lat. Nasturtium officinale),
auch Bach- oder Wasserkres-
se, Wassersenf oder Quellen-
rankenkraut genannt.**

*Die bis zu 70 cm hohe, mehrjäh-
rige Pflanze mit ihren gefiederten,
dunkelgrünen, fleischigen Blättern
und den weißen Blüten gehört wie
ihre Verwandte, die Gartenkresse,
zur Familie der Kreuzblütler.
Allerdings macht sie sich ziemlich
rar und wächst wild nur an klaren
Quellen, Bächen und Flußläufen
in gemäßigten Klimazonen.
Heute wird sie jedoch auch kultiviert, so daß man sie fast das ganze
Jahr über kaufen kann. Brunnenkresse enthält reichlich Vitamin C.*

GESCHMACK UND AROMA

Brunnenkresse hat einen mild-
pfeffrigen Geschmack, der ein
bißchen an Rettich erinnert, und
ein edles, sehr feines Aroma.

VERWENDUNG

Brunnenkresse schmeckt als
knackiger Salat. Sie würzt,
wie Kerbel, helle Saucen, sah-
nige Suppen, Kräuterquark,
Tomaten- und andere Salate.
Zudem ist sie ein leckerer
Brotbelag.

LAGERUNG

Die zarten Blättchen welken
schnell. Deshalb am besten
innerhalb eines Tages nach dem
Einkauf verbrauchen.

 KÜCHENTIP

Brunnenkresse verträgt keine
starke Hitze. Deshalb Blätter
nicht mitkochen, sondern nur
kurz erwärmen.

CURRYBLÄTTER

(Lat. Murraya koenigii), auch Murraya genannt.

Der Strauch mit seinen schmalen, glänzend olivgrünen Blättern und seinen duftenden, weißen Blüten und lilafarbenen Beeren gehört zur Familie der Rautengewächse und ist ein naher Verwandter des Citrusbaumes. Die Blätter erinnern an kleine Lorbeerblätter, sind allerdings etwas weicher. Die Heimat des Strauches sind die südlichen Hänge des Himalaja, er wächst aber auch wild in Indien, Sri Lanka und Malaysia. Curryblätter werden vor allem in der südindischen Küche verwendet. Dort nennt man sie auch „nim" oder „kariphulia".

GESCHMACK UND AROMA

Curryblätter schmecken würzig und aromatisch. Ihr Duft erinnert leicht an Curry.

VERWENDUNG

Curryblätter gibt es frisch oder getrocknet zu kaufen. Beide Sorten würzen Currys, Fleisch- und Fischgerichte, aber auch herzhaftes Gemüse, Chutneys und Relishes. Getrocknet und gerieben sind sie wesentlicher Bestandteil der Madras-Curry-Mischungen. Sie passen aber auch zu Marmeladen, Dressings, Suppen und kräftigen Eintöpfen.

LAGERUNG

Frische Curryblätter sollten möglichst schnell nach dem Kauf verbraucht oder eingefroren werden. Getrocknete Blätter luftdicht verschlossen aufbewahren. So halten sie sich mehrere Monate.

 KÜCHENTIPS

■ Frische Blätter sind wesentlich aromatischer als getrocknete. Wenn Sie getrocknete kaufen, achten Sie darauf, daß diese vakuumverpackt sind.

■ Im äußersten Notfall lassen sich Curryblätter durch frische Lorbeerblätter ersetzen.

Curryblätter

REZEPTVORSCHLAG

Garnelen in Kokosmilch

Für 4 Personen

750 g rohe Garnelen

1 EL Butterschmalz

2 Zwiebeln

2 Knoblauchzehen

1 TL feingeriebener, frischer Ingwer

2 frische, rote Chilis

1 TL gemahlener Kurkuma

8 frische Curryblätter

500 ml Kokosmilch (Dose)

etwas Salz

Zitronensaft

Die Garnelen aus der Schale lösen, die Innereien herausnehmen. Garnelen kalt abspülen und trockentupfen. Butterschmalz zerlassen und feingehackte Zwiebeln und zerdrückten Knoblauch sowie den Ingwer darin anbraten. Entkernte, feingehackte Chilis, Kurkuma und Curryblätter dazugeben, etwa 10 Minuten offen einkochen lassen. Garnelen einlegen und 5–10 Minuten garen. Nach Geschmack mit Zitronensaft abschmecken.

DILL

(Lat. Anethum graveolens),
auch Gurken- und Karpern-
oder Hexenkraut genannt.

Die einjährige Dillpflanze mit
ihren feingefiederten Blättern und
dottergelben Blüten wird bis zu
1,20 m hoch und gehört zur
Familie der Doldengewächse. Ihr
ursprüngliches Heimatland läßt
sich schwer bestimmen. Vermutlich
liegt es jedoch in Gebieten mit
heißem, trockenem Klima.
Im alten Ägypten war Dill schon
als Kulturpflanze bekannt. Die
Griechen nahmen Dill als Heil-
mittel gegen Schluckauf, die Römer
würzten damit Geflügel und Wein.
Heute wird Dill so gut wie über-
all in Europa angebaut. Er spielt
vor allem in der Küche Nordeuro-
pas eine große Rolle.

GESCHMACK UND AROMA

Dill schmeckt mild, etwas
kümmelartig. Er riecht sehr
aromatisch.

VERWENDUNG

Dill gibt es frisch und getrocknet sowie als ganze oder
gemahlene Samen zu kaufen.
Frisch oder auch getrocknet
würzt er helle Saucen, Mayonnaise und Remoulade. Hühner-
und Kalbfleischragouts, Fisch,
wie Aal und Matjes werden
gerne mit Dill abgeschmeckt
und natürlich sollte das
Kraut auch nicht an Fischsud,
Krabben, Hummer und Kreb-
sen fehlen. Es paßt aber auch
zu Gemüse, wie Gurken,
Zucchini und Bohnen, sowie
zu Salaten und Rohkostplatten.
Die Samen eignen sich zum
Bestreuen von Brot, für geschmorten Kohl und Fleisch-
eintöpfe.

LAGERUNG

Frischen Dill am besten im
Plastikbeutel im Kühlschrank
aufbewahren. Die getrock-
neten Blätter und Samen luftdicht verschlossen kühl und
dunkel lagern.

Blühender Dill

**ANWENDUNG
IN DER HEILKUNDE**
Dillsamen wirken beruhigend
und verdauungsfördernd.

 KÜCHENTIPS

◼ Dill verträgt keine große
Hitze. Deshalb nur kurz, am
besten überhaupt nicht mitgaren. Er wird sonst grau, ver-
ändert allerdings sein Aroma
nicht.

◼ Getrocknete Blätter sind
weniger aromatisch als frische.
Sie schmecken fast wie Heu.

◼ Dill läßt sich gut einfrieren.
Am besten feingehackt mit
etwas Wasser in Eiswürfel-
schalen geben.

◼ Dill ist ein Einzelgänger.
Er verträgt sich nur mit Zwiebeln, Senfkörnern, Petersilie
oder Knoblauch.

ESTRAGON

*(Lat. Artemisia dracunculus),
auch Dragen-, Schlangen-,
Eier- oder Trabenkraut genannt.*

*Die bis zu 1,50 m hohe, mehrjäh-
rige Pflanze mit ihren hell- bis
dunkelgrünen, lanzettähnlichen
Blättern gehört zur Familie der
Korbblütler und stammt vermutlich
aus China. Auch die Araber würzten ihre Speisen damit. Und
von dort kam das Kraut wohl auch
nach Europa — entweder durch
die Mauren oder die Kreuzritter.
Von Frankreich aus trat Estragon
dann schließlich seinen Siegeszug
durch die Feinschmeckerküchen
Europas an.*

GESCHMACK UND AROMA

Estragon schmeckt bittersüß
und feinwürzig. Er duftet wie
eine Mischung aus Waldmeister
und Anis. Je nach Jahreszeit ist
das Aroma jedoch sehr unterschiedlich, im Sommer wesentlich intensiver als im Frühjahr.

VERWENDUNG

Estragon gibt es frisch und getrocknet — gerebelt und gemahlen — zu kaufen. Die
frischen Zweigspitzen und die
Blätter sind unentbehrlich in
der klassischen Sauce béar-
naise. Sie würzen aber auch
Butter- und Sahnesaucen sowie helles Fleisch, Geflügel,
Fisch und Eier. Estragon paßt
gut an Salate und Gemüse, wie
Tomaten, Zucchini und Steinpilze, sowie an Kräuterbutter,
Kräuterquark, Senf und Essig,
aber auch an Obstsalate.
Besonders köstlich: etwas
Estragon an die Sauerbraten-
beize oder in die Gewürz-
gurkenmarinade zu geben.

LAGERUNG

Frische Blätter halten sich
im Plastikbeutel im Kühl-
schrank einige Tage. Getrockneten Estragon in luftdicht
verschlossenen Behältern kühl
und dunkel aufbewahren.

Blühender Estragon

KÜCHENTIPS

■ Bei Estragon unterscheidet man zwei Sorten: Deutschen oder Französischen und Russischen oder Sibirischen Estragon. Der deutsche schmeckt angenehm würzig und anisartig, der russische dagegen etwas bitter und beißend, eher kerbelartig.

■ Für würzige Fleischbrühen oder Fischgerichte ganze Estragonstengel mitkochen.

■ Sonst die Blätter fein hacken und auch leicht erwärmen.

■ Estragon läßt sich nicht gut trocknen, er schmeckt dann heuartig. Tiefgefrieren ist jedoch möglich.

REZEPTVORSCHLAG
Feine Rahmsuppe

Für 4 Personen

40 g Butter

1 ¹/₂ EL Mehl

¹/₂ l Fleischbrühe

250 g süße Sahne

2 EL Cognac, 1 TL Zitronensaft

je 1 Bund Schnittlauch, Petersilie, Kerbel und Estragon

schwarzer Pfeffer, 1 Eigelb

Die Butter zerlassen, das Mehl darin goldgelb andünsten. Mit Brühe ablöschen. Etwa 10 Minuten leise kochen lassen. Sahne, Cognac und Zitronensaft unterrühren. Einmal aufkochen lassen. Die Kräuter kalt abspülen, trockenschütteln und fein hacken. Unter die Suppe rühren und mit Pfeffer würzen. Zum Schluß die Suppe mit dem Eigelb legieren. Die Rahmsuppe nicht mehr kochen lassen.

FINES HERBES

(Feine Kräuter)

Französische Kräutermischung aus frischem Schnittlauch, Kerbel, Petersilie und Estragon. Sie ist unentbehrlich in der klassischen französischen Küche.

GESCHMACK UND AROMA

Fines herbes haben ein besonders feines Aroma und einen intensiven Kräutergeschmack.

VERWENDUNG

Für Fines herbes kauft man die einzelnen Kräuter und verwendet sie zu gleichen Teilen. Es gibt auch eine getrocknete Fertigmischung. Sie enthält allerdings auch Majoran, Salbei und Bohnenkraut und ist mit dem Original nicht zu vergleichen.
Feingehackt würzen Fines herbes Eierspeisen, wie Omeletts und Rührei, sowie gebundene Suppen, Quark und Frischkäse, Kräuterbutter.

Weiße Saucen, helles Fleisch und Geflügel sowie Fisch werden ebenfalls gerne mit der Kräutermischung abgeschmeckt.

LAGERUNG

Im Frischhaltebeutel bleiben die einzelnen Kräuter im Kühlschrank einige Tage frisch.

 KÜCHENTIPS

■ Die klassische Vier-Kräuter-Mischung kann durch gehackte Champignons oder Trüffel, aber auch durch Schalotten, weißen Pfeffer und eventuell Knoblauch erweitert werden.

■ Fines herbes müssen immer frisch sein. Ist eines der Kräuter frisch nicht erhältlich, dann kann man es weglassen oder eventuell statt dessen Dill oder ein wenig Basilikum nehmen.

■ Da Hitze das Aroma der Kräuter beeinträchtigt, sie immer erst am Ende der Garzeit zufügen oder zum Garnieren über die Speisen streuen.

KAPUZINERKRESSE

(Lat. Tropaeolum majus)

Die bei uns einjährige Pflanze, die bis zu 5 m weit am Boden entlang oder in die Höhe rankt, stammt ursprünglich aus Lateinamerika. Von dort brachte sie der Holländer Bewerning 1684 nach Mitteleuropa, wo sie in Klostergärten gezogen und zwecks ihres hohen Vitamin-C-Gehalts als Heilmittel gegen Skorbut geschätzt wurde. Die üppig rotgelb blühende Pflanze mit ihren dunkelgrünen Blättern und hellgrünen Stielen ist nicht mit unserer heimischen Kresse verwandt.

GESCHMACK UND AROMA

Die Blätter und die Blüten schmecken leicht pfeffrig, etwas süßlich und kresseähnlich. Ihr Duft ist angenehm aromatisch.

VERWENDUNG

Gehackte oder feingeschnittene Blätter würzen Salate, Saucen, Eier- und Kartoffelgerichte, Frischkäse und Quark. Die eßbaren Blüten würzen Essig, schmücken Salate und Desserts. Blätter, Blütenknospen sowie Blüten und unreife Früchte lassen sich zu einem wohlschmeckenden Salat anmachen.

LAGERUNG

Kapuzinerkresse welkt schnell und läßt sich deshalb nicht lange aufbewahren. Sie ist weder zum Trocknen noch zum Tiefkühlen geeignet.

 KÜCHENTIP

Aus den grünen, unreifen Früchten können „falsche Kapern" hergestellt werden. Man läßt sie über Nacht, leicht eingesalzen, stehen, übergießt sie dann mit Essig und bewahrt sie in einem verschlossenen Glasgefäß auf.

KERBEL

(Lat. Anthriscus cerefolium),
auch Korfel-, Korbel-
oder Kufelkraut, Suppen-
oder Küchenkraut genannt.

Die einjährige, bis zu 60 cm hohe
Pflanze mit ihren farnähnlichen,
hellgrünen Blättchen und den
weißen Blüten gehört zur Familie
der Doldengewächse und stammt
ursprünglich aus Südostrußland.
Schon die Römer kannten Kerbel
und würzten damit Gerichte mit
Hühnerfleisch. Kerbelblätter
ähneln denen der glatten Petersilie,
sind aber viel zarter.

GESCHMACK UND AROMA

Kerbel schmeckt leicht
süßlich und erinnert im Geschmack etwas an Fenchel
und Anis.

VERWENDUNG

Kerbel gibt es frisch oder getrocknet zu kaufen. Er ist
unentbehrlich in der beliebten
Kerbelsuppe, in Kräuter-
mayonnaise oder -remoulade.
Kerbel paßt gut an Eiergerichte, wie Rührei und Omelett,
und an zarte Cremesuppen sowie an Quark, Joghurt, Frischkäse. Helle Fleisch- und
Fischragouts werden gerne
mit Kerbel abgeschmeckt.

LAGERUNG

Die Blätter können einige
Tage im Frischhaltebeutel im
Kühlschrank aufbewahrt
werden. Getrockneten Kerbel
luftdicht verschlossen, kühl
und dunkel lagern.

 KÜCHENTIPS

■ Kerbel verliert durch langes
Kochen ein Großteil seines
Aromas. Darum nie lange
mitkochen lassen. Am besten
ein Teil des gehackten Krauts
erst gegen Ende der Garzeit an
das Gericht geben.

■ Das Aroma des Kerbels
verflüchtigt sich beim Trocknen und Einfrieren.

KORIANDERGRÜN

(Lat. Coriandrum sativum),
auch Cilantro oder Wanzen-
kraut genannt.

Das einjährige Kraut mit seinen
zarten, hellgrünen, petersilieähn-
lichen Blättern und den weißen
bis rosafarbenen Blüten gehört
zur Familie der Doldengewächse
(› S. 32). Ursprünglich stammt
die Pflanze aus Südeuropa und
dem Vorderen Orient, wird heute
aber vor allem in der indischen,
mexikanischen und brasilianischen
Küche verwendet.
Die Griechen nannten das Kraut
auch Wanzenkraut, weil es ihrer
Meinung nach unangenehm nach
Wanzen duftet.

GESCHMACK UND AROMA

Koriandergrün schmeckt
und riecht sehr spezifisch.
Für viele ist sein scharfbitte-
rer Geschmack gewöhnungs-
bedürftig.

VERWENDUNG

Koriandergrün gibt es inzwischen das ganze Jahr über zu
kaufen. Die frischen Blätter
würzen Suppen und Eintöpfe
sowie Currys und Blattsalate.
Zu Fisch, Geflügel, Bohnen-,
Möhren- und Tomatengerichten
paßt das Kraut genauso gut
wie zu Chutneys und Relishes.

LAGERUNG

Frische Blätter sind nur begrenzt haltbar. Am besten
Koriandergrün mir feuchtem
Küchenpapier umwickeln
und im Kühlschrank aufbe-
wahren. Getrocknetes Koriandergrün trocken und dunkel
im fest schließenden Behältern
lagern.

KÜCHENTIPS

■ Koriandergrün ist besonders
aromatisch, wenn man die
Blätter erst vor dem Servieren
an die fertigen Speisen gibt.

■ Es harmoniert mit frischer
Minze und Kreuzkümmel.

■ Feingehackt würzen
die Wurzeln des Korianders
Currys.

KRESSE

(Lat. Lepidium sativum),
auch Gartenkresse genannt.

Das einjährige, schnell keimende und wachsende Kraut das etwa 50 cm hoch wird, gehört zur Familie der Kreuzblüter. Das weißblühende Gewürz mit seinen zarten kleinen Blättchen stammt aus Nordostafrika und dem Vorderen Orient. In Mittel- und Nordeuropa wird es seit dem frühen Mittelalter angebaut.

GESCHMACK UND AROMA

Gartenkresse schmeckt scharf, meerrettichähnlich und riecht angenehm frischaromatisch.

VERWENDUNG

Die würzige Gartenkresse gibt es das ganze Jahr über frisch, im Kästchen zu kaufen. Man kann sie aber auch ganzjährig auf der Fensterbank selbst ziehen. Verwendet werden nur die zarten Blättchen. Sie würzen frische Salate, feine Sahne- und Mayonnaisesaucen. Kresse paßt zu Kräutersuppen, zu Fisch- und Schalentieren sowie zu Geflügel und Eiergerichten. Außerdem ist Kresse ein beliebtes Gewürz bei Kräuterquark und -frischkäse.

LAGERUNG

Kresse, die noch nicht abgeschnitten ist, kann man ein paar Tage – gut feuchtgehalten – im Gemüsefach des Kühlschranks aufbewahren.

 KÜCHENTIPS

■ Kresse mag keine Hitze. Deshalb sollte man sie immer erst ganz am Schluß an die Speise geben.

■ Außerdem sollte man Kresse nicht waschen. Die zarten Blättchen fallen sonst zusammen und verlieren dadurch ein Großteil ihres Aromas.

LIEBSTÖCKEL

(Lat. Levisticum officinale),
auch Maggi- oder Bade-
kraut, Leber-, Wurst- oder
Laubstock genannt.

Das mehrjährige Kraut mit seinen
dreieckig-rhombischen, sellerieähn-
lichen, dunkelgrünen Blättern und
gelben Blütendolden gehört zur
Familie der Doldengewächse. Das
bis zu 2 m hohe Würzkraut, das ver-
mutlich ursprünglich aus Persien
stammt, verdankt seinen charakteri-
stischen Geruch ätherischen Ölen
und vor allem Alkylphaliden. In der
Antike und im Mittelalter war Lieb-
stöckel eines der meistgebrauchten
Würzkräuter in der Küche Liguriens.
Und in Deutschland aromatisierten
junge Mädchen damit ihr Badewas-
ser, um junge Männer zu becircen.

GESCHMACK UND AROMA
Liebstöckel schmeckt kräf-
tig würzig und erinnert im
Geruch an Sellerie.

VERWENDUNG
Liebstöckel gibt es frisch, getrocknet und gemahlen. Am
intensivsten sind jedoch die
frischen Blätter. Sie würzen
kräftige Eintöpfe und Schmorbraten, herzhafte Salate und
Suppen wie Bohnen-, Erbsen-
und Kartoffelsuppe. Das Kraut
paßt zu Kohlrabi, Blumenkohl
und Möhren und wird gerne in
Omeletts und Salatsaucen verwendet.

LAGERUNG
Frische Blätter im Frischhaltebeutel einige Tage im Kühlschrank aufbewahren. Getrocknetes Liebstöckel luftdicht
verschlossen kühl und dunkel
lagern.

 ### KÜCHENTIPS

■ Liebstöckel ist sehr intensiv.
Zum Würzen eines Gerichts
reichen oft 1–2 Blätter aus.

■ Liebstöckel kann mitgekocht
werden, da es im Gegensatz
zu vielen anderen Kräutern die
Hitze verträgt.

LORBEER

(Lat. Laurus nobilis), auch Suppenblatt oder Lorbeerblatt genannt.

Die immergrünen, ledrigen Blätter des Lorbeerbaumes kommen ursprünglich aus Kleinasien, werden heute jedoch vorwiegend in den Mittelmeerländern geerntet. Schon in der Antike war Lorbeer eine Kultpflanze. Sie war dem Gott Apoll gewidmet. Mit Lorbeerzweigen schmückte man seine Tempel, seine Priesterin Pythia verkündete ihre Orakelsprüche in Delphi, indem sie auf einem Lorbeerblatt kaute. Und später schmückten sich Sänger, Dichter und Feldherren mit Lorbeer. Als Gewürz taucht das Lorbeerblatt allerdings erst im 16. Jh. n. Chr. auf.

GESCHMACK UND AROMA

Lorbeerblätter schmecken herbaromatisch und riechen stark würzig.

VERWENDUNG

Seit Ururgroßmutters Zeiten verwendet man vorwiegend getrocknete Lorbeerblätter. Es gibt neuerdings aber auch frische Blätter zu kaufen. Beide würzen Marinaden für Fleisch, Sauerbraten, Wild und Fisch. Außerdem gehört ein Lorbeerblatt an viele Frikassees. Lorbeer paßt zum Einlegen von Gurken und zum Aromatisieren von Essig.

LAGERUNG

Getrocknete Lorbeerblätter in fest verschlossenen Behältern kühl und dunkel aufbewahren. Frische Blätter halten sich einige Tage im Frischhaltebeutel im Kühlschrank.

 ### KÜCHENTIPS

■ Der Geschmack von Lorbeer entfaltet sich nur langsam, deshalb die Blätter immer mitkochen. Wenn man zuvor die Ränder etwas einreißt, würzt Lorbeer noch intensiver.

■ Getrocknete Blätter von guter Qualität sind grünlichbräunlich und glänzend.

LÖWENZAHN

(Lat. Taraxacum officinale), auch Apostelkraut, Pusteblume oder Kuhlattich genannt.

Die mehrjährige, bis zu 50 cm hohe Staude hat eine tiefreichende, dickfleischige Wurzel, lanzettähnliche, gezackte und gezahnte, tiefgrüne Blätter und leuchtend gelbe Blüten. Schon die Griechen kannten die Heilkraft des Löwenzahns. Im Mittelalter schätzte man vor allem seine harntreibende Wirkung, und Friedrich der Große verwendete auf ärztlichen Rat Löwenzahnextrakt als Mittel gegen seine Nierenerkrankung. Ab Mitte des 17. Jh. n. Chr. wurden die Blätter des Löwenzahns als Salat verzehrt, und zwar vor allem von den Schweizern, Franzosen, Italienern und Belgiern. Auch heute noch sind das die Länder mit dem größten Anbau und Konsum von Löwenzahn. Lange Zeit als Hasenfutter und lästiges Unkraut verschrien, gehört Löwenzahn aber inzwischen auch bei uns zu den wiederentdeckten Salatkräutern.

GESCHMACK UND AROMA

Löwenzahnblätter schmecken herbwürzig und leicht bitter. Der Kulturlöwenzahn ist wesentlich milder als der wilde, grüne von der Wiese.

VERWENDUNG

Die jungen zarten Blätter eignen sich hervorragend als Salatkraut und ergeben, mit einer Vinaigrette angemacht, einen idealen Wildsalat gegen Frühjahrsmüdigkeit. Fein streifig geschnitten schmecken die Blätter aber auch in Kräutersaucen, in Quarkgerichten oder als Brotbelag.

LAGERUNG

Löwenzahnblätter sind nur begrenzt haltbar. In Papier eingewickelt halten sie sich im Gemüsefach des Kühlschranks 1–2 Tage.

KÜCHENTIP

Die Frische der Löwenzahnblätter erkennt man übrigens an ihren Schnittstellen. Tritt ein weißer milchiger Saft aus, sind sie erntefrisch. Je dunkler und trockener die Schnittstelle ist, desto älter sind die Löwenzahnblätter.

MAJORAN

**(Lat. Origanum majorana),
auch Wurst- oder Maiwürz-
kraut genannt.**

*Das bei uns einjährige Kraut mit
seinen eiförmigen, dunkelgrünen
behaarten Blättern und den
weißen bis blaßlilafarbenen Blüten
stammt ursprünglich aus Mitteleuropa, wird heute aber auch in
Spanien und Frankreich kultiviert.
Schon bei den alten Römern gehörte Majoran zu den zehn in der
Küche am meisten verwendeten
Gewürzen. Kräuterdoktoren in der
Antike bescheinigten dem Würzkraut eine aphrodisierende Wirkung
und verschrieben „müden Männern"
Majoranwein als potenzförderndes
Mittel.*

GESCHMACK UND AROMA

Majoran schmeckt kräftig würzig und leicht herb aromatisch. Er duftet sehr intensiv.

VERWENDUNG

Majoran gibt es frisch und getrocknet zu kaufen. Getrockneter Majoran kommt gerebelt
und gemahlen in den Handel.
Er ist das klassische Wurst-
gewürz und fehlt weder in der
Thüringer Bratwurst noch
in Blut- und Leberwurst. Er
paßt zu herzhaften Leberge-
richten, wie Leberknödel und
Leberpastete, zu deftigen Eintöpfen mit Hülsenfrüchten
aber auch zu Bratkartoffeln und
Kartoffelsuppen. An Enten-
und Gänsebraten, Schwein und
Lamm sollte man auch Majoran geben. Außerdem würzt
er Fisch-, Fleisch- und Wurst-
salate, Käsegerichte und
Schmalz.

LAGERUNG

Frischer Majoran kann einige
Tage im Frischehaltebeutel
im Kühlschrank aufbewahrt
werden. Die getrockneten
Blättchen luftdicht verschlossen, kühl und dunkel lagern.

 KÜCHENTIP

Majoran nur in geringen
Mengen mitgaren, da er sehr
intensiv würzt.

MINZE

(Lat. Mentha)

Schier unübersehrbar ist die Anzahl der Mitglieder, die zur großen Familie der Minze gehören. Denn da die sich ständig untereinander kreuzen, gibt es immer wieder neue Unterarten. Eines haben jedoch alle gemeinsam: sie gehören zur Gattung der Lippenblütler, sind 50 – 100 cm hoch, haben kleine Blättchen und zumeist violette Blüten und sie alle enthalten einen charakteristischen Inhaltsstoff, das Menthol.

GRÜNE MINZE
(Lat. Mentha spicata) in englisch „spearmint" genannt.
Sie hat leuchtendgrüne, längliche, eiförmige Blätter mit gezahnten Rändern und ein frisches, pfeffriges Aroma.

KRAUSE MINZE
(Lat. Mentha crispata)
Sie ist eine Zuchtart der Grünen Minze. Sie hat krause Blätter und ist etwas milder im Aroma als die Grüne Minze.

PFEFFERMINZE
(Lat. Mentha piperita), auch Tee- oder Edelminze genannt.
Sie ist eine Kreuzung aus wildwachsender Wasserminze und Grüner Minze. Sie hat ein strenges Mentholaroma und wird vorwiegend für die Pfefferminzölherstellung verwendet. Ihre Blätter sind dunkler als die der Grünen Minze.

BASILIKUMMINZE
Sie ähnelt in ihren Blättern dem Basilikum und duftet lieblich nach Zitrone.

APFELMINZE
(Lat. Mentha rotundifolia), auch Rundblättrige Minze genannt.

Sie ist eine Zuchtart der Grünen Minze. Sie hat gelbgrüne runde Blätter, die nach Äpfeln duften. Ihr Aroma ist lieblich und milder als das der anderen Minzen.

ANANASMINZE
(Lat. Mentha rotundifolia variegata)

Sie ist ebenfalls eine Zuchtart der Grünen Minze. Sie hat grüne, weiß gesprenkelte Blätter und einen fruchtig aromatischen Geschmack.

VERWENDUNG

Während Pfefferminze aufgrund ihres derben Aromas in der Küche weniger geeignet ist, lassen sich die anderen Minzearten vielseitig verwenden. Minze ist Grundzutat der Englischen Mintsauce. Sie würzt insbesondere Lammfleisch und Erbsen, aber auch Huhn, Ente und Hackfleischgerichte sowie Tomaten, Gurken, Zucchini, Kürbis und Hülsenfrüchte. Frische Salate, Suppen, Chutneys, Relishes, Currygerichte werden ebenfalls gerne mit Minze abgeschmeckt. Sie paßt zu Süßspeisen und Obst, wie Melone, Birne und Erdbeeren, außerdem zu kühlen Drinks und Bowlen.

LAGERUNG

Frische Minze hält sich im Frischhaltebeutel im Kühlschrank einige Tage. Getrocknete Minze in festschließenden Behältern kühl und dunkel aufbewahren.

KÜCHENTIPS

■ Minze kann man entweder mitgaren oder man streut sie kurz vor dem Servieren über ein Gericht.

■ Eine Prise Zucker macht das Aroma noch feiner.

■ Vorsichtig die Minze dosieren, sie würzt sehr intensiv.

■ Minze ist ein Einzelgänger, deshalb möglichst nicht mit anderen Kräutern zusammen verwenden.

■ Sie läßt sich auch im Eiswürfelbehälter gut einfrieren.

REZEPTVORSCHLAG

Grapefruitgelee mit Minze

Für 4 Personen

$3/8$ l frisch gepreßter Saft von rosafleischigen Grapefruits
$3/8$ l Zitronensaft
7 Blatt weiße Gelatine
$1/8$ l trockener Weißwein
120 g Zucker
$1/4$ l Orangenlikör
1 Töpfchen Minze

Grapefruit- und Zitronensaft durch ein Sieb geben. Gelatine in Wasser einweichen. Ein Drittel des Safts mit Wein und Zucker erhitzen. Gelatine darin auflösen. Restlichen Saft und Likör zufügen. Minze fein hacken und das Gelee einrühren. Eine Form mit kaltem Wasser ausspülen. Die Flüssigkeit 3–4 Stunden fest werden lassen.

OREGANO

(Lat. Origanum vulgare), auch Dost oder Wintermajoran genannt.

Das mehrjährige Kraut mit seinen spitzen, eiförmigen Blättern und blaßroten, manchmal auch weißen Blüten ist ein wahrer „Sonnenanbeter". Denn nur in der heißen, prallen Sonne Südeuropas entwickelt das zur Familie der Lippenblütler gehörende Kraut sein volles, intensives Aroma.
Der Verwandte des Majorans war vor allem im Mittelalter als Zauber- und Heilpflanze bekannt. Erst im 17. Jh. n. Chr. taucht Oregano in einem Schweizer Rezept als Würzmittel für Pfannkuchen auf.

GESCHMACK UND AROMA
Oreganoblätter schmecken scharfwürzig, bitterherb und riechen angenehm würzig.

VERWENDUNG
Oregano gibt es frisch und getrocknet zu kaufen. Getrocknet bekommt man ihn gerebelt und gemahlen. Er ist das Pizzagewürz schlechthin. Ebensogut paßt er zu Suppen, Sugos und Saucen wie auch zu fettem Schweinebraten und geschmortem Rindfleisch. Gemüse, wie Auberginen, Paprika und Zucchini, aber auch Kartoffelgerichte und Chili con carne werden ebenso wie grüner und gemischter Salat mit Oregano gewürzt.

LAGERUNG

Frische Oreganoblätter halten sich in einem Frischhaltebeutel im Kühlschrank einige Tage. Getrockneten Oregano in fest schließenden Behältern kühl und dunkel aufbewahren.

KÜCHENTIPS

■ Trotz seines intensiven Geschmacks verträgt sich Oregano gut mit anderen Kräutern, wie Thymian oder Rosmarin. Nur Majoran mag er nicht.

■ Oregano entfaltet sein volles Aroma erst beim Kochen. Deshalb sollte man ihn spätestens 15 Minuten vor Ende der Garzeit ans Gericht geben.

■ Sparsam dosieren, denn seine Würzkraft ist sehr groß. Oregano behält auch getrocknet sein kräftiges Aroma.

REZEPTVORSCHLAG

Rumpsteaks mit Tomaten

Für 4 Personen

500 g Tomaten
2 Knoblauchzehen
5 EL Olivenöl
4 Rumpsteaks à 200 g
1 TL gerebelter Oregano
etwas Salz
schwarzer Pfeffer aus der Mühle

Die Tomaten enthäuten, entkernen und grob hacken. Knoblauchzehen schälen. 2 EL Öl in einer Pfanne erhitzen, die Steaks auf jeder Seite 3–4 Minuten braten. Aus der Pfanne nehmen und warmhalten. Restliches Öl erhitzen, Knoblauch darin leicht anbraten, nicht bräunen. Tomaten dazugeben, mit Oregano, Salz und Pfeffer würzen. Bei starker Hitze etwa 5 Minuten eindicken lassen. Das Fleisch kurz in der Sauce ziehen lassen.

PETERSILIE

(Lat: Petroselinum crispum), auch Peterling, Peterle, Suppenwurzel oder Bittersilche genannt.

Das zweijährige Kraut aus der Familie der Doldenblütler ist das wohl populärste und auch allerwichtigste Küchenkraut. Schon im 3. Jh. v. Chr. wurde Petersilie in einem griechischen Kochbuch beschrieben. Der Name Petersilie stammt übrigens auch aus dem griechischen: „patros" = „der Fels", „selinon" = das „Doldengewächs". Also ist Petersilie ein auf Felsen wachsendes Doldengewächs. Urheimat des bis zu 50 cm hohen Krautes ist das Mittelmeergebiet. Man unterscheidet zwischen krauser und glattblättriger Petersilie.

GESCHMACK UND AROMA

Blatt und Stengel riechen stark aromatisch und schmecken würzig frisch. Die glatte Petersilie ist übrigens kräftiger im Geschmack und hat ein feineres Aroma als die krause Petersilie.

VERWENDUNG

Petersilie gibt es frisch, getrocknet oder tiefgefroren zu kaufen. Krause Petersilie eignet sich vor allem zum Garnieren von Platten. Feingehackt würzt sie, wie ihre glatte Schwester, aber auch Mayonnaisen, Joghurt- und Quarkgerichte sowie Kräuterbutter, Kartoffelgerichte und Salatsaucen. Glatte Petersilie paßt zu Schmorgerichten, Eintöpfen, leichten Bouillons und Eierspeisen, aber auch zu Gemüsegerichten, wie Erbsen, Möhren, Kohlrabi, Pilzen, Tomaten und Steckrüben. Außerdem würzt sie viele Fisch-, Fleisch- und Geflügelgerichte.

LAGERUNG

Glatte Petersilie welkt besonders schnell. Deshalb am besten gleich nach dem Kauf die Stengel ins Wasser stellen oder die gewaschenen Stengel naß im Frischhaltebeutel in den Kühlschrank legen. Getrocknete Petersilie in fest schließenden Behältern kühl und dunkel aufbewahren.

 KÜCHENTIPS

▨ Krause Petersilie sollte nie mitgekocht werden, weil sie dadurch Geschmack, Farbe und Vitamine einbüßt. Glatte Petersilie verträgt dagegen Hitze.

▨ Petersilie läßt sich sehr gut einfrieren. Dafür gehackte Blätter in Eiswürfelbehälter geben, mit Wasser auffüllen und gefrieren lassen. Bei Bedarf die Petersilienwürfel abbrechen und in heißen Speisen auftauen.

▨ Petersilie veträgt sich gut mit Dill, Kerbel, Schnittlauch und Melisse.

▨ Außerdem ist sie Bestandteil der Persilade, einer Mischung aus feingehackter Petersilie und Knoblauch. Sie wird kurz angebraten und in letzter Minute an gegrilltes Lammfleisch oder Steaks, gebratenes Huhn oder Gemüse gegeben.

▨ Zudem gehört Petersilie in die Gremolata, eine Mischung aus geriebener Zitronenschale, feingehacktem Knoblauch und Petersilie, die über das klassische italienische Ossobuco gestreut wird.

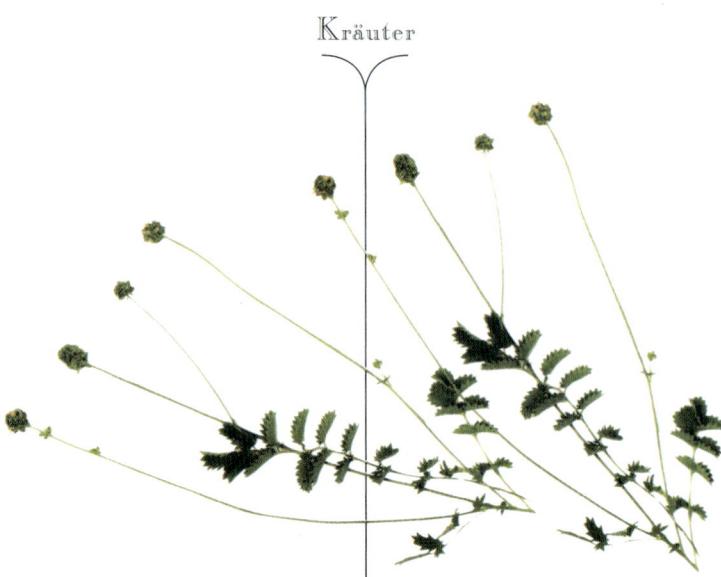

PIMPINELLE

(Lat. Pimpinella saxifraga),
auch Bibernelle, Pfefferkraut
oder Steinpetersilie genannt.

Das zur Familie der Doldenblütler
gehörende Kraut wird bis zu 1 m
hoch und hat einen behaarten
Stengel, leicht gefiederte Blätter
und weiße oder rosafarbene Blüten.
Pimpinelle wächst vorwiegend
wild auf Wiesen und in Wäldern
Vorderasiens und Europas. Sie
ist in der Küche ein bißchen in
Vergessenheit geraten. Dabei zählt
sie zu den Kräutern mit dem höch-
sten Vitamin-C-Gehalt und ist
äußerst vielseitig zu verwenden.

GESCHMACK UND AROMA

Pimpinelle schmeckt und
riecht mildfrisch, etwas gur-
kenartig.

VERWENDUNG

Die zarten kleinen Blättchen
der Pimpinelle würzen grüne
und gemischte Salate sowie
Gemüse, wie Gurken, Spinat,
Tomaten und Kohlrabi, aber
auch Rohkostplatten, Kräutersaucen und -suppen. Außerdem
paßt das Kraut zu Aalgerich-
ten sowie zu gekochtem und
gebratenem Fisch, zu Marinaden und Eiergerichten. Es
würzt Essig, Butter, Quark und
Mayonnaise. Als Dekoration
verschönern die Blättchen
Longdrinks und sommerliche
Cocktails.

Pimpinelleblätter welken rasch. Daher unmittelbar nach dem Pflücken im Frischhaltebeutel im Kühlschrank aufbewahren.

KÜCHENTIPS

■ Das Pimpinellearoma wird noch intensiver, wenn man einige Spritzer Zitronensaft zum Gericht gibt.

■ Einen kräftigen Kräuteressig bekommt man, wenn man 2–3 Stengel Pimpinelle mit Essig in eine Flasche gibt und diese etwa 2 Wochen durchziehen läßt.

■ Pimpinelle darf nicht mitgekocht werden. Sie läßt sich sehr gut einfrieren.

REZEPTVORSCHLAG

Frankfurter Grüne Sauce

Für 4 Personen

2 Bund Petersilie

je 1 Töpfchen Pimpinelle, Sauerampfer, Schnittlauch, Majoran und Kerbel

2 Kästchen Kresse

2 hartgekochte Eier

200 g Crème fraîche

4 EL Öl

2 TL mittelscharfer Senf

75 g Joghurt

etwas Salz

schwarzer Pfeffer aus der Mühle

Alle Kräuter waschen, trockentupfen und hacken. Eier pellen und halbieren. Eigelb zu den Kräutern geben. Zusammen mit Crème fraîche mit einem Pürierstab pürieren. Öl darunterschlagen. Senf und Joghurt zugeben, mit Salz und Pfeffer würzen. Eiweiß fein würfeln, in die Sauce geben. Paßt zu kaltem Braten oder Siedefleisch.

PORTULAK

(Lat. Portulaca oleracea),
auch Burzelkraut oder Poste-
lein genannt.

Die einjährige, etwa 50 cm hohe
Pflanze mit ihren dickfleischigen,
eiförmigen grünen Blättern und
gelblichen Blüten gehört zur Fa-
milie der Portulakgewächse und
stammt wahrscheinlich aus Süd-
ostasien. Seit Tausenden von Jahren
ist Portulak schon als Küchen-
und Heilkraut bekannt.

GESCHMACK UND AROMA

Portulak schmeckt erfrischend,
leicht säuerlich und salzig.

VERWENDUNG

Die jungen Blätter schmecken
feingehackt in Salatsaucen,
Kräutersaucen und -suppen sowie Kräuterbutter und -quark.
Sie passen zu Tomaten, Gurken
und Paprika, aber auch zu
Fisch, Geflügel, Kalb, Rind
und Schwein.

LAGERUNG

Die Blätter welken schnell,
deshalb am besten gleich nach
dem Kauf ins Wasser stellen
oder im Frischhaltebeutel im
Kühlschrank aufbewahren.

 KÜCHENTIPS

■ Portulak darf nicht mitkochen, er verliert sonst sein
Aroma. Feingehackte Blätter
immer erst zum Schluß über
das Gericht streuen.

■ Vorsichtig dosieren, er ist
sehr salzig. Die jungen Blätter
lassen sich aber auch ideal
mit Öl, Essig und Pfeffer als
Salatsauce anmachen. Die älte-
ren Blätter ißt man wie Spinat.

RAUKE

(Lat. Eruca vesicaria ssp. sativa), auch Rucola, Roquette, Senfkohl, Ruke oder Öl-rauke genannt.

Die einjährige, bis zu 75 cm hohe Pflanze gehört zur Familie der Korbblütler und stammt ursprünglich aus einem Gebiet, das sich vom südlichen Mitteleuropa über die Mittelmeerländer bis hin nach Afghanistan erstreckte. Heute wird das Kraut, das den Römern übrigens schon vor Christi Geburt bekannt war, vor allem in Italien, Südfrankreich, Ägypten und Asien kultiviert. Man unterscheidet zwischen Echter Rauke und Wilder Rauke. Die Blätter der Echten Rauke sind 5–10 cm lang und erinnern an Radieschenblätter. Die Blätter der Wilden Rauke dagegen sind lang, schmal, gezackt und knackig. Da die Blätter der Echten Rauke rasch welken, wird zunehmend Wilde Rauke angeboten.

GESCHMACK UND AROMA

Rauke schmeckt scharfwürzig bis leicht bitter und hat ein nussiges Aroma. Ein bißchen erinnert der Geschmack an Kresse und Radieschen. Wilde Rauke ist kräftiger im Geschmack als Echte Rauke. Im Frühjahr und Herbst schmeckt Rauke übrigens milder als im Sommer.

VERWENDUNG

Das grünblättrige Kraut würzt Suppen, Saucen, Quarkgerichte und Eierspeisen. Außerdem ist Rauke zusammen mit gehobeltem Parmesan eine klassische Zugabe zum Carpaccio.

LAGERUNG

Rauke bleibt 1–2 Tage frisch, wenn man sie in ein feuchtes Tuch einschlägt und kühl aufbewahrt.

 KÜCHENTIP

Kaufen Sie junge, kleine Blätter ohne Druckstellen. Ältere sind oft bitter und zäh.

ROSMARIN

(Lat. Rosmarinus officinalis),
auch Weihrauchkraut oder
Maria Reinigung genannt.

Der immergrüne, holzige Strauch
mit seinen tannennadelähnlichen
Blättchen und blauen Blüten
gehört zur Familie der Lippenblüt-
ler und ist im Mittelmeerraum
beheimatet. Dort kannte man das
Kraut schon in der Antike, aller-
dings mehr als Kult- und Heil-
mittel. Die Griechen und Römer
flochten daraus Kränze für ihre
Götter, die Mönche im Mittelalter
heilten damit Husten und die
Pest. Und auch als Glücksbringer,
der die bösen Geister vertreiben
sollte, tat Rosmarin früher seine
Dienste. Als Küchengewürz war
Rosmarin zuerst in den Mittel-
meerländern und hier vor allem
in Italien beliebt, ehe es in die
deutsche Küche kam.

GESCHMACK UND AROMA

Die Blättchen schmecken
etwas harzigpikant und duften
stark aromatisch.

VERWENDUNG

Rosmarin gibt es frisch oder
getrocknet zu kaufen. Er würzt
Lamm, Kaninchen, Schweinefleisch, Wild und Geflügel.
Rosmarin paßt ebensogut zu
Gemüse, wie Tomaten, Zuc-
chini, Auberginen, Pilzen und
Hülsenfrüchten, auch darf er
auf keiner Pizza fehlen. Zudem
lassen sich Rosmarinzweige
ideal in Essig und Öl einlegen.

LAGERUNG

Frische Zweige halten sich
mehrere Tage, wenn man sie
im Frischhaltebeutel im Kühlschrank aufbewahrt oder in
frisches Wasser stellt. Getrockneten Rosmarin luftdicht verschlossen, kühl und dunkel
lagern.

ANWENDUNG
IN DER HEILKUNDE

Rosmarin wirkt gegen Erschöp-
fung und zu niedrigen Blutdruck, stärkt den Kreislauf und
beruhigt die Nerven.

Rosmarin

Blühender Rosmarin

KÜCHENTIPS

■ Rosmarin entfaltet sein Aroma erst so richtig durch Hitze. Man sollte ihn darum immer mitkochen, mitbraten oder grillen. Beim Grillen Zweige auf den Holzkohlegrill legen.

■ Kleine Zweige in der Speise mitgaren, vor dem Servieren aber wieder entfernen.

■ Entblätterte, verholzte Rosmarinzweige sind ideale Grillspieße für Gemüse- oder zarte Fleischstücke.

■ Getrocknete Rosmarin-nadeln immer erst ein biß-chen zwischen den Fingern zerreiben.

■ Rosmarin harmoniert vor allem mit Thymian und Knob-lauch. Vorsichtig dosieren, er würzt auch getrocknet sehr intensiv.

SALBEI

(Lat. Salvia officinalis), auch Griechischer Tee, Muskateller-kraut oder Zahnblatt genannt.

Der mehrjährige Halbstrauch mit seinen graugrünen ovalen und leicht runzelig behaarten Blätt-chen und helllilafarbenen Blüten wird bis zu 1 m hoch und gehört zur Familie der Lippenblütler. Wie viele andere Kräuter, die äthe-rische Öle enthalten, stammt er aus dem Mittelmeergebiet und war schon von den alten Römern als Heilmittel geschätzt. Der Name „salvius" leitet sich von „salvere" = „gesund sein" ab. Karriere als Küchenkraut machte Salbei erst im Mittelalter, wo man vor allem fette Speisen, aber auch Met, Bier und Wein damit würzte.

GESCHMACK UND AROMA

Salbei schmeckt würzigbitter, ein bißchen nach Kampfer und duftet kräftigaromatisch.

VERWENDUNG

Salbei gibt es frisch, getrock-net – gehackt oder gemahlen – und tiefgefroren. Er paßt sehr gut zu Hackfleisch- oder Geflügelfüllungen, aber auch generell zu Kalb, Rind, Schwein und Leber. Er ist ein unbeding-tes Muß an der italienischen Spezialität Saltimbocca, Kalbsschnitzel mit Salbei und Schinken. Außerdem würzt er Hülsenfrüchte, Tomaten-, Eier- und Nudelgerichte.

LAGERUNG

Frische Blätter kann man im Frischhaltebeutel im Kühl-schrank mehrere Tage lagern. Getrockneten Salbei luftdicht verschlossen, kühl und dunkel aufbewahren.

ANWENDUNG

IN DER HEILKUNDE

Salbei gilt als entzündungs-hemmend, schmerzstillend und krampflösend, aber wirkt auch schweißhemmend, leicht blutdrucksenkend und blut-reinigend.

Salbei

Blühender Salbei im Kräutergarten

KÜCHENTIPS

■ Das volle Salbeiaroma entfaltet sich erst beim Anbraten in Fett oder beim Mitkochen.

■ Getrockneter Salbei würzt stärker als frischer, deshalb vorsichtig dosieren. Er kann sonst leicht bitter, fast seifig schmecken.

■ Eine besonders aromatische Salbei-Sorte ist der Ananassalbei (lat. Salvia rutilans). Mit seinem ausgeprägtem süßen Ananasaroma würzt das Kraut Obstsalate, Kuchen sowie mexikanische Salsas, aber auch Cocktails und Mixgetränke. Man kann Ananassalbei auch gut zum Dekorieren von Süßspeisen und Sorbets verwenden.

SAUERAMPFER

(Lat. Rumex acetosa), auch Sauerblätter, Sauergras oder Gartenampfer genannt.

Das bis zu 1 m hohe Kraut mit seinen pfeilartigen dunkelgrünen Blättern und den rotblühenden Rispen gehört zur Familie der Knöterichgewächse. Man findet es im Frühling auf feuchten Wiesen, an Feldwegen und Bachrändern. Eine kultivierte Art wird im Garten gezogen. Sauerampfer enthält viele Mineralstoffe und Vitamin C.

GESCHMACK UND AROMA

Durch seinen hohen Gehalt an Oxalsäure schmeckt Sauerampfer leicht säuerlich, etwas bitter und duftet aromatisch frisch.

VERWENDUNG

Die jungen, zarten Blätter würzen Suppen, Salate, Saucen sowie Gemüse, wie Spinat, aber auch Fisch- und Geflügelgerichte, Lamm und Kalbfleisch.

LAGERUNG

Frische Blätter können im Frischhaltebeutel im Kühlschrank kurzfristig lagern. Zum Trocknen eignet sich Sauerampfer nicht.

ANWENDUNG

IN DER HEILKUNDE

Sauerampfer wirkt appetitanregend, blutreinigend und harntreibend.

 KÜCHENTIPS

■ Sobald Sauerampfer erhitzt wird, färbt er sich braun. Seine Würzkraft bleibt jedoch erhalten.

■ Er läßt sich auch einfrieren. Feingehackte Blätter mit wenig Wasser in eine Eiswürfelschale füllen und einfrieren.

SCHNITTLAUCH

**(Lat. Allium schoenoprasum),
auch Gras-, Binsenlauch
oder Schnittling genannt.**

*Die mit der Zwiebel verwandte
mehrjährige Pflanze mit ihren
kahlen, röhrenförmigen Blättern
und den kleinen lilavioletten
Blüten gehört zur Familie der
Liliengewächse. Den wildwachen-
den Schnittlauch, dessen Name
aus dem griechischen: „schoinos"
= „Binse" und „prason" = „Lauch",
also Binsenlauch, abgeleitet wird,
kannte man schon im Mittelalter.
Zu der Zeit war er nicht so sehr
als Küchenkraut, sondern vor allem
als Mittel gegen Magenbeschwerden, Melancholie und Zauberei
geschätzt. Nach der Petersilie ist
Schnittlauch übrigens das beliebteste Küchenkraut. Ganz frisch verwendet hat es einen hohen Anteil
an Vitamin C.*

GESCHMACK UND AROMA
Schnittlauch schmeckt würzig-
frisch und duftet stark nach
Zwiebeln.

VERWENDUNG
Schnittlauch gibt es frisch und
tiefgefroren zu kaufen. Er paßt
mit seinem Zwiebelaroma vor
allem an grüne und gemischte
Salate sowie an herzhafte
Salate mit Fleisch, Kartoffeln,
Fisch und Nudeln. Schnittlauch gehört auch an Mayon-
naise-, Joghurt- und Quark-
sowie Sahnesaucen. Er würzt
Kräuterbutter, Kräutersuppen
und Eierspeisen, wie Omeletts
und Rührei, aber auch Käsegerichte.

LAGERUNG
Schnittlauch nach dem Einkauf sofort vom Gummiband
befreien und ihn ins Wasser
stellen. In einem Frischhaltebeutel im Kühlschrank bleibt
Schnittlauch ebenfalls ein paar
Tage frisch.

KÜCHENTIPS

■ Schnittlauch sollte nie gehackt, sondern immer mit einem scharfen Messer oder einer Küchenschere zu Röllchen geschnitten werden.

■ Geschnitten sollte er sofort verwendet werden, sonst fängt er an, unangenehm zu riechen.

■ Schnittlauch mag keine Hitze, deshalb immer erst zum Schluß über die Speisen streuen.

■ Er verträgt sich gut mit Petersilie, Basilikum, Estragon, Kerbel und Knoblauch.

REZEPTVORSCHLAG

Kräuter-frischkäse

Für 4 Personen

150 g Joghurt
250 g Doppelrahmfrischkäse
1 Zwiebel
2 EL gehackte Petersilie
2 EL gehackte Zitronenmelisse
2 EL Schnittlauchröllchen
Salz
schwarzer Pfeffer
1 Prise Zucker
3 EL Zitronensaft
Zitronenmelisse zum Garnieren

Den Joghurt mit dem Frischkäse in einer Schüssel glattrühren. Die Zwiebel schälen, fein hacken und zusammen mit den Kräutern unter die Frischkäsemasse ziehen. Mit Salz, Pfeffer, Zucker und Zitronensaft abschmecken. Zum Schluß mit Zitronenmelisse garnieren.

SCHNITTLAUCH-KNOBLAUCH

(Lat. Allium tuberosum),
auch Schnittknoblauch,
Chinesischer Schnittlauch,
Chinalauch oder Knolau
genannt.

Die mehrjährige, bis zu 50 cm
hohe Staude mit ihren langen,
flachen, etwa 0,5 cm breiten
Blättern und ihren weißen Blüten
gehört, wie der Schnittlauch,
zur Familie der Liliengewächse.
In Indien und China wird er schon
seit Jahrhunderten kultiviert,
heute wird er auch in Kalifornien
angebaut.

GESCHMACK UND AROMA

Schnittlauchknoblauch
schmeckt und riecht wie
Schnittlauch mit einem
leichten Knoblaucharoma.

VERWENDUNG

Blätter und Stengel kann man
wie herkömmlichen Schnittlauch verwenden. Sie passen
gut zu Salaten, Kräutersaucen
und -suppen, Gemüseein-
töpfen, aber auch zu Quark-,
Joghurt- und Sahnesaucen
sowie Eiergerichten. Feingehackt eignet sich Schnittlauchknoblauch auch als Brotbelag. Die eßbaren Blüten
dekorieren Suppen und Salate,
man kann sie aber auch in
heißem Öl fritieren.

LAGERUNG

Blütenstengel halten sich im
Frischhaltebeutel im Gemüsefach des Kühlschranks etwa
1 Woche, die Blätter dagegen
nur 3–4 Tage.

 ### KÜCHENTIPS

■ In Asienläden bekommt
man Schnittlauchknoblauch
das ganze Jahr über.

■ Nicht mehr ganz so frischen
Schnittlauchknoblauch erkennt
man an bereits geöffneten Blüten. Ihn sollte man nur kaufen,
wenn man die Blüten als
Dekoration verwenden will.

Blühende Süßdolde

SÜSSDOLDE

(Lat. Myrrhis odorata), auch Myrrhenkerbel genannt.

Die mehrjährige, bis zu 1 m hoch werdende Pflanze mit ihren zarten, farnartigen Blättern und den weißen Blüten gehört zur Familie der Doldengewächse. Die Süßdolde stammt ursprünglich aus dem französischen Savoyen. Heute ist sie in ganz Europa, aber auch in Nordamerika beheimatet. Als Küchenkraut ist sie ein bißchen in Vergessenheit geraten.

GESCHMACK UND AROMA

Die Pflanze schmeckt süßlich und duftet ein bißchen nach Anis und Liebstöckel.

VERWENDUNG IN DER KÜCHE

Die zarten Blätter würzen Salate, Salatsaucen und Kräutersaucen, aber auch Quark und Joghurt sowie Eier und Kohlgerichte. Sie passen aber auch sehr gut in Obstsalat. Gehackte, unreife Samen gibt man in Cremespeisen, Reispudding und Obstsalat. Ganze, reife Samen verwendet man wie Gewürznelken. Die Wurzeln der Süßdolde können gekocht und warm als Gemüse gegessen werden.

LAGERUNG

Frische Blätter im Frischhaltebeutel im Gemüsefach des Kühlschranks aufbewahren.

KÜCHENTIPS

■ Die Süßdolde reduziert bei Rhabarber- und Stachelbeerkompott die Säure.

■ Außerdem verstärkt sie den Eigengeschmack aller mitverwendeten Kräuter.

■ Sie harmoniert besonders gut mit Lorbeer, Minze und Zitronenmelisse.

THYMIAN

(Lat. Thymus vulgaris), auch Gartenthymian oder Echter Thymian, Römischer oder Welscher Quendel genannt.

Das mehrjährige, bis zu 40 cm hohe Kraut mit seinen kleinen dunkel- bis graugrünen Blättchen und rosalilafarbenen Blüten gehört zur Familie der Lippenblütler und stammt ursprünglich aus dem Mittelmeerraum. Sein Name wird vom griechischen „thymos" = „Mut, Kraft" abgeleitet, was auf eine kräftig stimulierende Wirkung des Gewürzes hinweist. Römische und vermutlich auch schon griechische Ärzte sowie Köche schätzten das Kräutlein. Im Mittelalter spielte Thymian vor allem in der französischen Küche eine große Rolle. Zu uns nach Deutschland kam er erst im 16. Jh. n. Chr. und zwar noch nicht mal als Gewürz, sondern als Grabbeigabe.

GESCHMACK UND AROMA

Thymian schmeckt kräftig herzhaft, leicht herb und ein bißchen majoranähnlich. Er duftet intensiv aromatisch.

VERWENDUNG

Thymian gibt es frisch und getrocknet zu kaufen. Getrocknet bekommt man ihn gemahlen und als ganze Blättchen. Er würzt besonders gut Gerichte aus dem Mittelmeerraum mit Gemüsen, wie Tomaten, Zucchini und Auberginen. Er gehört in Kräuter- und Bratensaucen, aber auch in Kartoffel-, Linsen-, Bohnen- und Erbsensuppe sowie Kohleintöpfe. Außerdem paßt Thymian gut zu Rind, Schwein, Geflügel, Lamm und Hackfleisch, wie auch zu Muschel- und Fischgerichten. In Terrinen, Pasteten und Ragouts sollte Thymian ebenfalls nicht fehlen.

LAGERUNG

Frische Blätter halten sich im Frischhaltebeutel im Kühlschrank einige Tage. Getrocknete und gemahlene Blätter luftdicht verschlossen, kühl und dunkel lagern.

Zitronenthymian

ANWENDUNG

IN DER HEILKUNDE

Thymian wirkt beruhigend, entwässernd, verdauungsfördernd und fiebersenkend.

KÜCHENTIPS

■ Das kräftige Thymianaroma entwickelt sich besonders gut beim Mitkochen oder Schmoren. Doch vorsichtig dosieren, es ist sehr intensiv.

■ Thymian harmoniert mit Rosmarin, Majoran, Salbei und Bohnenkraut.

■ Thymian läßt sich gut einfrieren und trocknen. Bringen Sie sich aus Italien oder Südfrankreich getrocknete Blätter des wilden Thymians mit. Er ist zehnmal so intensiv wie frischer Thymian aus unseren Breiten.

■ Ein besonders aromatischer Verwandter des Gartenthymians ist der Zitronenthymian (lat. Thymus citriodorus). Er duftet ein wenig nach Zitrone und hat ansonsten den typischen Thymiangeschmack. Man bekommt ihn im Sommer auf unseren Märkten. Er würzt pikante Speisen, aber auch Desserts und Obstsalate. Außerdem läßt sich aus ihm ein aromatischer Tee brühen.

TRIPMADAM

(Lat. Sedum reflexum), auch Steinkraut oder Fetthenne genannt.

Das mehrjährige, 15–20 cm hohe Kraut mit seinen fleischigen, immergrünen Blättchen und gelben sternförmigen Blüten gehört zur Familie der Dickblattgewächse und ist ein Verwandter des Mauerpfeffers.
Vor allem als Zierpflanze ist der Bodendecker in ganz Europa verbreitet. Der Name Tripmadam kommt übrigens aus dem Französischen und soll „Frauengedärme" oder „quabblige Madam" bedeuten.

GESCHMACK UND AROMA
Die saftigen Blätter schmecken leicht säuerlich.

VERWENDUNG
Die Blätter würzen Salate und Rohkostgerichte, Kräuterdressings sowie Kräuter- und Gemüsesuppen. Sie passen zu kalten Fisch- und Fleischgerichten sowie zu in Butter geschwenkten Kartoffeln. In Essig eingelegt, schmecken die Blätter hervorragend zu Grillgerichten.

LAGERUNG
Die Blätter bleiben im Frischhaltebeutel im Gemüsefach des Kühlschranks ein paar Tage frisch.

ANWENDUNG
IN DER HEILKUNDE
Tripmadam gilt als harntreibend und krampfstillendes Mittel.

 KÜCHENTIPS

■ Tripmadam wird entweder zu Mus gedrückt – ideal als Suppenwürze – oder feingehackt.

■ Man kann sie nicht trocknen. Leicht zerdrückt verstärkt sich übrigens ihr Geschmack.

WALDMEISTER

(Lat. Asperula odorato),
auch Maikraut, Leberkraut
oder Herzfreude genannt.

Das ausdauernde, bis zu 20 cm
hohe Kraut mit seinen länglichen
dunkelgrünen Blättern und den
weißen Blüten gehört zur Familie
der Rötegewächse. Waldmeister
wächst überall in Europa wild im
Buchenwald oder als Bodendecker
unter schattigen Bäumen im
Garten. Sein Name leitet sich ver-
mutlich vom niederdeutschen Wort
„Möschen" ab, was wieder mit
Moschus verwandt ist und auf den
Wohlgeruch des Krauts schließen
läßt, den Waldmeister vor allem zur
Blütezeit im Mai verströmt. Das
thypische Waldmeisteraroma
kommt übrigens vom Glykosid, das
erst beim Welken den Duftstoff
Cumanin entwickelt.

GESCHMACK UND AROMA

Waldmeister schmeckt bitter,
riecht aber angenehm würzig
und ein bißchen nach frischem
Heu.

VERWENDUNG

Waldmeister ist unentbehrlich
in der Maibowle, die übrigens
erstmals im Jahre 854 n. Chr.
von einem Benediktinermönch
kreiert wurde. Er paßt zu
Obstsalaten, frischen Erdbeeren, Süßspeisen und Eis, aber
auch zu jungem Käse.

LAGERUNG

Angewelkte Blättchen kühl
und vor allem dunkel aufbewahren.

 KÜCHENTIPS

■ Waldmeister enthält das
krebsverdächtige Cumanin. Er
darf daher nicht mehr für
Essenzen verwendet werden.
Doch ein paar Blättchen sind
gesundheitlich unbedenklich.

■ Waldmeister immer etwas
anwelken lassen, bevor man
ihn in die Bowle gibt. Nicht
länger als 10 Minuten darin
ziehen lassen.

WEINRAUTE

(Lat. Ruta graveolens),
auch Gartenraute, Raute
oder Edelraute genannt.

Der ausdauernde, etwa 50 cm
hohe Halbstrauch mit seinen fein-
geteilten bläulichgrünen Blättern
und gelben Blüten gehört zur
Familie der Rautengewächse. Die
ursprünglich aus dem Süden
Europas stammende Pflanze galt
im antiken Griechenland als
bewährtes Mittel gegen Schlangen-
bisse. Bei den Römern war sie
nach Pfeffer, Liebstöckel und Kreuz-
kümmel das beliebteste Küchen-
kraut.

GESCHMACK UND AROMA

Weinraute schmeckt aroma-
tisch und stark bitter. Sie hat
ein würziges Aroma.

VERWENDUNG

Ganze Blätter nimmt man zum
Einlegen von Gurken und
Tomaten. Feingehackt würzen
sie Fleisch- und Pastetenfül-
lungen, aber auch helle Fleisch-
ragouts und Gemüsesuppen.
Zu Pilzen, Salaten und Fischsud paßt ebenfalls die Weinraute.

LAGERUNG

Im Frischhaltebeutel hält sich
Weinraute im Kühlschrank
einige Tage.

ANWENDUNG
IN DER HEILKUNDE

Weinraute wirkt verdauungsfördernd und fördert den
Appetit.

 KÜCHENTIPS

■ Raute immer sehr sparsam
dosieren, weil das Kraut sonst
zu stark vorschmeckt.

■ Raute findet man nur sehr
selten auf dem Markt. Wenn
Sie einen Kräutergarten besit-
zen, sollten Sie sich eine junge
Pflanze vom Gärtner besorgen,
weil es nicht einfach ist, Weinraute aus Samen zu ziehen.

YSOP

(Lat. Hyssopus officinalis),
auch Josefskraut, Eisenkraut
oder Weinespe genannt.

Der etwa 50 cm hohe, mehrjährige
Halbstrauch mit seinen mittel-
grünen, lanzettähnlichen Blättern
und bläulichen Blüten stammt
vermutlich aus dem Nahen Osten,
denn der Name Ysop ist arabi-
schen Ursprungs.
Im Mittelalter zogen ihn die Bene-
diktinermönche in ihren Kloster-
gärten als Heilmittel gegen Kopf-
weh und Lepra, ehe er dann
zunehmend auch für die Küche
entdeckt wurde.

GESCHMACK UND AROMA
Ysop schmeckt leicht bitter,
kampferartig. Die Blätter riechen würzig, schwach süßlich.

VERWENDUNG
Frische Ysopblätter würzen
grüne und gemischte Salate,
Kartoffelsuppe und Eintöpfe
mit Hülsenfrüchten. Ysop paßt
gut zu Fleisch-, Fisch-, und
Geflügelragouts, aber auch zu
Saucen, Kräuterbutter und
Mayonnaise.

LAGERUNG
Ysopblätter bleiben im Frischhaltebeutel im Kühlschrank
einige Tage frisch.

 ### KÜCHENTIPS

■ Ysop am besten immer nur
frisch verwenden. Man kann
ihn auch trocknen, allerdings
verliert er schnell seine Würzkraft. Dafür lassen sich die
Blätter ideal einfrieren.

■ Den würzigsten Geschmack
entfaltet das Kraut kurz vor
der Blüte und während der ersten Blühtage.

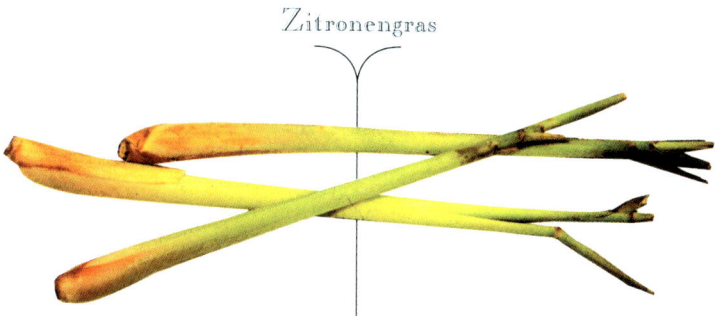

ZITRONENGRAS

***(Lat. Cymbopogon flexuosus),
auch Zitronellgras
oder Malabargras genannt.***

*Die etwa 1 m hohe, mehrjährige
Staude mit ihren scharfkantigen,
schilfartigen Halmen ist Mitglied
der Gräserfamilie. Zitronengras
stammt ursprünglich aus Südindien
und Ceylon. Heute wird es aber im
gesamten südostasiatischen Raum
und in Südamerika angebaut.*

GESCHMACK UND AROMA

Durch seinen sehr hohen Anteil an ätherischem Zitronen-
grasöl duftet Zitronengras
beim Zerreiben stark nach Zitronen. Es schmeckt wie eine
Mischung aus Zitronen, Gras
und Ingwer.

VERWENDUNG

Zitronengras gibt es frisch –
vor allem in Asienläden – getrocknet und gemahlen.
Es spielt in der thailändischen,
indischen, vietnamesischen
und indonesischen Küche eine
große Rolle. Man verwen-
det vor allem die unteren,
10 – 15 cm langen weißen En-
den. Das obere Blattgrün ist
oft faserig. Zitronengras würzt
Salate, klare Fisch- und Hüh-
nersuppen, aber auch Hühner-
ragouts, Currys, Schmor-
gerichte und Meeresfrüchte.

LAGERUNG

Frisches Zitronengras kann
man im Frischhaltebeutel im
Kühlschrank mehrere Tage
lagern. Getrocknetes Gras in
festverschlossenen Behältern
ebenfalls im Kühlschrank
aufbewahren. Gemahlenes
Zitronengras luftdicht verschlossen, kühl und dunkel
lagern.

KÜCHENTIPS

■ Getrocknetes Zitronengras vor der Zubereitung in heißem Wasser einweichen.

■ 1 TL gemahlenes Zitronengras entspricht 1 frischem Halm.

■ Wer kein frisches Zitronengras bekommt, kann als Ersatz abgeriebene Zitronenschale und zusätzlich ein bißchen Ingwer nehmen.

REZEPTVORSCHLAG

Hühnersuppe mit Zitronengras

Für 4 Personen

| 2 Stengel Zitronengras |
| 1 Stück frisches Galgant (etwa 5 cm lang) |
| 3 Kaffirzitronenblätter |
| 1 Dose Kokosmilch (400 ml) |
| 250 g Austernpilze |
| 2 Tomaten, 3 Chilischoten |
| 500 g Hühnerbrustfilet |
| 4 EL Zitronensaft |
| 4 EL Fischsauce |
| frisches Koriandergrün |

Zitronengras waschen und in etwa 3 cm große Stücke schneiden. Galgant waschen, in dünne Scheiben schneiden. Zitronenblätter vierteln. Kokosmilch erhitzen, Zitronengras, Zitronenblätter und Galgant hineingeben und bei mittlerer Hitze ohne Deckel etwa 2 Minuten kochen lassen. $3/4$ l Wasser angießen. Dann das in 1 cm breite Streifen geschnittene Hühnerfleisch, die in mundgerechte Stücke geschnittenen Pilze und die geviertelten Tomaten dazugeben, bei schwacher Hitze offen weitere 5 Minuten kochen. Chilis, Zitronensaft und Fischsauce in die Suppe geben. Galgant und Zitronengras vor dem Servieren herausfischen. Mit gehacktem Koriander garnieren.

ZITRONENMELISSE

**(Lat. Melissa officinalis),
auch Melisse, Zitronell,
Bienen- oder Herzkraut
oder Frauenwohl genannt.**

*Die ausdauernde, 60–100 cm
hohe Pflanze mit ihren herzförmi-
gen grünen Blättern und den
bläulichweißen bis gelblichweißen
Blüten gehört zur Familie der
Lippenblütler und stammt vermutlich aus dem östlichen Mittelmeerraum. Im Altertum schätzte
man sie als Bienenweide, daher
auch ihr Name. Denn „Melissa"
oder „melitta" heißt auf griechisch
„Biene". Im Mittelalter war Zitronenmelisse vor allem ein gefragtes
Heilkraut gegen Gedächtnis-
störungen und Frauenleiden.*

GESCHMACK UND AROMA

Zitronenmelisse schmeckt und
riecht frisch nach Zitronenschale.

VERWENDUNG

Zitronenmelisse gibt es frisch
und getrocknet. Sie schmeckt
aber am besten frisch. Die frischen Blätter würzen grünen
Salat und Rohkost, aber auch
Kräutersaucen, Kräuterbutter
und Kräuterquark. Sie passen
zu gebratenem und gekochtem
Fisch, Wild- und Geflügelbra-
ten sowie kaltem Fleisch, aber
auch zu Tomaten, Gurken, jungen Kartoffeln, Pilzen. Außerdem geben sie Süßspeisen und
Kompott sowie Bowlen und
Sommerdrinks die richtige
Würze.

LAGERUNG

Frische Blätter möglichst erntefrisch verwenden. Im Frischhaltebeutel halten sie sich im Kühlschrank ein paar Tage. Getrocknete Zitronenmelisse luftdicht verschlossen kühl und dunkel lagern.

KÜCHENTIPS

■ Frische Zitronenmelisse nicht mitkochen lassen, sie verliert sonst ihr Aroma. Allerdings läßt sie sich gut einfrieren.

■ Zum Trocknen am besten die Blätter der zweiten Ernte verwenden. Sie sind kleiner.

■ Als Alternative zur Zitronenmelisse kann man auch die Zitronenverbene, eine aus Südamerika stammende Pflanze, verwenden. Ihre Blätter muß man nicht zerreiben. Sie geben ihr Aroma auch noch getrocknet äußerst intensiv ab. Hier reichen nur wenige Blättchen.

REZEPTVORSCHLAG

Erdbeer- kaltschale

Für 4 Personen

1 kg Erdbeeren

5 EL Puderzucker

1 Päckchen Vanillezucker

1/2 unbehandelte Zitrone

2 EL Vollmilchjoghurt

2 EL Erdbeerlikör

einige Blättchen Zitronenmelisse

Die Erdbeeren etwas kleinschneiden und mit Puderzucker und Vanillezucker mischen. Die Zitrone heiß abwaschen und abtrocknen. Die Zitronenschale fein abreiben, den Saft auspressen und beides zu den kleingeschnittenen Erdbeeren geben. Die Beeren im Mixer pürieren. Das Püree zugedeckt mindestens 1 Stunde im Kühlschrank durchziehen lassen. Das Erdbeerpüree in Schälchen geben. Den Joghurt mit dem Erdbeerlikör glattrühren und auf das Püree geben. Die Zitronenmelisseblättchen in feine Streifen schneiden und die Kaltschale damit bestreuen.

Zitronenblätter

ZITRONENBLÄTTER

Auch Kaffirlimettenblätter genannt.

Die dunkelgrünen glänzenden Doppelblätter des Kaffirlimetten-baumes sind charakteristisch für die thailändische und indonesiche Küche. Man bekommt sie frisch oder getrocknet in Asienläden. Die frischen Blätter sitzen oft noch an den Zweigen.

GESCHMACK UND AROMA
Zitronenblätter schmecken und riechen würzig nach Zitronen.

VERWENDUNG
Frisch oder getrocknet wür-zen die Blätter Suppen, Mari-naden und Currys.

LAGERUNG
Frische Blätter kann man im Frischhaltebeutel im Kühl-schrank ein paar Tage lagern. Getrocknete Blätter luft-dicht verschlossen, kühl und dunkel aufbewahren.

 KÜCHENTIPS

■ Zitronenblätter werden ent-weder im Ganzen mitgekocht oder in haarfein geschnittenen Streifen unter die Gerichte gemischt.

■ Ganze Blätter vor dem Ser-vieren herausfischen, klein-geschnittene Blätter können mitgegessen werden.

■ Die Blätter lassen sich sehr gut einfrieren.

Würzsaucen und -pasten

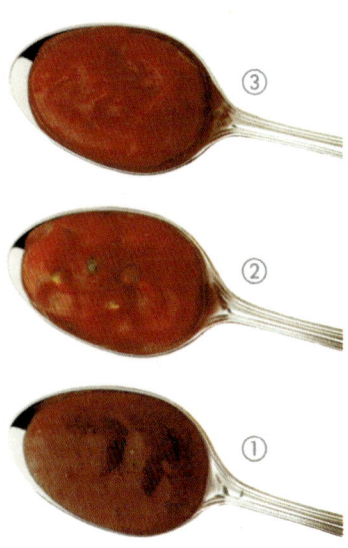

③

②

①

CHILI- UND PFEFFERSAUCEN

Sie sind dick- und dünnflüssig, hellrot oder leicht bräunlich, höllischscharf oder süßlichfeurig und sie kommen aus aller Welt. Sowohl auf den Westindischen Inseln, in Nord- und Südamerika, aber auch in Asien sind Chili- und Pfeffersaucen eine begehrte Würzzutat.

Ursprünglich stammen sie aus Süd- und Mittelamerika. Schon die Azteken und Mayas kannten Chilis als Grundzutat für feine Saucen. Aus der Neuen Welt brachten die Spanier Chilis mit nach Europa, und von dort gelangten sie dann in den Fernen Osten.

Man unterscheidet in folgende Saucenarten: chinesische und koreanische Chilisaucen, karibische Pfeffersaucen, thailändische und malaysische Chilisaucen sowie Tabasco.

CHINESISCHE UND KOREANISCHE CHILISAUCEN ①

Sie werden aus gesalzenen und fermentierten Chilischoten gewonnen und mit Knoblauch, Salz, Zucker und Essig vermischt. In der Regel sind sie dünnflüssig und feurigscharf.

KARIBISCHE PFEFFERSAUCEN ②

Mischung aus frischen, gehackten Chilis, Zwiebeln, Essig und Gewürzen. Es gibt rote Saucen, denen Tomaten zugefügt sind, und gelbe mit Kurkuma. Karibische Pfeffersaucen sind sehr scharf und dünnflüssig.

THAILÄNDISCHE UND MALAYSISCHE CHILISAUCEN ③

Sie werden aus frischen oder konservierten Chilis, verschiedenen Gewürzen, wie Ingwer, und Essig zubereitet. Ihre Schärfe wird oft durch Tomatenmark etwas abgemildert. Sie sind zumeist dickflüssig.

TABASCO

Für die extrem scharfe, aus Louisiana stammende Sauce werden reife Tabasco-Chilis zu einem Brei vermahlen und mit Salz gemischt. Der Brei gärt mindestens 3 Jahre in Eichenfässern. Dann wird er umgefüllt, mit Essig vermischt und während der nächsten 30 Tage immer wieder durchgerührt. Danach filtert man ihn und füllt ihn dann in Flaschen ab. Tabasco wurde von einem gewissen Edmund McIlhenny auf Avery Island im Mississippidelta erfunden. Und noch heute wird er nach der gleichen Methode von der Familie Tabasco hergestellt.

GESCHMACK UND AROMA

Je nach Verarbeitung extrem scharf bis süßlichscharf.

VERWENDUNG

Die dickflüssigen Chilisaucen passen zu Omeletts, gegrilltem Fleisch, Fisch und Geflügel, aber auch zu Salaten und zu deftigen Schmorgerichten. Sie sind auch ideal zum Bestreichen von Hühnerfleisch oder Steaks vor und während des Grillens. Außerdem ergeben sie hervorragende Dips oder Fonduesaucen.
Die dünnflüssigen Chili- und Pfeffersaucen sowie Tabasco würzen Suppen und Saucen, Ragouts von Fisch, Fleisch, Geflügel und Gemüse, aber auch Wildgerichte, Pasteten sowie Mixgetränke, wie Bloody Mary.

LAGERUNG

Die Saucen halten sich angebrochen im Kühlschrank mehrere Wochen. Achten Sie bei ungeöffneten Flaschen auf das Haltbarkeitsdatum.

KÜCHENTIPS

■ Dünnflüssige Pfeffersaucen und Tabasco nur tropfenweise verwenden, da sie höllisch scharf sind. Wenn Sie beim Abzählen der Tropfen ganz sicher sein wollen, geben Sie Tabasco oder Pfeffersauce erst auf einen Teelöffel und dann zu den Zutaten.

■ Wenn Sie Fan der teuflisch scharfen Küche sind, können Sie am Tisch mit Chilisaucen oder Tabasco nachwürzen.

REZEPTVORSCHLAG
Gefüllte Eier

Für 4 Personen

| 6 hartgekochte Eier |
| 2–3 Scheiben roher Schinken |
| 1 EL feingehackte, grüne Paprika |
| 1 feingehackte Frühlingszwiebel |
| ¹⁄₂ TL frisch gepreßter Zitronensaft |
| 2 EL Mayonnaise |
| 2 EL Dijon-Senf |
| 1 Msp. Cayennepfeffer |
| 1 Msp. Rosenpaprika |
| 1–2 Tropfen Tabasco |

Die Eier pellen und längs halbieren. Das Eigelb herauslösen und in einer kleinen Schüssel mit einer Gabel zerdrücken. Den Schinken in ganz kleine Würfel schneiden, mit den zerdrückten Eigelben, der Paprika und Zwiebel sowie den restlichen Zutaten vermengen. Diese Mischung in die Eier füllen und diese als leichtes Abendessen oder Vorspeise servieren.

CHUTNEYS

(sprich: schatnä)

*Chutneys sind dickflüssige Würz-
saucen aus Früchten oder Gemüse
sowie Essig, Zucker und Gewürzen.
Sie haben eine marmeladenähnli-
che Konsistenz und werden zumeist
nach den Früchten benannt, mit
denen sie zubereitet sind. Das bei
uns bekannteste Chutney ist das
Mangochutney. Ein Chutney kann
aber auch aus Tomaten, Zwiebeln
oder Pilzen, Äpfeln, Pflaumen oder
Zitrusfrüchten zubereitet werden.
Klassische Gewürze für Chutneys
sind Zimt, Ingwer, Nelken, Piment
und Kardamom, oft werden
auch Rosinen zugesetzt. Erfinder
der Chutneys sind die Inder, die zu
jeder Reistafel und zu fast jedem
Currygericht Chutneys in kleinen
Schälchen auf den Tisch stellen.
Dort heißen die Chutneys „chatni",
was soviel wie „scharf gewürzt"
bedeutet. Im 19. Jh. n. Chr. brachten heimkehrende, britische
Kolonialherren die Rezepte mit
nach England, wo Chutneys
seither eine beliebte Würze oder
auch Beilage sind.*

GESCHMACK UND AROMA

Chutneys schmecken süß-
säuerlich, meistens scharf.

VERWENDUNG

Sie passen als Beilage zu Reisgerichten, Fondues, kurzgebratenem Fisch, aber auch zu
Rind, Schwein, Kalb, Geflügel.
Sie würzen helle und dunkle
Saucen und vor allem die typisch indischen Currygerichte.

LAGERUNG

Kühl und dunkel aufbewahrt,
halten sich Chutneys normaler-
weise ein halbes Jahr. Angebrochene Gläser und Flaschen
im Kühlschrank lagern und
innerhalb von 14 Tagen verbrauchen.

 KÜCHENTIP

Wer Chutney als Würze ein-
setzt, sollte sparsam mit Salz
umgehen. Denn die Würzsaucen sind schon pikant genug.

CURRYPASTEN

Würzpasten aus frischen oder getrockneten Chilis, Koriander- und Ingwerwurzeln, Knoblauch, Zwiebeln sowie Gewürzen. Sie werden vorwiegend in der thailändischen, indonesischen und indischen Küche verwendet. Es gibt sie in unterschiedlichen Farben, Zusammenstellungen und Geschmacksrichtungen. Hier die wichtigsten Sorten:

ROTE CURRYPASTE
(Thail. Gaeng pet) ①
Paste aus getrockneten, roten Chilis, Koriandersamen, Kreuzkümmel, Knoblauch, Zitronengras sowie Korianderwurzeln, Zitronenschale und -blättern, Ingwer und Garnelenpaste. Sie schmeckt sehr pikant.

Paßt gut zu Currys mit Rind, Lamm und Geflügel.

GRÜNE CURRYPASTE
(Thail. Gaeng kiau wan) ②
Hier werden die roten Chilis durch frische grüne Chilis ersetzt. Außerdem gibt man noch gehackte Schalotten dazu. Sie schmeckt aromatisch und frisch. Paßt gut zu Currys mit Gemüse.

MASSAMAM-PASTE
Mischung aus getrockneten, entkernten roten Chilis, Koriander, Kreuzkümmel sowie Zimt, Nelken, Sternanis, Kardamom und Schalotten. Sie schmeckt mildwürzig, und leicht süßlich. Paßt gut zu Currys mit Kartoffeln oder Fisch.

GETROCKNETE CURRY-PASTE

(Thail. Panaeng)

Mischung aus getrockneten, entkernten roten Chilischoten, Schalotten, Knoblauch, Zitronengras, Ingwer, Koriander, Kreuzkümmel und Garnelenpaste sowie gerösteten Erdnüssen. Schmeckt sehr pikant. Paßt gut zu Schweinefleisch und Geflügel.

LAGERUNG

Durch die konservierende Wirkung des Ingwers bleiben Currypasten sehr lange haltbar, sogar ohne Kühlung. Angebrochene Pasten jedoch immer im Kühlschrank aufbewahren.

KÜCHENTIP

Currypasten lassen sich ideal dosieren, da man sie direkt in die Speisen einrühren kann. Doch vorsichtig, sie sind sehr scharf. Oft reichen schon 2–3 EL Paste an ein Gericht für 4 Personen.

REZEPTVORSCHLAG

Thailändisches Muslimcurry

Für 4 Personen

250 ml Kokosnußcreme

2 EL Öl, 1 Knoblauchzehe

1 EL Massamam-Paste

180 g Rinderfilet

2 EL Zitronensaft, 1 TL Zucker

3 TL asiatische Fischsauce

1/4 l Fleischbrühe

2 kleine Kartoffeln

2 EL geröstete Erdnüsse

2 Frühlingszwiebeln

Die Kokosnußcreme erhitzen. Im Wok das Öl erhitzen. Gehackten Knoblauch darin andünsten. Massamam-Paste hineingeben und die Hälfte der Kokosnußcreme einrühren. Kurz aufkochen lassen. Das in Streifen geschnittene Fleisch einrühren. Dann Zitronensaft, Zucker, Fischsauce, Brühe und die restliche Kokosnußcreme zugeben und etwa 15 Minuten kochen lassen. Dann die geschälten, gewürfelten Kartoffeln etwa 8 Minuten kochen. Erdnüsse und gehackte Frühlingszwiebeln einrühren und alles noch etwa 2 Minuten kochen lassen.

EXTRAKTE

Konzentrierte, salzige Extrakte sind seit Jahrhunderten als Würze überaus beliebt, weil sie den Geschmack anderer Nahrungsmittel verstärken oder unterstreichen. Theoretisch werden Extrakte aus den natürlichen Säften des jeweiligen Fleisches oder Gemüses hergestellt, heute enthalten sie auch Farbstoffe, Geschmacksverstärker, Salz und Gewürze, manchmal werden auch Konservierungsstoffe zugesetzt. Je nach Verdampfungsgrad ist ein Extrakt noch feucht oder trocken. Man unterscheidet folgende Sorten: Fleischextrakte, Hefeextrakte, Malzextrakte und Brühwürfel.

FLEISCHEXTRAKTE

Sie werden vorwiegend aus Rindfleisch durch verschiedene chemische Prozesse gewonnen. Einige Sorten enthalten auch noch Gemüseauszüge, Aromazutaten und Gewürze. Der Fleischextrakt wurde übrigens im Jahre 1847 vom deutschen Chemiker Justus von Liebig entwickelt. Er endeckte, daß wenn man rohes Fleisch mit Wasser vermahlt, eine Flüssigkeit entsteht, die etwa 20 % Fleischfaser enthält. Wird diese Flüssigkeit konzentriert, entsteht eine dicke, dunkelbraune, salzige Paste mit dem Geruch und dem Geschmack von Fleisch. Für 500 g Fleischextrakt braucht man etwa 14 kg Fleisch. Fleischextrakte werden häufig mit heißem Wasser verdünnt und als Brühe getrunken. Sie würzen aber auch gebundene Suppen, Saucen und Schmorgerichte.

HEFEEXTRAKTE

Sie erhält man, wenn Hefezellen aufgebrochen werden und die darin enthaltene Flüssigkeit verdampft wird. Die so entstandene, dickflüssige Paste ist reich an B-Vitaminen und essentiellen Aminosäuren. Hefeextrakt schmeckt ähnlich wie Fleischextrakt. Er wird vor allem in der vegetarischen Küche zum Würzen von Suppen und Eintöpfen verwendet. In Großbritannien, Australien und Nordamerika dient Hefeextrakt als Brotaufstrich.

MALZEXTRAKT

Er entsteht, wenn man gemahlenes Malz in Wasser auflöst, filtert und schließlich zu einer Paste verdampfen läßt. Malzextrakt hat ein ausgeprägtes, süßes Aroma mit einem leich-

ten Malzgeschmack. Er wird vor allem für Kuchen und Brote, aber auch für heiße und kalte Milchmixgetränke verwendet.

BRÜHWÜRFEL

Dies sind Extrakte aus dem Saft von Rind, Hühnchen, Lamm, Gemüse und Fisch, meist noch mit Zusätzen von Gewürzen, Pflanzenfett, Farbstoffen und Konservierungsmitteln. Einige enthalten auch Glutamat. Brühwürfel kennt man übrigens seit dem 17. Jh. n. Chr. Sie wurden gern von Reisenden verwendet, da sie sich über 1 Jahr hielten und lediglich Wasser benötigten, um sich darin aufzulösen. Brühwürfel haben einen deutlichen Eigengeschmack. Sie würzen Suppen, Saucen, Eintöpfe und Schmorgerichte, aber auch Gemüse, wie Erbsen, Möhren, Brokkoli. Aus praktischen Gründen gibt es Fleisch-, Geflügel-, Gemüse- und Fischbrühwürfel auch gefriergetrocknet als Instantbrühe oder granuliert als gekörnte Brühe. Brühwürfel und gekörnte Brühe werden am besten vor Gebrauch in heißem Wasser aufgelöst. Instantbrühe kann direkt an die Speise gegeben werden.

LAGERUNG

Trocken und dunkel lassen sie sich mindestens 1 Jahr lagern. Achten Sie auf das Mindesthaltbarkeitsdatum.

FISCHSAUCEN

Sie gehören zu den beliebtesten Würzsaucen Südostasiens und stammen ursprünglich von der salzigen Sardellensauce ab, mit der schon die alten Römer ihre Speisen verfeinerten. Fischsaucen werden aus gesalzenen, fermentierten Fischen und Garnelen hergestellt. Hier die wichtigsten Sorten: asiatische Fischsauce, Austernsauce und Shrimpssauce.

①

ASIATISCHE FISCHSAUCE

Sie wird in Thailand „Nampla" in Vietnam „Nuoc-mam" genannt. Die dünnflüssige Sauce wird aus fermentierten Sardellen, Makrelen oder aus Tintenfischen gewonnen. Sie ist sehr salzig und wird anstelle von Salz als Tischwürze in Thailand und Vietnam verwendet. Vorsichtig dosieren. Weiteres Salz erst nach dem Abschmecken dazugeben. Paßt zu asiatischen Saucen, pfannengerührten Gerichten und Dips. Mildere Varianten werden auch als Ersatz für Sojasauce verwendet, sind jedoch etwas salziger und schärfer.

AUSTERNSAUCE ①

Diese dickflüssige, dunkelbraune Sauce besteht aus in Salzlake gekochten Austern und Sojasauce. Sie dient als universelle Würze für Fleisch, Fisch, Gemüse und Nudeln. Schmeckt angenehm würzig und hat keinen dominanten Fischgeschmack.

SHRIMPSSAUCE ②

Die dickflüssige Würzsauce enthält getrocknete Fische und Garnelen, Chilis, Knoblauch, Erdnüsse und Gewürze. Sie wird wie Currypaste an pfannengerührte Gerichte gegeben oder zum Bestreichen von Grillfleisch verwendet. Vorsichtig dosieren, sie ist sehr würzig.

②

LAGERUNG

Sie lassen sich auch angebrochen mehrere Monate im
Kühlschrank lagern.

REZEPTVORSCHLAG
Thailändische Garnelen

Für 4 Personen

400 g mittelgroße Garnelen
6 Knoblauchzehen
2 Pflanzen Koriandergrün mit Wurzeln
250 g Sojabohnensprossen
3 EL Öl, 2 EL Sojasauce
300 g Strohpilze
2 EL asiatische Fischsauce
2 EL Austernsauce
1 TL brauner Zucker

Die Garnelen waschen und
trockentupfen. Die Knoblauchzehen schälen und fein hacken.
Den Koriander waschen und
trockentupfen. Anschließend
die Korianderwurzeln und die
Blätter getrennt voneinander
fein hacken. Die Korianderwurzeln, den Knoblauch und
die Garnelen in eine Schüssel
geben und alles miteinander
vermengen. Die abgetropften
Sojabohnensprossen und Stroh-
pilze nacheinander in etwas
Öl in einer Pfanne kurz anbraten. Die Garnelenmischung
im restlichen Öl unter mehr-
maligem Wenden etwa 3 Minuten braten und dann die Stroh-
pilze dazugeben. Alles mit
Sojasauce, Fischsauce, Austernsauce und Zucker abschmecken
und nochmals erhitzen.
Die Sojabohnensprossen auf
4 Tellern verteilen und die
Garnelen-Gemüse-Mischung
darauf anrichten. Zum Schluß
mit dem Koriandergrün
bestreuen.

FLÜSSIGE SPEISEWÜRZE

Flüssiges Würzmittel aus rein pflanzlichen Eiweißbausteinen sowie Wasser, Salz, Aroma, Glutamat und Hefeextrakt. Sie wurde vom Schweizer Müller Julius Maggi zur Zeit der beginnenden Industrialisierung erfunden, um der einseitigen Ernährung der Arbeiterschicht entgegenzuwirken. Noch heute wird sie nach einem fast unveränderten Urrezept hergestellt. Das Eiweiß wird in einem Gärprozeß, der vergleichbar mit dem des Bierbrauens ist, in Aminosäuren aufgeschlossen. Dabei entsteht das charakteristische Aroma der Würze. Sie reift danach 3–4 Monate in Behältern, ehe sie abgefüllt wird. Bekannteste Vertreterin der flüssigen Speisewürze ist die Maggiwürze.

GESCHMACK UND AROMA

Flüssige Speisewürze gleicht im Geschmack dem des Liebstöckels, ohne etwas von ihm zu enthalten. Sie schmeckt würzig, leicht salzig.

VERWENDUNG

Flüssige Speisewürze ist eine Universalwürze für Suppen und Saucen, Fleischgerichten sowie Gemüse, Ragouts und Schmorgerichte.

LAGERUNG

Flüssige Speisewürze hält sich angebrochen mehrere Monate auch ohne Kühlung.

 KÜCHENTIPS

■ Flüssige Speisewürze kann man während der Zubereitung direkt an die Speisen geben.

■ Ebenso kann sie als Nachwürze bei Tisch verwendet werden. Doch vorsichtig beim Dosieren. 5–10 Spritzer reichen oft schon. Nachsalzen ist meistens nicht mehr nötig.

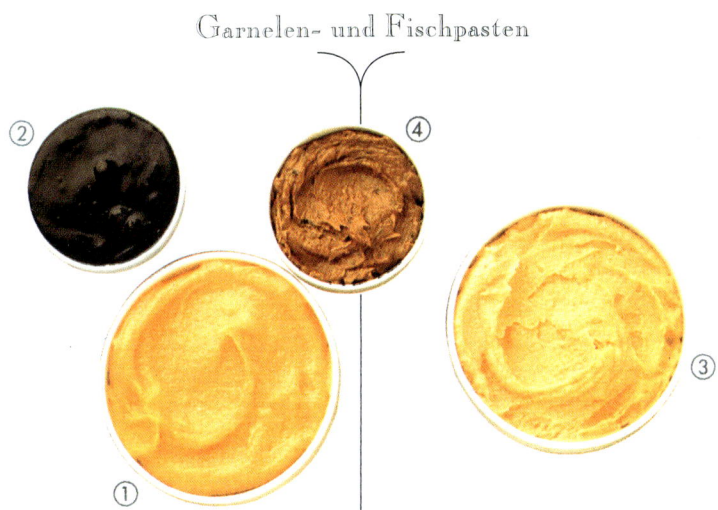

GARNELEN- UND FISCHPASTEN

Sie werden aus fermentierten oder gesalzenen Fischen oder Schalentieren hergestellt und sind vor allem in der asiatischen Küche ein beliebtes Würzmittel. Man unterscheidet in Caviarcreme, Garnelenpaste, Lachscreme und Sardellenpaste.

CAVIARCREME ①

Eine streichfähige Paste aus Dorschrogen, Öl, Zucker, Salz, Kartoffelflocken und Gewürzen. Schmeckt als Brotaufstrich, eignet sich aber auch als Würze für Saucen und Suppen und für gekochte Eier. Muß kühl gelagert werden.

GARNELENPASTE ②

Auch Shrimpspaste genannt. Sie ist eine beißende, scharfe Paste aus getrockneten, gemahlenen Garnelen und Salz. Sie wird in Dosen, Gläsern oder in Form flacher „Tafeln" oder „Kuchen" angeboten und hält sich fast unbegrenzt. Ihr penetranter Fischgeruch verschwindet beim Kochen. Paßt gut zu Fleisch und Geflügelgerichten. In Indonesien nennt man sie „Trasi", in Malaysia „Blancan" und in Thailand „Kapi". Sie kann durch Sardellenpaste ersetzt werden.

LACHSCREME ③

Eine streichfähige Paste aus
Lachs, Dorschrogen, Öl,
Wasser, Zucker, Salz, Tomaten-
püree, Essig und Konser-
vierungsstoffen. Würzt Saucen
und gekochte Eier. Schmeckt
auch als Brotaufstrich. Ist nicht
so salzig wie Sardellenpaste.
Muß kühl gelagert werden.

SARDELLENPASTE ④

Auch Anchovispaste genannt.
Streichfähige Paste aus feingemahlenen Sardellen, Salz, Gewürzen und Fett, oft enthält
sie auch Schmalz. Sie ist sehr
salzig. Würzt Suppen, Saucen
und gekochte Eier. Schmeckt
auch als Brotbelag. Sardellenpaste gibt es in Tuben zu
kaufen. Sie muß kühl gelagert
werden.

REZEPTVORSCHLAG

Langustinen in Chilisauce

Für 4 Personen

3 EL Öl
2 Knoblauchzehen
3 große Zwiebeln
700 g frische, geschälte Langustinen
3 rote Chilischoten
5 Zitronenblätter
1 TL Garnelenpaste
2 EL Sambal Oelek
100 g süße Sahne
4 EL Milch
etwas Salz, schwarzer Pfeffer
1 Prise Zucker, 1/2 TL Glutamat

Das Öl erhitzen, feingehackten
Knoblauch und Zwiebeln
darin andünsten. Langustinen
zugeben, rosig anbraten.
Die entkernten, feingehackten
Chilischoten und die Zitronenblätter, die Garnelenpaste
und das Sambal Oelek hineingeben, gut vermischen und
etwa 3 Minuten braten. Sahne
und Milch unterrühren, mit
Salz, Pfeffer und Zucker sowie Glutamat abschmecken.
Bei schwacher Hitze etwa
10 Minuten schmoren lassen.

GRILL- UND STEAKSAUCEN

Sie fehlen auf keiner Grillparty und in keinem Steakhaus, sind teils süßpikant, teils feurigscharf. Vor allem sind tischfertige Grill- und Steaksaucen gerngesehene Helfer in der schnellen Küche. Zu den bekanntesten Vertretern gehören die A.1.-Sauce und die Barbecuesauce.

A.1.-SAUCE ①
Die süßpikante braune Würzsauce enthält Orangen, Knoblauch, Zwiebeln, Kräuter und Gewürze. Sie paßt zu Steaks und gegrilltem Fleisch, aber auch zu Fisch oder Meeresfrüchten. Man kann sie auch vor dem Garen als zusätzliche Würze an Hackfleischgerichte geben. Kleine Mengen eignen sich zum Marinieren von Hühner- und Rindfleisch.

BARBECUESAUCE ②
Die meist dickflüssige, pikante Sauce besteht u. a. aus Essig, Butter, Senf, Johannisbrotkernmehl, Salz, Zucker, Paprika, Pfeffer, Knoblauch, Chili, Tabasco und Worcestershiresauce. Es gibt sie in verschiedenen Variationen, von pikant bis scharfwürzig, zum Teil auch mit grünen Pfefferkörnern. Paßt gut zu gegrilltem und kurzgebratenem Fleisch, Fisch und Geflügel. Kann nach dem Grillen oder während des Grillens zum Betreichen verwendet werden. Kleine Mengen eignen sich zum Marinieren.

HP-SAUCE ③
Diese braune dickflüssige Sauce stammt aus England. Die Bezeichnung HP steht übrigens für „House of Parliament". Die scharfe Sauce besteht aus Malzessig, Melasse, Früchten und Gewürzen. Paßt gut zu Steaks, Fleischspießen, aber auch zu Eiergerichten, kaltem Braten und Hackfleisch. Gerne wird ein Spritzer der HP-Sauce auch in Suppen und Eintöpfe sowie in heiße und kalte Saucen gegeben. Man kann HP-Sauce vor oder nach dem Grillen übers Fleisch träufeln.

INTERNATIONALE PASTEN

Pasten sind feingemahlene Produkte auf der Grundlage einer Hauptzutat wie Sesam, Sojabohnen, Chilis oder Oliven. Diese werden mit Öl verrührt und dadurch besonders haltbar und lagerfähig. Vor allem im Fernen und Nahen Osten sind sie ein beliebtes Würzmittel.

CHINESISCHE SESAMPASTE ①

Sie wird aus gerösteten Sesamsamen gewonnen. Sie ist bräunlich und schmeckt nußähnlich. Man bekommt sie in Dosen oder Gläsern. Auch angebrochen ist sie fast unbegrenzt haltbar. Sie würzt Suppen, Sau-cen sowie pfannengerührte Gerichte mit Fisch, Fleisch und Geflügel. Läßt sich durch Erdnußbutter, die mit Sesam-öl vermischt ist, ersetzen.

HARISSA ②

Eine höllisch scharfe Paste aus getrockneten oder frischen roten Chilis, Knoblauch und Salz, oft mit Gewürzen sowie Kräutern, wie Kreuzkümmel, Koriander und Minze, ange-reichert. In einigen Fällen wird die Schärfe der Paste durch Tomaten gemildert. Sie stammt aus Nordafrika. Würzt Sup-pen, Eintöpfe, insbesondere Tomatensaucen, aber auch Mayonnaise. Eignet sich ebenso zum Marinieren von Huhn, Lamm, Fisch wie als Dip zu gegrilltem Fleisch.

MISOPASTE

Eine japanische, halbfeste Würzpaste aus Sojabohnen, Salz, den Sporen eines Schimmelpilzes (Aspergillus oryzae), die zusammen mit Reis, Gerste oder Weizen mindestens 1 Jahr in Zedernholzfässern reifen. Es gibt unterschiedliche Farb- und Geschmacksrichtungen. Weißes Miso aus Reis (Shiro miso) ist sehr mild, rotes Miso (Aka miso) sehr salzig, braunes Miso aus Sojabohnen (Hatcha miso) sehr aromatisch und gehaltvoll. Generell gilt: je dunkler die Paste, desto salziger und würziger ist sie. Dunkle Misopasten würzen Suppen und Eintöpfe, man gibt sie am Ende der Garzeit dazu. Helles Miso würzt gegrillte Speisen, Salatsaucen, Gemüse und Dips sowie Tofugerichte. Miso verträgt keinen Sauerstoff, darum sollte man angebrochene Packungen stets gut verschlossen im Kühlschrank aufbewahren und innerhalb 1 Monats verbrauchen.

OLIVENPASTE ③

Eine italienische Paste aus pürierten, schwarzen Oliven und Olivenöl. Die aromatische Paste würzt Nudelsaucen, Butter und dient als Brotaufstrich.

TANDOORI-PASTE ④

Eine indische Würzpaste aus Knoblauch, Tamarinde, Ingwer, Koriander, Kreuzkümmel, Kurkuma, Salz, Cayennepfeffer, Essig und rotem Farbstoff. Würzt alle indischen Gerichte, die im Lehmofen gebraten und gebacken werden.

TAHINA ⑤

Eine ölige Paste aus geröstetem und gemahlenem Sesam, Olivenöl, Zitronensaft und Knoblauch, die vor allem in der libanesischen und arabischen Küche verwendet wird. Es gibt eine cremefarbene Paste aus geschälten und eine bräunliche aus ungeschälten Samen. Die leicht bitter schmeckende Paste gibt es in Gläsern fertig zu kaufen. Man verwendet sie zum Andicken von Saucen, als eigenständige Sauce oder Dip zum Würzen von Fischgerichten und Suppen.

TAMARINDENMARK

Eine leicht säuerliche Paste aus der saubohnenähnlichen Frucht des Tamarindenbaumes (→ S. 229). Sie wird vor allem in der südostasiatischen Küche anstelle von Zitrone oder Essig verwendet. Man rührt die Paste vor Gebrauch mit Wasser an und passiert sie, um die Kerne zu entfernen. Tamarindenmark kann eventuell durch Limettensaft ersetzt werden. Das Mark gibt es getrocknet als Blockform. Es hält sich lange im Kühlschrank.

WASABI-PASTE

Eine beißend scharfe Würzpaste aus Wasabi, dem japanischen Meerrettich (→ S. 226). Man nimmt sie für Sushi als Würze und Kleber, damit der Reis besser am Fisch haftet. Mit Wasabi-Pasten werden aber auch Suppen, Saucen, Dips, gekochtes Fleisch und Fisch abgeschmeckt. Vorsichtig dosieren, sie ist sehr scharf.

KECAP MANIS

Auch Indonesische Sojasauce genannt. Sie ist eine dickflüssige, dunkle Würzsauce aus der indonesischen Küche. Sie wird aus fermentierten Sojabohnen, Zucker und Gewürzen hergestellt und ist Basisgewürz für fast alle indonesischen Saucen und Marinaden. Kecap manis schmeckt leicht süßlich.

Sie würzt Reis- und Nudelgerichte, wie Nasi goreng, Gemüse, wie Blumenkohl aber auch Chinakohl, Möhren und Kohlrabi. Kecap manis gehört in die indonesische Erdnußsauce für Satéspieße, paßt aber auch gut zu Hackfleisch, Schwein, Rind und Geflügel.

Neben der süßlichen Kecap manis gibt es noch eine salzigere Sorte, Kecap asin genannt. Die salzige Sorte läßt sich durch chinesische oder japanische Sojasauce ersetzen, Kecap manis eventuell durch Sojasauce, die mit etwas Zuckersirup verrührt wurde.

Kecap manis hält sich unangebrochen fast unbegrenzt. Angebrochene Flasche im Kühlschrank aufbewahren.

Misosuppe mit Tofu

Für 4 Personen

150 g Tofu

4 frische oder getrocknete chinesische, schwarze Pilze

800 ml Dashi (Blaufischbrühe) auf Instantbasis

3 EL weiße Misopaste

Abgetropften Tofu in etwa 2 cm große Würfel schneiden. Pilze in 4 cm dicke Scheiben schneiden – getrocknete Pilze vorher einweichen. Dashi zum Kochen bringen, Pilze darin etwa 1 Minute kochen lassen, Tofu hinzufügen. Miso in eine Kelle geben, in die Suppe eintauchen, langsam unter ständigem Rühren mit einem Stäbchen nach und nach die Brühe hinzufügen, bis eine glatte Masse entstanden ist. Diese dann unter weiterem Rühren in die restliche Brühe einlaufen lassen. Die Suppe kurz aufkochen lassen, dann sofort servieren.

Würziges Brathähnchen

Für 4 Personen

1 küchenfertiges Brathähnchen

3 EL Sojasauce

3 EL Kecap manis

1 TL frisch gemahlener Pfeffer

3 TL Sambal Oelek

3 Schalotten, 4 Knoblauchzehen

1 Stück frischer Ingwer (4 cm)

2 TL gemahlener Koriander

etwas Salz, 3 EL Öl

Das Hähnchen in 8 Teile zerlegen. Sojasauce, Kecap manis, Pfeffer und 2 TL Sambal Oelek mit 100 ml heißem Wasser verrühren. Gehackte Schalotten, Knoblauch und feingewürfelten Ingwer sowie die restlichen Gewürze untermischen. Alle Hähnchenteile mit der Marinade bestreichen und mindestens 2 Stunden marinieren. Danach das Hähnchenfleisch aus der Marinade nehmen, gut abtropfen lassen. Das Öl in einer Pfanne erhitzen, Hähnchenteile darin bei mittlerer Hitze von jeder Seite etwa 10 Minuten braun braten.

KETCHUP

Eine rote, dickflüssige Würzsauce, die meist auf der Grundlage von Tomatenmark hergestellt und mit Essig, Zucker sowie Gewürzen, wie Paprika, Pfeffer, Nelken, Zimt, Ingwer, Zwiebeln und Muskatnuß, abgeschmeckt wird. Jede Firma hat ihr spezielles Ketchuprezept, das wie die britischen Kronjuwelen gehütet wird. Tomatenketchup muß mindestens 7 % Trockenmasse an Tomaten enthalten, was einem Tomatenanteil von 25 % entspricht. Zu Beginn des 18 Jh. n. Chr. importierten britische Seeleute „ketsiap" oder „kechap", wie es damals hieß, vom Malaysischen

Archipel. Das Original bestand jedoch aus passiertem, gesalzenem Fisch, Muschelfleisch und Gewürzen. 1792 kam der englische Koch Richard Brigg auf die Idee, den Fischanteil durch Tomaten zu ersetzen: das Tomatenketchup war geboren. Die bei uns beliebtesten Ketchups sind das Tomatenketchup und das bräunlichgelbe Curryketchup. Darüber hinaus gibt es z. B. Gewürzketchup, Schaschlikketchup und Zwiebelketchup. In England kennt man außerdem noch Austern- und Heidelbeerketchup.

GESCHMACK UND AROMA

Je nach Gewürzzutat frisch-aromatisch bis pikant.

VERWENDUNG

Ketchup wird meist als separate Würzsauce für Steaks, Würstchen, Pommes frites und Hamburger verwendet. Es kann aber auch Aromazutat in Relishes, Saucen, Dressings sowie Suppen und Eintöpfen sein.

LAGERUNG

Angebrochene Flaschen bleiben im Kühlschrank ein paar Monate frisch.

SALSAS

Eine besonders pikante Form des Ketchups ist die „Salsa", die vor allem in der südamerikanischen und mexikanischen Küche eine große Rolle spielt. Sie gehört dort ebenso auf den Tisch wie bei uns Salz und Pfeffer. Salsa bedeutet soviel wie Sauce und ist eine ungekochte Mischung aus Tomaten, Tomatillos – ähneln den grünen Tomaten, haben aber eine braune, papierartige Schale –, aus frischen oder getrockneten Chilis sowie Zwiebeln, Knoblauch und Koriandergrün. Je nach Geschmack kann man noch Oregano, Essig und Olivenöl zufügen.

GESCHMACK UND AROMA

Durch den hohen Anteil an Chilis sind sie zumeist höllisch scharf.

VERWENDUNG

Salsas werden meist als separate Würzsaucen für Omeletts, Steaks und kurzgebratenes Fleisch, Fisch oder Geflügel sowie als Dips zu Maischips gereicht. Sie schmecken aber auch als Würze in Saucen, Eintöpfen und Schmorgerichten.

LAGERUNG

Salsa hält sich unangebrochen mindestens 1 Jahr. Angebrochene Flaschen lassen sich im Kühlschrank mehrere Wochen lagern.

REZEPTVORSCHLAG

Mexikanisches Huhn

Für 4 Personen

1 küchenfertiges Huhn (à 1,3 kg)

Salz, 5 EL Salsa

1 EL Essig, 4 EL Öl

1 TL Oregano, weißer Pfeffer

1 Messerspitze Nelkenpulver

Das Huhn in 4 Teile zerlegen, mit Salz einreiben und in eine feuerfeste Form legen. Die Salsa mit Essig und Öl zu einer Marinade verrühren und diese mit den Gewürzen abschmecken. Die Marinade über die Hühnerteile gießen und die Form mit einem Deckel verschließen. Das Huhn im auf 200 °C vorgeheizten Backofen 45–50 Minuten garen lassen, bis es ganz weich und die Sauce stark eingedickt ist.

MINZSAUCEN

Es gibt viele Minzsaucen, die beiden bekanntesten sind die englische Pfefferminzsauce und das amerikanische Mint Jelly.

PFEFFERMINZSAUCE

Es ist eine sehr aromatische grüne Würzsauce aus feingehackten Blättern von grüner Minze oder einer rundblättrigen Minze sowie Zucker, Apfel- oder Malzessig. Sie wird in England traditionell zu Lammfleisch gegessen. Es gibt sie fix und fertig in Feinkostläden zu kaufen.

Man kann sie aber auch sehr schnell selbst zubreiten: 1 Handvoll Minzeblätter mit 2 Teelöffeln Zucker im Mörser fein zerstoßen. Nach und nach 100 ml kochendes Wasser und 100 ml Essig angießen. Eventuell mit Zucker nachwürzen und alles abkühlen lassen. Dann durch ein Sieb streichen.

VERWENDUNG

Sie paßt gut zu gekochtem und gebratenem Lammfleisch, aber auch zu Geflügel, gekochtem Rind sowie zu gegrilltem und gekochtem Fisch.

MINT JELLY

Ein würziges, hellgrünes Gelee aus überbrühten Minzeblättchen, Geliermittel, Essig oder Zitronensaft sowie Zucker und Salz. Ist etwas milder, leicht süßlicher im Geschmack als die Pfefferminzsauce. Mint Jelly ist vor allem in den USA sehr beliebt. Man kann es fix und fertig in Feinkostläden kaufen.

VERWENDUNG

Das Gelee paßt gut zu Lammfleisch, aber auch zum Fleischfondue.

LAGERUNG

Pfefferminzsauce und Mint Jelly halten sich unangebrochen mehrere Jahre. Zu beachten ist das Mindesthaltbarkeitsdatum. Angebrochen sollten sie innerhalb von 3 Wochen verbraucht werden. Kühl lagern.

 KÜCHENTIP

Beide Würzsaucen sollten vorsichtig dosiert werden. Der Minzegeschmack ist sehr intensiv. Lieber später etwas nachwürzen.

PICKLES UND RELISHES

Was für uns süß-sauer eingelegte Früchte und Gemüse sind,
das sind für die Engländer
Pickles und für die Amerikaner Relishes: würzige appetit-
anregende Beilagen zu Fleisch,
Fisch und Geflügel.

PICKLES

Die in Essig und Salz sowie
zahlreichen Gewürzen eingelegten Obst- und Gemüse-
sorten sind eine Erfindung der
Engländer. Um die eintönige
Kost an Bord zu bereichern,
nahmen sie Pickles mit, die sich
monatelang auf See hielten.
Die beliebtesten Pickles werden aus Gurken, Rotkohl und
Zwiebeln zubereitet, aber
auch Paprika, Blumenkohl sowie Birnen, Melonen und Pfir-
siche eignen sich gut. Eines
der bekanntesten Pickles ist
Piccalilli, auch indisches Pick-
le genannt. Es besteht aus ge-
mischtem Gemüse, wie Möh-
ren, Blumenkohl, Perlzwiebeln,
Paprika und Bohnen, sowie
einer dicken Sauce aus Salz,
Senfpulver, Kurkuma, Ingwer,
Essig, Zucker und Maisstärke.

RELISHES

Sie bestehen zumeist aus ganz
klein geschnittenem, aber
noch stückigem Gemüse, wie
Pilzen, Zwiebeln, Gurken,
Paprikaschoten oder Mais. Sie
werden mit Essig, Wein und
Gewürzen sämig eingekocht.
Das Wort „relish" stammt aus
dem Englischen und wird mit
„Würze" übersetzt. Relishes
sind heller und milder als
Chutneys, ähneln von der
Konsistenz eher Marmelade.

GESCHMACK UND AROMA

Pickles und Relishes eigenen
sich vor allem als Beilage
zu gegrilltem und gebratenem
Fleisch, Fisch, Geflügel und
Wild, zu kaltem Braten, Käse-
und Fleischfondues. Unentbehrlich sind sie aber auch
zum Würzen von Saucen und
Ragouts.

LAGERUNG

Pickles und Relishes halten
sich unangebrochen etwa
1 Jahr. Danach verlieren vor
allem Pickles ihre knackige
Beschaffenheit. Einmal angebrochen bleiben sie im Kühlschrank einige Wochen frisch.

 KÜCHENTIP

Wenn man Saucen mit Relishes
oder Pickles abschmeckt,
sollte man sie nur teelöffel-
weise einrühren und die Saucen
lieber später nachwürzen.
Relishes und Pickles können
sehr pfeffrig sein.

 REZEPTVORSCHLAG

Preiselbeer-Apfelwein-Relish

Für 1 Glas à 500 g

³/₄ l trockener Cidre

180 g Zucker

4 Stangen Zimt

3 Stücke unbehandelte, etwa
10 cm lange Orangenschalen

12 Nelken

400 g Preiselbeeren

Cidre, Zucker, Zimt, Orangenschalen und Nelken in einen
Topf geben und unter gelegent-
lichem Rühren etwa 5 Minuten köcheln lassen, bis sich der
Zucker aufgelöst hat. Danach
durch ein Sieb gießen. Preiselbeeren in den Sirup geben und
bei großer Hitze etwa 10 Minuten kochen, bis die Beeren zer-
fallen. Danach weitere 10 Minuten kochen lassen, bis
das Relish leicht angedickt ist.
Relish in ein Schraubglas füllen und abkühlen lassen.

SAMBALS

Sie bestehen aus gestoßenen oder gehackten roten Chilischoten und Gewürzen.
Die scharfen Pasten wurden ursprünglich in der indonesischen Küche verwendet, heute aber auch in vielen asiatischen Ländern. Es gibt sie in unterschiedlichen Geschmacksrichtungen.

SAMBAL OELEK

Auch Sambal Ulek genannt. Die Paste besteht aus roten Chilis und Salz. Sie steht in fast jedem Chinarestaurant auf dem Tisch und ist ausgesprochen scharf. Dehalb nur messerspitzenweise dosieren.

SAMBAL BAJAK

Auch Sambal Badjak genannt. Diese Paste ist eine Kombination aus Chilischoten, Zwiebeln, Kemerinüssen, Shrimpspaste, Zitronenblättern, Salz und Öl.

SAMBAL BRANDAL

Die Paste besteht aus Chilis, Shrimpspaste, Zwiebeln, Salz, javanischem Rohrzucker, Tamarinde und Öl.

SAMBAL MANIS

Die Paste hat die gleichen Zutaten wie Sambal Bajak, ist nur stärker gesüßt.

SAMBAL TRASI

Die Paste enthält Chilis, Salz und Shrimpspaste.

SAMBAL KACANG

Die Paste besteht aus Chilis und gemahlenen Erdnüssen. Sie gibt es als Block oder als Mus. Sie muß vor dem Gebrauch in Wasser aufgelöst werden.

SAMBAL NASI GORENG

Eine bräunliche Paste aus gerösteten Chilis, Öl, Zwiebeln und Gewürzen. Ideal für Nasi Goreng.

GESCHMACK UND AROMA

Sambals schmecken je nach
Sorten höllisch scharf bis herb-
süßlich.

VERWENDUNG

Sambals würzen Suppen und
Saucen, Marinaden, Reis- und
Nudelgerichte sowie pfannen-
gerührte Speisen mit Fisch,
Fleisch, Geflügel und Gemüse.
Außerdem geben Sambals Reis
eine rötliche Farbe.

LAGERUNG

Sambals halten sich auch angebrochen mehrere Monate
ohne Kühlung.

 KÜCHENTIPS

■ Scharfe Sambals, wie Sambal
Oelek, lassen sich gut als Ersatz
für frische Chilis verwenden.

■ Sambals, die im Block angeboten werden, müssen vor
dem Gebrauch in Wasser aufgelöst werden.

 REZEPTVORSCHLAG

Indonesische Erdnußsauce

Für 4 Personen

¹/₈ l Wasser
125 g Sambal Kacang
1 TL Sambal Oelek
¹/₂ TL Glutamat
1 EL Kecap Manis
1 Prise Zucker
etwas Salz

Das Wasser in einem Topf erhitzen. Sambal Kacang und
Sambal Oelek einrühren und
aufkochen lassen. Mit den
restlichen Gewürzen ab-
schmecken und etwa 5 Minuten abkühlen lassen. Die Sauce
paßt gut zu Fleischspießen.

SENF

Auch Tafelsenf genannt.

*Mischung aus gemahlenen Senf-
körnern (‣ S. 58), Essig, Salz sowie Gewürzen, Kräutern, Zucker,
Champagner oder Wein. Es gibt
milde gelbe und scharfe braune
Senfkörner. Je mehr braune
Senfkörner mitvermahlen werden,
desto schärfer ist der Senf. Senf ist
übrigens seit Jahrtausenden eine
beliebte Würze. Schon die Ägypter,
Griechen und Römer verwendeten ihn. Im Jahre 1634 wurde der
französischen Stadt Dijon das
alleinige Recht auf Senfherstellung
gewährt. Und noch heute wird
dort die Hälfte des auf der Welt
verbrauchten Senfs hergestellt.*

Bei Senf unterscheidet man
5 Grundsorten:

SÜSSER SENF

Das ist eine gelbe Mischung
aus gelben und braunen Senfkörnern, die grob vermahlen,
geröstet und mit Zucker gesüßt sind. Schmeckt süßlich,
leicht karamelartig. Paßt gut
zu Weißwurst und Leberkäse.

MILDER SENF

Auch Tafel- oder Delikateßsenf
genannt. Er wird vorwiegend
aus gelben Senfkörnern hergestellt. Der gelbe Senf schmeckt
feinwürzig. Paßt gut zu Senfsaucen für Fisch, Mayonnaise
und Senfbutter, aber auch zu
Würstchen und kaltem Braten.

MITTELSCHARFER SENF

Eine gelbe Mischung aus gleichen Teilen von braunen und gelben Senfkörnern. Schmeckt leicht würzig. Paßt gut zu Grillwürstchen und kaltem Fleisch, zum Bestreichen von Rouladen und zum Würzen von Salatdressings.

SCHARFER SENF

Eine gelbe Mischung aus einem großen Teil brauner und einem kleinen Teil gelber Senfkörner. Schmeckt sehr pikant. Paßt gut zu Würstchen.

EXTRASCHARFER SENF

Er wird überwiegend aus braunen Senfkörnern gewonnen. Schmeckt feurigscharf. Paßt gut zu Eisbein und Schweinebraten, aber auch zu kaltem Braten und zum Abschmecken von pikanten Saucen für Geflügel.

Daneben gibt es noch eine Fülle von verschiedenen Senfsorten, die mit Kräutern, Gewürzen und Gemüsen aromatisiert wurden. Einige Beispiele sind:

CHAMPAGNER-SENF

Ein mittelscharfer, grobgemahlener Senf, der noch einen großen Teil ganzer Senfkörner enthält und mit Champagner verfeinert wurde. Der gelbgraue Senf schmeckt aromatischwürzig. Paßt gut zu feinen Senfsaucen, zu gedünstetem Lachs oder Seezunge.

CHINESISCHER SENF

Mischung aus gemahlenen Senfkörnern, Wasser oder schalem Bier. Ist äußerst scharf. Paßt gut zu Frühlingsrollen.

DIJON-SENF

Den hellgelben bis hellbraunen Senf, der nach der französischen Stadt Dijon benannt wurde, gibt es in den Geschmacksrichtungen mild, mittelscharf und extrascharf. Er kann aus grob- oder feingemahlenen Senfkörnern hergestellt sein. Paßt gut zu Steaks, gekochtem und gebratenem Rindfleisch, Hackfleisch, zu feinen Senfsaucen und zur Vinaigrette.

GRILL-SENF

Dies ist ein mittelscharfer, orangeroter Senf, der mit Paprikapulver gewürzt wurde. Er schmeckt pikantaromatisch. Paßt gut zu gegrilltem und gebratenem Fleisch, Fisch und Geflügel und zum Fondue.

KRÄUTER-SENF

Ein mittelgelber bis grünlicher Senf, der mit Estragon, Kerbel oder Kräutern der Provence vermischt wurde. Es gibt ihn als milden, mittelscharfen und scharfen Senf mit und ohne Salz zu kaufen. Paßt gut zum Bestreichen von Rind- und Geflügelrouladen, aber auch zu Würstchen und zum Fondue.

MEERRETTICH-SENF

Ein weißlichgelber Senf, der mit geriebenem Meerrettich gewürzt wurde. Gibt es als mittelscharfen oder scharfen Senf. Paßt gut zu gekochtem Rindfleisch, geräuchertem Makrelen- oder Forellenfilet, aber auch feine Senfsaucen werden mit Meerrettich-Senf abgeschmeckt.

RÔTISSEUR-SENF

Ein dunkelgelber mittelscharfer, grobgemahlener Senf, der noch einen großen Teil ganzer Senfkörner enthält. Er schmeckt pikant würzig. Paßt gut zu deftigen Schmorgerichten, zu kaltem und warmem Schweinebraten.

LAGERUNG

Senf immer in fest verschlossenen Gläsern oder Tuben im Kühlschrank aufbewahren. Dort bleibt sein Aroma mindestens 2 Monate voll erhalten.

 KÜCHENTIPS

■ Senf enthält ätherische Öle aus der braunen Senfsaat. Sie fördern die Verdauung und sorgen für eine bessere Bekömmlichkeit. Deshalb fette Speisen immer mit etwas Senf würzen.

■ Einmal angetrockneter Senf wird wieder streichfähig, wenn man ihn mit etwas Essig, Öl und Zucker verrührt.

SOJASAUCE

*Sie gehört zu den ältesten Würz-
mitteln Asiens. Ihren Ursprung hat
die dunkelbraune Sauce wahrscheinlich im 6. Jh. n. Chr. in
China. Für die Herstellung von
Sojasauce werden die Sojabohnen
oder eine Mischung aus Sojabohnen und Weizen vermahlen. Mit
Hilfe eines bestimmten Schimmelpilzes (Aspergillus) wird die Soja-
bohnenmasse zum Gären gebracht
und nach 2–3 Tagen mit Salz
und Wasser versetzt. Danach reift
die entstandene Maische mehrere
Monate oder gar Jahre in Holzfässern. Bei einfachen, weniger aromatischen Sojasaucen beschleunigt
man durch die Zugabe von Säu-
ren die Gärung und Reifung der
Sojasauce. Fast jedes asiatische
Land hat seine eigene Sojasauce,
die sich im Aroma, in der Würz-
intensität und auch im Salzgehalt
zum Teil erheblich unterscheiden.*

CHINESISCHE
SOJASAUCE

Sie wird aus Sojabohnen,
Weizen, Gerste, Salz, Zucker
und Hefe gewonnen. Es gibt
sie in vielen Varianten. Die
bekanntesten sind die dunkle,
süßliche und die helle, recht
salzige Sojasauce. Die dunkle
reift länger, hat einen kräftigen Geschmack und enthält zusätzlich Melasse.
Neben den beiden Haupt-
sorten findet man eine scharfe
Sojasauce, die zusätzlich Chili,
Pfeffer und Zimt enthält, sowie eine süße Sojasauce, die
mit viel Zucker gewürzt ist.
Die Pilzsojasauce ist mit Stroh-
pilzextrakt versetzt und hat
dadurch einen typischen Pilz-
geschmack.

JAPANISCHE SOJASAUCEN

Sie reifen 12–18 Monate und sind etwas heller, süßer und nicht ganz so salzig wie chinesische Sojasaucen. Koi-kuchi-shoyu ist die bei uns gebräuchlichste Sojasauce. Sie wird aus Weizen und Sojabohnen gewonnen, hat eine tiefe rotbraune Farbe, ist dünnflüssig und feinaromatisch. Es gibt sie auch mit niedrigem Salzgehalt zu kaufen.
Usukuchi-shoyu ist eine helle Sojasauce. Sie wird vor allem dort verwendet, wo normale Sojasauce die Farbe des Gerichts verändern würde, wie bei hellem Gemüse oder hellem Fleisch. Tamari-shoyu wird ausschließlich aus Sojabohnen hergestellt, schmeckt stark aromatisch und würzt vorwiegend Sushis.

INDONESISCHE SOJASAUCE

Sie ist sirupartig und dunkelbraun bis schwarz. Es gibt sie salzig und süß (› S. 182).

VERWENDUNG

Dunkle Sojasaucen würzen herzhafte Gerichte mit Rind- und Schweinefleisch, aber auch Eintöpfe, dunkle Saucen, Suppen und Marinaden. Helle Sojasauce paßt zu Meeresfrüchten und zu Gemüse, wie Bohnen, Zuckerschoten und Möhren, aber auch zu leichten Suppen und Dips.

LAGERUNG

Sojasauce hält sich auch ohne Kühlung mehrere Monate.

KÜCHENTIPS

■ Scharfe Sojasauce läßt sich duch Worcestershiresauce ersetzen.

■ Statt süßer Sojasauce kann man stets die milde japanische Sojasauce nehmen und sie mit etwas Zucker oder Honig vermischen.

■ Ein Schweinebraten bekommt übrigens einen kräftigeren Geschmack, wenn man das Fleisch etwa 1 Stunde vor der Zubereitung in Sojasauce oder Teriyaki-Sauce (→ S. 198) einlegt. Der Braten wird besonders zart, wenn man ihn während des Bratens mit der Marinade bestreicht.

REZEPTVORSCHLAG

Sprossensalat mit Sojadressing

Für 4 Personen

| 200 g Sojabohnensprossen |
| 100 g Möhren |
| 3 grüne Paprikaschoten |
| etwas Salz |
| 1 EL Sonnenblumenöl |
| 1 EL Sesamöl |
| 4 EL dunkle, japanische Sojasauce |
| 2 EL Reisessig |

Sojabohnensprossen mit den in hauchdünne Stiften geschnittenen Möhren und Paprikaschoten in 1 1/2 l Salzwasser 1–2 Minuten blanchieren, kalt abschrecken und sehr gut abtropfen lassen. Für das Dressing Ölsorten mit der Sojasauce und dem Reisessig verrühren, über das Gemüse gießen und sofort servieren.

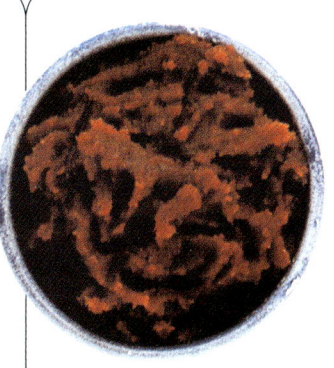

Schwarze und rote Bohnenpaste

WÜRZMITTEL AUF SOJABASIS

Würzmittel aus fermentierten Sojabohnen sind in China und Südostasien außerordentlich beliebt. Es gibt sie als scharfwürzige Pasten oder als flüssige Saucen. Die bekanntesten sind Bohnensauce und -paste, Hoisin-Sauce, Sweet-and-sour-Sauce, Sukiyaki-Sauce und Teriyaki-Sauce.

BOHNENSAUCE

Eine braune, dickflüssige Sauce, die aus fermentierten, gelben Sojabohnen, Weizenmehl, Salz und Wasser besteht. Es gibt eine süßliche und eine scharfe Variante. Die Sauce ist im Norden und Westen Chinas sehr beliebt und würzt vor allem Nudelgerichte.

BOHNENPASTEN

Eine süßliche bis pikante Paste aus fermentierten gelben, roten oder schwarzen Sojabohnen. Die besten werden aus den ganzen Sojabohnen hergestellt. Pasten aus zerdrückten oder pürierten Bohnen sind oft sehr salzig. Passen zu pfannengerührten Gerichten mit Gemüse, Fleisch, Fisch und Geflügel, aber auch Saucen und Reisgerichte werden mit Bohnenpasten abgeschmeckt.

SUKIYAKI-SAUCE

Eine Mischung aus Sojasauce, Zucker und Reiswein. Speziell für Sukiyaki, das japanische Rindfleischfondue, entwickelt. Eignet sich aber auch als Dip, zum Marinieren von Grillfleisch und -geflügel sowie als Würze für Eintöpfe.

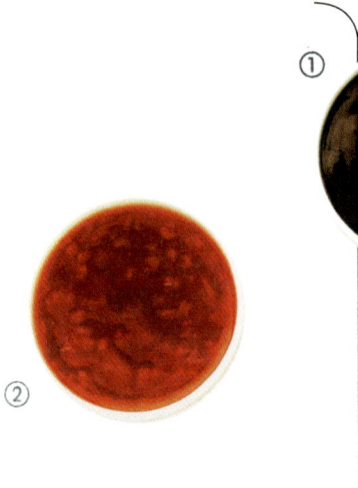

HOISIN-SAUCE ①

Ein rotbraune dickflüssige Sauce aus roten Sojabohnen, Knoblauch, Zucker, Chili, Essig, Sesamöl, Weizenmehl und Gewürzen. Sie schmeckt süß und etwas scharf.

In der chinesischen Küche ist sie eine beliebte Grillsauce, sie eignet sich aber auch gut für Dips. Mit Zucker und Sesamöl vermischt, wird sie zur Pekingente gereicht. Ideal zum Marinieren und zum Würzen von Fleisch und Geflügel vor dem Grillen.

SWEET-AND-SOUR-SAUCE ②

Eine dickflüssige, süßliche bis saure Sauce aus Sojasauce, Reisessig, Maisstärke und Knoblauch sowie feingehackten Möhren und Zwiebeln. Es gibt auch Varianten, die anstelle von Sojasauce Tomaten enthalten. Paßt gut zu Fondue, gegrilltem Fleisch, Fisch und Geflügel.

TERIYAKI-SAUCE ③

Eine japanische, würzige, dünnflüssige, dunkle Sauce aus Sojasauce, Wein, Essig, Zucker und Gewürzen. Paßt gut zu gegrilltem und gebratenem Fisch, Fleisch und Geflügel sowie Meeresfrüchten. Als Marinade oder zum Bestreichen von Fleisch während des Grillens oder Bratens ist sie ebenfalls sehr beliebt.

Mariniertes Schellfischfilet

Für 4 Personen

4 Schellfischfilets à 125 g

6 EL Teriyaki-Sauce

etwas Öl

50 g geriebener Meerrettich

1 kleines Stück Ingwer

Schellfischfilets mit der Teriyaki-Sauce beträufeln und zugedeckt im Kühlschrank 1–2 Stunden marinieren. Danach abtupfen, mit Öl bestreichen und unter dem Grill von beiden Seiten etwa 7 Minuten grillen. Zwischendurch öfters mit der Marinade bestreichen. Meerrettich mit dem in feine Streifen geschnittenen Ingwer vermischen. Dazu servieren.

Rindfleisch mit Bohnensauce

Für 2 Personen

400 g Rinderfilet

2 EL Sojaöl, 3 EL Sojasauce

200 g Frühlingszwiebeln

2 Knoblauchzehen

Öl zum Ausschwenken u. Braten

2 EL Sambal Oelek

2 EL süße Bohnensauce

$^1/_2$ TL Pfeffer, 3 EL Zucker

2 EL Reiswein

3 EL Tomatenketchup

4 TL Sojasauce

150 ml Hühnerbrühe

3 TL Kartoffelstärke

Das Rindfleisch in feine längliche Streifen schneiden und für etwa 30 Minuten in eine Marinade, aus dem Sojaöl und Sojasauce hergestellt, legen. Die Frühlingszwiebeln putzen, waschen und in 3 cm lange Stücke schneiden. Den Knoblauch schälen und fein hacken. Einen Wok erhitzen, das Fleisch in wenig Öl darin kurz braten, dabei ständig rühren. Es dann herausnehmen. Knoblauch und Sambal Oelek etwa 20 Sekunden in 10 Eßlöffeln Öl anbraten, dann das Rindfleisch sowie die Frühlingszwiebeln dazugeben und etwa 2 Minuten weiterbraten. Nun Bohnensauce, Pfeffer, Zucker, Reiswein, Tomatenketchup, Sojasauce und Hühnerbrühe dazugeben und alles aufkochen lassen. Die in Wasser angerührte Stärke hineinrühren, alles einmal aufkochen lassen.

TOMATENMARK

*Eine leuchtend rote Paste aus ein-
gedickten, erntefrischen Tomaten.
Die Früchte werden gereinigt, zerkleinert, erhitzt und anschließend
von Kernen und Schalen befreit.
Der fruchtfleischhaltige Tomatensaft wird dann bei niedrigen Tem-
peraturen im Vakuum zu Mark
eingedickt. Je nach Grad des
Wasserentzuges bzw. des Anteils
an Trockenmasse unterscheidet
man in:
Einfach konzentriertes Tomatenmark. Es enthält mindestens
14 % Trockenmasse. Das bedeutet,
daß 14 % des Tomatenmarks aus
festen Bestandteilen besteht. Zwei-
fach konzentriertes Tomatenmark
enthält mindestens doppelt so
viel Trockenmasse, also 28 %.
Dreifach konzentriertes Tomatenmark muß mindestens 36 % Trok-
kenmasse enthalten.
Tomatenmark kann, muß aber
kein Salz enthalten. Ist es gesal-
zen, so muß das auf der Tube oder
auf dem Döschen vermerkt sein.*

GESCHMACK UND AROMA

Tomatenmark schmeckt und
riecht mildaromatisch.

VERWENDUNG

Tomatenmark eignet sich als
Basis für Tomatensuppen
und -saucen. Es würzt dunkle
Saucen und paßt zum Garnieren von Eiergerichten.

LAGERUNG

Tomatenmark hält sich angebrochen im Kühlschrank mehrere Monate.

 KÜCHENTIPS

■ Tomatenmark muß immer
mit ein bißchen Flüssigkeit,
wie Wasser, Wein oder Brühe,
angerührt werden.

■ Wer es gern ein wenig
pikanter mag, nimmt das etwas
würzigere Paprikamark. Es
besteht aus einer Mischung aus
Tomatenmark, Paprikamark,
Öl, Zucker und anderen
Gewürzen.

■ Paprikamark läßt sich übrigens auch ganz einfach selbst
machen: rote Paprikaschoten
grob oder fein hacken, in
Butter andünsten, salzen und
pfeffern. Danach durch ein
Sieb streichen und eventuell
nachwürzen.

WORCESTERSHIRE-SAUCE

Auch Worcestersauce (sprich: wuhstersoße) genannt.

Dunkle, englische Würzsauce aus Malzessig, Melasse sowie Sardellen, Scharlotten, Knoblauch, Tamarinde, Zucker und Gewürzen. Die genaue Zusammensetzung ist und bleibt ein streng gehütetes Familienrezept. Die verschiedenen Zutaten werden in Fässern 3 Jahre lang gelagert. Auch wenn Worcestershiresauce heute von mehr als einer Firma hergestellt wird, stammt sie ursprünglich aus dem Hause Lea & Perrins. Liest man die Firmengeschichte, so erfährt man, daß im Jahr 1826 Lord Sandys, Gouverneur der Bengalen, die Drogerie von John Wheely Lea und William Perrins in Worcester besuchte. Er ließ sich von den beiden seine heißgeliebte, indische Sauce entwickeln, die er im heimischen England so vermißte. Seine Lordschaft war mit dem Ergebnis zufrieden, die Drogisten fanden die Sauce eher abstoßend und verbannten den Rest der Sauce im Keller. Ein Jahr später erinnerten sie sich an die Sauce und stellten erstaunt fest, daß aus der übelschmeckenden Mixtur eine würzige Sauce geworden war.

GESCHMACK UND AROMA

Worcestershiresauce hat einen süßsäuerlichen, leicht scharfen Geschmack.

VERWENDUNG

Die Sauce verfeinert Suppen und vor allem helle Saucen, Pies, Ragouts und Schmorgerichte. Fleisch, Fisch, Salate, Omeletts und Rührei werden gerne mit Worcestershiresauce abgeschmeckt, aber auch Bloody Mary werden durch ein paar Spritzer Worcestersauce geschmacklich abgerundet. Sie eignet sich zum Marinieren und zum Bestreichen von Grillgut sowie als Tischwürze.

 KÜCHENTIPS

■ Reiben Sie die Steaks oder Koteletts vor dem Braten oder Grillen mit der würzigen Sauce ein. Der Eigengeschmack des Fleisches wird dadurch unterstrichen, außerdem wird es zarter.

■ Aus der Sauce wird ein raffinierter Dip zum Fondue, wenn Sie 4 Eßlöffel Mayonnaise mit 2 Eßlöffeln Worcestershiresauce verrühren.

Wurzeln, Gemüse und Co.

ASAFOETIDA

(Lat. Ferula asafoetida),
auch Asant, Stinkasant oder
Teufelsdreck genannt

Das getrocknete Gummiharz, das
aus den Wurzeln verschiedener
Arten der Doldenblütlergattung
„Gerula" gewonnen wird, spielt
vor allem in der vegetarischen
Küche Indiens eine große Rolle.
Die bis zu 4 m hohe Staude mit
ihren schierlingsähnlichen Blät-
tern und gelbgrünen Blütendolden
wächst in Wüstengebieten, vor
allem im Iran und Afghanistan.
Im Zweistromland würzte man
die Speisen schon 2000 v. Chr.
mit Asafoetida; für die Römer
war es eines ihrer meist verwende-
ten Gewürze überhaupt.

GESCHMACK UND AROMA

Asafoetida schmeckt beißend
scharf, bitter und ausgesprochen stark nach Knoblauch. Es
riecht äußerst unangenehm
nach Schwefelwasserstoff und
penetrant nach Knoblauch.
Der Geruch verfliegt allerdings
beim Kochen.

VERWENDUNG

Asafoetida gibt es vor allem in
gemahlener Form, manchmal
auch in kleinen Stücken in asiatischen Spezialitätenläden zu
kaufen. Da sich das Gummiharz allein nicht mahlen läßt,
werden ihm vorher Bocks-
hornkleesamen zugesetzt.
Und zur besseren Dosierung
wird das Gewürz mit Mehl
oder Speisestärke gestreckt.
In Indien würzt man mit Asafoetida Saucen, eingelegtes
Gemüse, wie Chutneys und
Pickles, aber auch Hülsenfrüchte und Fisch. In der Küche
Kaschmirs verwendet man das
Gewürz für Fleisch- und
Gemüseeintöpfe, wie Kormas.
In kleinen Mengen dosiert verstärkt es andere Aromen. In
seinem Ursprungsland ißt man
auch die Blätter und Stengel
als Gemüse.

LAGERUNG

Asafoetida unbedingt im luftdicht verschlossenen Gefäß aufbewahren. So hält es sich bis zu 1 Jahr.

KÜCHENTIPS

■ Gehen Sie sehr vorsichtig mit dem Gewürz um und dosieren Sie es ausgesprochen sparsam. Sie können später die Menge immer noch erhöhen, wenn Sie sich an den Geschmack gewöhnt haben.

■ Asafoetidastücke am besten immer in etwas heißem Wasser auflösen.

REZEPTVORSCHLAG

Lammfleisch in Joghurt

Für 4 Personen

1 pfefferkorngroßes Stück Asafoetida oder
1/2 TL Asafoetidapulver

1 kg ausgelöstes Lammfleisch

2 EL Butterschmalz

125 g Joghurt, etwas Salz

1 TL gemahlener Ingwer

1 TL Chilipulver

1 EL feingeriebener Ingwer

2 TL Garam masala

2 EL gehacktes Koriandergrün

Asafoetida in 1 Eßlöffel heißem Wasser auflösen. Lammfleisch würfeln und im heißen Butterschmalz anbraten. Joghurt, Asafoetida, Salz und Ingwer unterrühren, zugedeckt etwa 10 Minuten garen. Dabei hin und wieder umrühren. Wenn die Gewürzmischung am Topfboden ansetzt, 125 ml Wasser, Chilipulver und geriebenen Ingwer dazugeben. Alles gut umrühren und zugedeckt weiterkochen, bis alle Flüssigkeit verdampft ist. Wieder mit 125 ml Wasser den Bratensatz vom Topfboden lösen und dies so lange wiederholen, bis das Fleisch ganz weich ist. Dabei nicht mehr als 125 ml Wasser auf einmal zugeben. Wenn das Fleisch gar und die Flüssigkeit verdampft ist, mit Garam masala abschmecken und mit Koriandergrün bestreuen. Deckel wieder auflegen und bei sehr schwacher Hitze noch 10–15 Minuten ziehen lassen.

CHILIS

(Lat. Capsicum frutescens),
auch Pfefferschoten genannt.

Die frischen oder getrockneten Beerenfrüchte (Schoten) verschiedener Capsicumarten kommen ursprünglich aus Mittel- und Südamerika und wurden schon von den Azteken und Mayas als Würze geschätzt. Als die Spanier Ende des 15. Jh. n. Chr. die Neue Welt entdeckten, nahmen sie auch die zur Familie der Nachtschattengewächse gehörenden, etwa 2 m hohen Chilipflanzen mit.
Die Pflanze hat kleine glänzende Blätter und winzige weiße Blüten. In der feuchtheißen Region des Mittelmeerraumes gedeihen die Pflanzen prächtig.
Heute werden die Capsicumarten auch in Afrika und Asien angebaut. Es gibt unzählige Arten, und alle unterscheiden sich nach Farbe, Größe und Schärfe. Die Farbe reicht von grün über leuchtendrot bis braun und lila-

schwarz, die Größe von winzig bis extrem groß, die Schärfe von mild bis brennend scharf. Generell gilt: je kleiner die Chilis, desto schärfer sind sie. Je grüner sie sind, desto milder schmecken sie.

Die wichtigsten frischen Sorten werden Ihnen vorgestellt:

CAYENNE-CHILIS
Diese kleinen Schoten sind zunächst flaschengrün, färben sich aber nach dem Reifen rot. Schmecken scharf.

JALAPEÑO-CHILIS
Diese scharfen, grünen Schoten bekommt man auch in Dosen oder als Trockenfrüchte vakuumverpackt. Sie sind besonders dickwandig.

Chilis

ANAHEIM-CHILIS

Es sind hellolivefarbene gebogene, spitz zulaufende Schoten, die bis zu 20 cm lang werden können. Schmecken mittelscharf bis mild.

ROTE CHILIS

Sie sind nichts anderes als gereifte grüne Schoten. Sie haben oft einen süßlichen Geschmack.

PEPERONCINI

Eine sehr scharfe, rote Pfefferschote. Es gibt sie frisch und getrocknet. Sie werden vor allem in der italienischen Küche verwendet.

PEPERONI

So bezeichnet man alle unreifen grünen Früchte des Chilipfeffers, also alle grünen Schoten.

VOGELAUGENPFEFFER

Eine sehr scharfe, winzige Chilischote aus dem Fernen Osten, meist Thailand. Sie ist flaschengrün und wird beim Reifen orangerot.

Die beiden bekanntesten getrockneten Chilisorten sind:

ANCHO-CHILIS

Die mittelbraune, runzelige, milde, aber auch scharfe Schote wird auch Poblana genannt.

CHIPOTLE-CHILIS

Dabei handelt es sich um geräucherte Jalapeño-Schoten mit einem aromatischen, rauchigen Geschmack. Sie werden oft konserviert angeboten und sind unentbehrlich in der mexikanischen Küche.

VERWENDUNG

Chilis gibt es frisch, getrocknet oder eingelegt zu kaufen. Sie würzen Tomatensuppen und -saucen, sind aber auch unentbehrlich in Fleischeintöpfen, wie Chili con carne.

LAGERUNG

Frische Chilis halten sich im Gemüsefach des Kühlschranks mehrere Wochen. Getrocknete bleiben mehrere Jahre aromatisch.

KÜCHENTIPS

■ Empfindliche Menschen sollten beim Putzen von Chilischoten Gummihandschuhe tragen, denn das in den Schoten enthaltene Capsaicin ist sehr aggressiv. Anschließend immer die Hände gründlich waschen und während der Arbeit niemals die Augen reiben. Schneidebretter am besten sofort mit einer Bürste gründlich reinigen.

■ Getrocknete Chilis sind oft noch schärfer als frische. Deshalb sollte man hier die Menge reduzieren, falls man sie als Ersatz verwendet.

■ Chilis lassen sich sehr gut mit einer Schere zerkleinern.

■ Sie lassen sich gut einfrieren, aber auch sehr gut trocknen.

REZEPTVORSCHLAG
Mexikanisches Schweinestew

Für 4 Personen

| 1 kg Schweineschulter |
| 1 EL Öl |
| 1 kleine Zwiebel |
| 1 Knoblauchzehe |
| $\frac{1}{2}$ TL getrockneter Oregano |
| $\frac{1}{4}$ TL gemahlener Kreuzkümmel |
| 2 Fleischtomaten |
| 5 milde grüne Chilischoten (z. B. Anaheim-Chilis) |
| etwas Salz |

Das Fleisch in Würfel schneiden, mit kaltem Wasser aufsetzen, zum Kochen bringen und etwa 40 Minuten kochen lassen. Danach abtropfen lassen und im heißen Öl anbräunen. Feingehackte Zwiebel und Knoblauch dazugeben, ebenso Oregano, Kreuzkümmel, gewürfelte Tomaten und entkernte, feingehackte Chilis sowie etwas Salz. Das Stew zugedeckt etwa 10 Minuten bei mittlerer Hitze kochen, dann die Hitze reduzieren und weitere 20 Minuten kochen lassen.

Galgant

GALGANT

Es gibt zwei Sorten: den Ech-ten Galgant (lat. Alpinia officinarum), in Indonesien „kenchur" genannt, und den Großen Galgant (lat. Alpinia galanga), in Thailand „laos" genannt. Auch Galangawur-zel, Siam- oder Thai-Ingwer genannt.

Beide Arten gehören botanisch zur Familie der Ingwergewächse und sind die Wurzeln einer in Südost-asien beheimateten, schilfähnlich wachsenden Pflanze. Sie wird bis zu 2 m groß und hat dickliche, große Blätter mit weißen Blüten und später roten Beeren. Die Wurzeln sind in Südostasien eine beliebte Würzzutat. Der Große Galgant hat wie Ingwer knol-lige Rhizome mit rötlichbrauner oder elfenbeinfarbener Schale. Der Echte Galgant hat gelbliche Rhizome.

GESCHMACK UND AROMA
Beide Sorten ähneln dem Ing-wer, sind aber etwas milder. Sie duften stark nach Zitrus-früchten und Kiefer. Der Echte Galgant hat ein stärkeres Aroma und ist auch schärfer als der Große Galgant.

VERWENDUNG
Galgant gibt es frisch, getrock-net, gemahlen und eingelegt. Er würzt klare Brühen, Ein-töpfe und Kokosnußsaucen und -suppen. Galgant paßt gut zu Fisch und Meeresfrüchten, aber auch zu Geflügel und Lamm sowie zu scharfen Currys und Fleischspießen.

LAGERUNG
Frische Wurzeln halten sich in einem Frischhaltebeutel im Kühlschrank mehrere Tage. Getrocknete Wurzeln luft-dicht verschlossen, kühl und dunkel aufbewahren.

Galgant gilt in China als beliebtes Magenmittel und wirkt appetitanregend.

KÜCHENTIPS

■ Frischer Galgant wird wie Ingwer geschält und dann geraspelt, feingehackt oder in dünne Scheiben geschnitten.

■ Getrockneten Galagant gibt es in Stücken oder als Pulver. Stücke sollten vor der Zubereitung in kaltem Wasser eingeweicht werden.

■ Falls Sie keinen frischen Galgant bekommen, können Sie ihn durch Ingwer ersetzen. Ingwer ist allerdings schärfer und nicht ganz so aromatisch.

REZEPTVORSCHLAG

Kokosnuß-suppe

Für 4 Personen

400 ml dünne Kokosmilch (Dose)

2 Schalotten

15 g frischer Galgant

2 Stengel Zitronengras, in 2 cm große Stücke geschnitten

6 frische kleine rote Chilis

4 Kaffirlimettenblätter

1 TL Salz

300 g Hühnerbrustfilet

200 g Austernpilze

2 EL Limettensaft

$1/2$ EL Fischsauce

3 EL gehacktes Koriandergrün

Kokosmilch in einem Topf zum Kochen bringen, feingehackte Schalotten, in Scheiben geschnittenen Galgant zusammen mit Zitronengras, Chilis, zerzupften Kaffirlimettenblättern und Salz dazugeben und alles zum Kochen bringen. Das Hühnerfleisch in etwa $1/2$ cm dicke Scheiben schneiden und in der Suppe garziehen. Pilze hinzufügen, weitere 2 Minuten kochen lassen. Mit Limettensaft, Fischsauce und Koriandergrün abschmecken.

① ② ③

GETROCKNETE PILZE

Mit dem Wort „Pilz" bezeichnen wir alle Formen eßbarer Schwämme. Sie wachsen wild oder werden gezüchtet, es gibt sie frisch, eingelegt und getrocknet. Als Würzzutat spielen vor allem getrocknete Pilze eine bedeutende Rolle. Sie sind sehr lange haltbar, so daß man immer einen Vorrat davon haben kann. Zum anderen sind sie – mit Ausnahme einiger weniger asiatischer Sorten – wesentlich aromatischer als frische Pilze. Pilze begeistern seit uralten Zeiten die Menschen. Die Azteken aßen Pilze, um bei rituellen Zeremonien visionäre Kräfte zu entwickeln. Die Ägypter glaubten, daß Pilze unsterblich machen; für die Römer galten sie als derartige Delikatessen, daß man sie nur mit feinstem Tafelsilber aß. Hier nun ein Überblick über die bekanntesten getrockneten Pilzsorten.

STEINPILZE ①

Sie gehören zu den vielseitigsten unter den Trockenpilzen. Mit ihrem erdigen, fleischartigen Aroma würzen sie fast jedes pikante Gericht. Sehr gut schmecken sie vor allem im Risotto oder in Pastasaucen. Sie vertragen etwas Süße, deshalb sollte man sie am besten in Marsala oder Muskateller einweichen. Getrocknete Steinpilze gibt es auch als Pulver zermahlen.

PFIFFERLINGE ②

Sie haben einen leicht waldigen Geschmack. Sie passen gut zu Saucen, Suppen sowie Schmorgerichten mit dunklem Fleisch.

MORCHELN ③

Sie sind die teuersten Trockenpilze. Allerdings braucht man auch nicht viel davon, denn sie haben eine sehr intensive Würzkraft. Nur 15–20 g reichen für ein Gericht für 4 Personen. Die eingeweichten Morcheln sollte man vor der Zubereitung kräftig schütteln, damit sich der in den Hüten verbleibende Sand löst. Sie passen gut zu Sahne- und Buttersaucen, Eiergerichten, wie Rührei, aber auch Reis- und Nudelgerichten. Es gibt übrigens auch getrocknete chinesische Morcheln, die den europäischen im Geschmack sehr ähnlich sind.

SHIITAKE-PILZE

Auch Chinapilze oder Tongu genannt. Sie gehören zu den populärsten Pilzen der asiatischen Küche. Sie schmecken sehr aromatisch, leicht rauchig. Shiitake-Pilze können es vom Aroma her durchaus mit getrockneten Steinpilzen aufnehmen. Es gibt viele verschiedene Sorten, und so werden Shiitake-Pilze auch als Blumenpilze oder chinesische Trockenpilze angeboten.

Sie passen gut zu geschmortem Fleisch und Geflügel, aber auch feingehackt an Suppen, Eintöpfe und Saucen. Sie können nach dem Quellen leicht zäh werden, daher hackt man sie am besten fein.

WOLKEN-
UND HOLZOHREN

Sie gehören zu den bekanntesten chinesischen Pilzen. Sie sehen wie zerknittertes, dunkles Wildleder aus, haben eingeweicht eine gallertartige Konsistenz und schmecken weder zu mild noch zu kräftig. Wolkenohren sind kleiner als die Holzohren. Sie werden übrigens auch Mu-Err-Pilze genannt und kosten mindestens doppelt soviel wie Holzohren. Beide Baumpilzsorten sind ideal für chinesische Suppen und pfannengerührte Gerichte. Sie schmecken aber auch zu Fleisch- und Geflügelragouts mit einer feinen Sahnesauce.

REISSTROH-PILZE

Sie wachsen in China auf nassen Reisstrohunterlagen. Die kleinen, graubraunen Pilze erinnern in der Form an Fliegenpilze. Sie sind nicht ganz so würzig wie Champignons. Passen gut zu chinesischen Pfannengerichten.

LAGERUNG

Trockenpilze sind unbegrenzt in luftdicht verschlossenen Behältern an einem kühlen und trockenen Platz haltbar.

KÜCHENTIPS

■ Getrocknete Pilze müssen vor Gebrauch 15 – 30 Minuten eingeweicht werden. Heißes Wasser beschleunigt den Quellvorgang. Doch Pilze niemals in Metallschüsseln einweichen.

■ Einweichflüssigkeit nicht weggießen. Sie wird gefiltert und dann für Suppen, Saucen und Schmorgerichte weiterverwendet. Sie kann aber auch als Fond eingefroren werden.

■ Die gequollenen Pilze werden geputzt und von erdigen Stielen befreit. Danach legt man sie auf Küchenkrepp und tupft sie trocken.

■ Getrocknete Pilze können wie frische Pilze bei schwacher Hitze gegart werden, allerdings brauchen sie ein paar Minuten länger.

■ 85 g getrocknete Pilze entsprechen einer Menge von 450 g frischen.

■ In asiatischen Spezialitätengeschäften findet man inzwischen auch getrocknete Mischungen von Chinapilzen.

GETROCKNETE TOMATEN

Wer im Sommer durch Süditalien fährt, dem sind die vielen Draht-gestelle mit dunkelroten Tomaten-hälften, die dort zum Trocknen ausliegen, ein vertrauter Anblick. Nur 1–2 Tage dauert es, bis die mit Salz bestreuten Tomatenhälften sämtlichen Saft verloren haben und zu einer verschrumpelten, jedoch unbeschreiblich aromati-schen Würzzutat geworden sind. „Pomodori secci" nennen die Italiener diese Köstlichkeit, die es auch bei uns in Delikatessenläden zu kaufen gibt. Man bekommt sie lose oder fertig in Öl eingelegt, oft noch mit Sardellenstücken, Kapern, Peperoncino (→ S. 207) und einem Hauch Oregano gewürzt.

VERWENDUNG

Getrocknete Tomaten würzen Tomatensuppen und -saucen, Pastagerichte, aber auch Risotto sowie Fisch-, Fleisch- und Gemüseragouts. Sie sind ideal für Füllungen, man kann sie aber auch gut pur essen. In Öl eingelegte, getrocknete Toma-ten schmecken als Antipasti oder zu Brot und Käse. Man kann sie aber auch gewürfelt an Salate geben.

LAGERUNG

Getrocknete Tomaten halten sich kühl und dunkel aufbe-wahrt bis zu 1 Jahr. Angebro-chene Tomaten in Öl kann man im Kühlschrank mehrere Wochen lagern.

 KÜCHENTIP

Lose gekaufte, getrocknete Tomaten müssen vor Gebrauch eingeweicht werden, weil sie sonst sehr zäh sind. Man be-deckt sie mit heißem Wasser und läßt sie 1–1 1/2 Stunden stehen. Danach läßt man sie abtropfen und tupft sie mit Küchenpapier trocken.

INGWER

*(Lat. Zingiber officinale),
auch Imber oder Immerwur-
zel genannt.*

*Der getrocknete Wurzelstock der
schilfartigen Ingwerpflanze, die zur
Familie der Gewürzlilien gehört,
ist eines der ältesten und beliebtesten Gewürze der Welt.
Berühmtester Ingwerfan war
übrigens der weise Konfuzius.
Jede Mahlzeit des chinesischen
Religionsstifters – so wird über-
liefert – mußte mit Ingwer
gewürzt werden.
Heimat des Ingwers ist das süd-
liche Asien. Heute wird Ingwer in
fast allen Ländern mit tropischem
Klima angebaut. Hauptlieferant
ist Indien, aber auch Jamaika,
Nigeria, Japan und Brasilien expor-
tieren das Gewürz.
Ingwerknollen sind geweihartig
verzweigt und haben eine kork-
artige Rinde. Sie sind innen hellgelb und faserig, außen haben
sie eine beige bis hellbraune Farbe.*

GESCHMACK UND AROMA

Ingwer schmeckt feinmild,
gleichzeitig aber auch würzig
und hat ein bißchen Schärfe.

VERWENDUNG

Ingwer bekommt man als frische Wurzel, in Stücken in
Sirup eingelegt und getrocknet
in ganzer oder gemahlener
Form. Frischer Ingwer, feingehackt oder geraspelt, ist
hervorragend zum Aromatisieren von eingelegten Gurken,
Kürbissen und Chutneys.
Er gehört an süß-saure Salate,
wie Gurkensalat. Außerdem
ist er eines der wichtigsten Gewürze in der indonesischen
und chinesischen Küche.
Ingwer würzt Kompott, Saft
und Rumtopf sowie Beizen
von Fleisch und Geflügel.
Gemahlener Ingwer gibt Lebkuchen, Printen, Obstsuppen,
Fruchtsalaten und Milchreis,
aber auch pikanten Reisgerichten, Geflügel, Schwein,
Rind, Lamm und Fisch eine
interessante Note.
Eingelegt verwendet man ihn
hauptsächlich für fernöstlich
angehauchte Desserts.

LAGERUNG

Ungeschälte, frische Wurzeln halten sich im Gemüsefach des Kühlschranks im Frischhaltebeutel 3–4 Wochen. Getrockneten Ingwer luftdicht verschlossen, kühl und dunkel aufbewahren. Gemahlener Ingwer verliert schnell sein Aroma, deshalb möglichst bald verbrauchen. Eingelegter Ingwer hält sich luftdicht verschlossen fast unbegrenzt.

KÜCHENTIPS

■ Man schneidet von der Ingwerknolle ein Stück ab und schält es. Je nach Zubereitungsart kann man den Ingwer auf der festen Seite der Haushaltsreibe reiben, ihn grob hacken, in Scheiben schneiden oder durch eine gereinigte Knoblauchpresse drücken.

■ Frischer Ingwer schmeckt fruchtiger, etwas milder als getrockneter und gemahlener.

■ Ingwer harmoniert gut mit Zimt, Kardamom, Koriander, Nelken, Pfeffer und Muskat.

■ Vorsicht beim Dosieren. Ingwer hat nicht immer die gleiche Würzkraft. Je älter und dicker die Knolle, desto schärfer ist Ingwer.

REZEPTVORSCHLAG

Süß-saure Ingwersauce

Für 1 Flasche à ½ l

125 g Zucker
6 cm langes frisches, feingehacktes Ingwerstück
⅛ l Weißweinessig
⅛ l Annanassaft
1 EL Reiswein
1 EL Maisstärke
125 g gegartes Kürbisfleisch

Zucker, Ingwer, Essig, Ananassaft und Reiswein in einem Topf aufkochen lassen. Maisstärke mit 80 ml Wasser verrühren, hineingeben und nochmals aufkochen lassen. Den Kürbis in kleine Würfel schneiden und untermischen. Die Sauce schmeckt gut zum Fondue oder zu gegrilltem Geflügel.

KAPERN

(Lat. Capparis spinosa)

*Kapern sind die eingelegten Blü-
tenknospen des bis zu 1,20 m hohen, dornigen Kapernstrauches,
der überall in den Mittelmeerländern auf trockenen, steinigen
Böden wächst.*

*Schon die alten Ägypter kannten
die würzigen Kapern. Das Wort
„Kapern" geht auf das arabische
„kabar" zurück. Der Kapernstrauch
trägt im Hochsommer wunder-
hübsche weiße oder rosafarbene
Blüttenblätter, die an wilde Rosen
erinnern. Die Kapernblüten blühen
allerdings nur ein paar Stunden.
Kapern werden geerntet, sobald die
Knospen prall gefüllt sind, sich
aber noch nicht geöffnet haben.
Das geschieht in mühsamer
Handarbeit. Danach werden die
Knospen in Essig oder Öl eingelegt oder in Salz konserviert. Die
besten Kapern kommen übrigens
aus Frankreich.*

GESCHMACK UND AROMA

Kapern schmecken schwach
bitter, herbwürzig und leicht
scharf.

VERWENDUNG

Kapern würzen Königsberger
Klopse, Huhn- und Kalbs-
frikassee, Fischragout und
Eiergerichte. Aber auch Tatar,
Salate und verschiedene kalte
Saucen, wie Remoulade
und Vinaigrette, werden mit
Kapern verfeinert.

LAGERUNG

In luftdicht verschlossenen
Gläsern halten sich eingelegte
Kapern etwa 1 Jahr. Ist das
Glas angebrochen, sollten Sie
darauf achten, daß die restlichen Kapern immer mit Lake
bedeckt sind. Ohne Flüssigkeit verderben sie schnell.

Blühender Kapernzweig

KÜCHENTIPS

■ Die Qualität der Kapern hängt von ihrer Größe ab. Die kleinsten „Nonpareilles" mit bis zu 7 mm Durchmesser sind die mildesten und auch die teuersten. Danach kommen die „Surfines" (7–8 mm), die „Capucines" (8–9 mm) und die „Capottes" (9–11 mm). Die großen, „Fines" (11–13 mm) und die „Gruesas" (über 13 mm) bilden die Schlußlichter bezüglich Qualität.

■ Kapern vertragen keine langen Kochzeiten, deshalb am besten erst ganz zum Schluß an die Speise geben. Auch die Flüssigkeit eignet sich als Würze, allerdings sollte sie mit Vorsicht dosiert werden.

■ Essen kann man übrigens auch die 1–2 cm dicken Früchte des Kapernstrauches, Kapernbeeren oder -äpfel genannt. Es gibt sie eingelegt in Salzwasser oder Essig. Sie sind ideal zur Käse- und Wurstplatte.

REZEPTVORSCHLAG

Kalbfleisch in Thunfischsauce

Für 4 Personen

300 g Kalbfleisch

1 EL Öl

1 Knoblauchzehe

50 g Thunfisch in Öl

3–4 Sardellenfilets

3–4 EL Zitronensaft

1 großes Eigelb

75 ml Olivenöl

125 g Sahne

4 EL trockener Weißwein

1 EL Kapern

einige Tropfen Weißweinessig

Salz, schwarzer Pfeffer

1 Prise Cayennepfeffer

1 Prise Zucker

Das Kalbfleisch in Öl gut durchbraten und auskühlen lassen. Das Fleisch in hauchdünne Scheiben schneiden. Auf eine Platte legen. Die geschälte Knoblauchzehe, den Thunfisch und die Sardellenfilets pürieren. Zitronensaft und Eigelb darunterrühren und das Olivenöl tropfenweise mit dem Schneebesen darunterziehen. Die Sahne und den Wein dazugeben und alles zu einer sämigen Sauce verrühren.

Die abgetropften Kapern darunterheben und die Sauce würzen. Die Sauce über das Fleisch geben und etwa 15 Minuten kalt stellen.

REZEPTVORSCHLAG

Grüne Mayonnaise

Für 4 Personen

360 g Mayonnaise

4 Sardellenfilets

2 EL Kapern

je 2 EL gehackte Petersilie, Schnittlauch, Estragon, Kerbel und Dill

Salz, schwarzer Pfeffer

1 Prise Zucker

einige Tropfen Zitronensaft

einige Tropfen Worcestershiresauce

Die Mayonnaise in eine Schüssel geben. Die Sardellenfilets kalt abspülen, trockentupfen und fein hacken. Die Kapern ebenfalls fein hacken. Dann beides zusammen mit den gehackten Kräutern unter die Mayonnaise ziehen. Die Sauce mit Salz, Pfeffer, Zucker, Zitronensaft und Worcestershiresauce abschmecken.

KNOBLAUCH

(Lat. Allium sativum),
auch Knofel, Alterswurzel
oder Stinkzwiebel genannt.

Die Knolle einer bis zu 70 cm
hohen Pflanze, die zur Familie der
Liliengewächse gehört, erfreut
sich seit Jahrtausenden größter
Beliebtheit. Die Pyramidenarbeiter
im alten Ägypten verweigerten die
Arbeit, wenn es keinen Knoblauch
gab; die Römer hielten ihn für
ein Aphrodisiakum. Die Ärzte im
Mittelalter verschrieben ihn als
Mittel gegen Knochenbrüche und
Sommersprossen; im Balkan galt er
als Schutz gegen Vampire. Kein
Wunder also, daß der griechische
Philosoph Pythagoras Knoblauch als
„König der Gewürze" bezeichnete.
Eine Knoblauchknolle besteht
aus einer eiförmigen Hauptzwiebel
und rund 12 oder mehr Neben-
zwiebeln, Zehen genannt. Der
überirdische Teil des Knoblauchs

besteht aus dem Stengel, der
von flachen Blättern umgeben ist.
Zwischen Juli und August blüht
er mit einer Dolde aus kleinen
weißen Blüten. Heimat des Knob-
lauchs ist vermutlich Asien. Heute
wird er jedoch weltweit kultiviert.

GESCHMACK UND AROMA

Knoblauch riecht eigenartig
scharf und durchdringend, etwas nach Schwefel. Er schmeckt
schwach brennend, leicht süßlich. Den Knoblauchduft
verursacht übrigens ein ätherisches Öl.

VERWENDUNG

Knoblauch gibt es frisch als
ganze Knollen, getrocknet
als Granulat oder Pulver, mit
Salz vermischt (→ S. 92),
aber auch eingelegt, als Püree
in Gläsern oder Tuben aber
auch tiefgefroren. Knoblauch
paßt zu fast allen Fleisch-,
Fisch- und Geflügelgerichten.
Er würzt Salate und Saucen,
aber auch Butter, Quark und
Mayonaise. Suppen, Eiergerichte, Gemüse und Aufläufe
werden gerne mit Knoblauch
abgeschmeckt.
Bei Spezialitäten aus dem
Mittelmeerraum und auch
in der asistischen Küche
darf Knoblauch nicht fehlen.

LAGERUNG

Frische Zehen halten sich kühl und trocken mehrere Monate. Am besten halten sich übrigens geräucherte Knollen, die es im Winter zu kaufen gibt. Sie haben ihre Keimfähigkeit verloren.

ANWENDUNG

IN DER HEILKUNDE

Knoblauchzehen haben eine antiseptische Wirkung. Sie helfen gegen Schleimhautentzündungen, Erkältung, Bronchitis. Knoblauch wirkt harntreibend und schleimlösend.

KÜCHENTIPS

■ Knoblauchzehen entfalten ihr Aroma gleichmäßig im Gericht, wenn man sie entweder durch eine Knoblauchpresse preßt oder mit Salz bestreut und mit der Breitseite eines großen Messers zerquetscht.

■ Knoblauch mag keine starke Hitze, er verbrennt sonst und schmeckt bitter. Allerdings wird er von Anfang an mitgekocht, verliert er an Schärfe.

■ Allerbeste Knoblauchzeit ist das Frühjahr. Dann schmecken die Zehen wesentlich milder und saftiger als in der übrigen Zeit.

REZEPTVORSCHLAG
Aïoli

Für 4 Personen

4 Knoblauchzehen
1/4 TL Salz
3 frische Eigelb
1/4 l kaltgepreßtes Olivenöl
Saft von 1 Zitrone
1 EL heißes Wasser

Knoblauchzehen schälen, zusammen mit dem Salz im Mixer pürieren. Eigelbe einzeln unter Laufen des Mixers dazugeben, dann das Öl in einem dünnen Strahl einlaufen lassen. Weiter mixen lassen. Hin und wieder ein paar Tropfen Zitronensaft zugeben. Sobald Öl und Zitronensaft verbraucht sind, das Wasser angießen. Die Sauce mit etwas Salz abschmecken.

KURKUMA

(Lat. Curcuma longa),
auch Gelbwurz, chinesische
Wurzel, indischer Safran
genannt.

Der knollige Wurzelstock einer
bis zu 1 m hohen, gelbblühenden
Pflanze, die zur Familie der
Ingwergewächse gehört, stammt
ursprünglich aus Südasien. Dort
und auf dem gesamten indischen
Subkontinent spielt Kurkuma als
Arznei bei Hautkrankheiten,
als Farbstoff für Priestergewänder
und auch als Gewürz seit ur-
alten Zeiten eine große Rolle.
Im Gegensatz zum Ingwer ist die
Kurkumaknolle rund, hat eine
gelbbraune Rinde und orangefar-
benes Fruchtfleisch. Die Farbe
wird übrigens vom Curcumin her-
vorgerufen, das — wie der Name
schon sagt — nur in Kurkuma vor-
kommt.

GESCHMACK UND AROMA

Kurkuma schmeckt leicht
bitter, sehr aromatisch und
riecht ingwerähnlich.

VERWENDUNG

Kurkuma gibt es bei uns als
ganze, getrocknete Knolle
oder gemahlen als Pulver.
Es ist ein wichtiger Bestandteil
von Currypulver, Senf und
Piccalilli. Kurkuma würzt und
färbt südindische Gemüse-
gerichte und Pilaus, Currys
und Chutneys, aber auch Reisgerichte, Saucen sowie eng-
lisches Senfgemüse und Eiergerichte. Kurkuma paßt zu
Geflügel, Fisch und Meeresfrüchten, aber auch zu Bohnen,
Linsen und Kartoffeln. Auch
Süßspeisen werden mit einer
Prise Kurkuma gefärbt.

Die Knollen kühl und dunkel, das Pulver luftdicht verschlossen aufbewahren. Das Kurkumapulver verliert schnell an Geschmack, deshalb nur kleine Mengen kaufen.

ANWENDUNG

IN DER HEILKUNDE

Kurkuma ist ein bewährtes Magen- und Nierenmittel, es hilft bei Gallensteinen und Gallenblasenentzündungen.

REZEPTVORSCHLAG

Gemüsepilau

Für 4 Personen

1 kleine Zwiebel

90 g Butterschmalz

200 g Blumenkohlröschen

200 g geschälte, gewürfelte Kartoffeln

200 g Erbsen

200 g grüne Bohnen, in Stücke geschnitten

200 g gewürfelte Möhren

$^1/_2$ TL gemahlenes Kurkuma

$^1/_2$ TL Ingwerpulver

etwas Kardamom

1 Lorbeerblatt

2 Nelken

2 schwarze Pfefferkörner

etwas Salz

125 g Reis

Zwiebeln schälen, in Ringe schneiden und in etwas Butterschmalz anrösten. Herausnehmen und warm stellen. Das Gemüse und die Kartoffeln nacheinander im Butterschmalz braten, an die Seite stellen. Die Gewürze ins Fett geben und kurz anbraten. Den Reis dazugeben, etwa 2 Minuten anbraten, dabei ständig rühren. 450 ml kochendes Wasser dazugeben, den Reis so lange kochen, bis das Wasser verdampft ist. Reis, Gemüse, Kartoffeln und Gewürze vermengen, in eine feuerfeste Form geben und im heißen Ofen bei 250 °C 15–20 Minuten garen. Mit den Zwiebelringen garnieren.

MEERRETTICH

(Lat. Armoracia rusticano oder Cochlearia armoracia), auch Kren, Rachenputzer oder Pfefferwurzel genannt.

Die lange, braungelbe Pfahlwurzel einer in Südosteuropa beheimateten, etwa 60 cm großen Pflanze ist ein Mitglied der Familie der Kreuzblütler. Der Name hat mit dem Wort „Meer" nichts zu tun. Man vermutet, daß die aromatische Wurzel ursprünglich der „Mährische Rettich" genannt wurde. Also Rettich, der von dem im Mittelalter mächtigen, slavischen Volk der Mähren gegessen wurde.

Bei uns wird die ausdauernde Staude mit ihren länglichen Blättern und den zahlreichen, kleinen weißen Blüten seit etwa 800 Jahren angebaut.

GESCHMACK UND AROMA

Meerrettich schmeckt scharf und beißend. Er riecht so scharf, daß einem dabei fast die Tränen kommen.

VERWENDUNG

Meerrettich gibt es frisch oder gerieben, außerdem getrocknet in Flocken oder als Pulver, als Sauce oder Creme zu kaufen. Roh gerieben oder geraspelt paßt er als Beilage zu gebratenem und gekochtem Rindfleisch und Fisch oder in den Salat. Gerieben oder gemahlen würzt er Saucen und Suppen, aber auch Gemüse, Eintöpfe und Eiergerichte.

LAGERUNG

Frische Wurzeln halten sich
eine Weile im Kühlschrank,
wenn man sie eingewickelt in
das Gemüsefach legt. Angebrochene Pasten und Saucen
halten sich mehrere Monate
im Kühlschrank. Das Pulver
ist unbegrenzt haltbar, wenn
man es luftdicht verpackt,
kühl und dunkel aufbewahrt.

 KÜCHENTIPS

■ Im Herbst, der Haupternte-
zeit, hat Meerrettich die
größte Würzkraft. Im Frühjahr
läßt diese deutlich nach.

■ Meerrettich immer erst
ganz zum Schluß an warme
Gerichte geben, sonst verfliegt
sein Aroma.

■ Meerrettich reizt die
Schleimhäute nicht so stark,
wenn man ihn am offenen
Fenster reibt und ihn dann
sofort mit Zitronensaft beträufelt und anschließend abdeckt.

■ Kaufen Sie keinen gekeim-
ten oder grünlich verfärbten
Meerettich. Er schmeckt leicht
bitter.

DAIKON-
MEERRETTICH

Dieser asiatische Rettich gehört zur Familie der Winter-
rettiche und ist im Vergleich
zum normalen Meerrettich
weiß. Er hat ein festes Fruchtfleisch, schmeckt milder als
andere Rettichsorten und
wird vor allem frischgeraspelt
oder gerieben in der japanischen Küche verwendet. Die
Chinesen verarbeiten ihn zu
süß-sauren Pickles. Eingelegt
heißt er in Korea „kirichi", in
Japan „takuan". Man bekommt
ihn in asiatischen Spezialitätenläden.

WASABI

Auch grüner Meerrettich genannt. Er ist ebenfalls unentbehrlich in der japanischen Küche. Wasabi ist im Geschmack dem scharfen, geriebenen Meerrettich sehr ähnlich, hat allerdings eine hellgrüne Farbe. Frische Wurzeln sind bei uns kaum erhältlich, dafür aber Paste und Pulver, das wie Senfpulver mit Wasser angerührt werden muß. Wasabi würzt japanische Sushis oder Sashimi, schmeckt als Grillsauce auf Mayonnaisebasis und als Salatmarinade. Wasabi paßt wie normaler Meerrettich zu gebratenem und gekochtem Fisch und Fleisch.

REZEPTVORSCHLAG

Barbecue-Wasabi-Sauce

Für 4 Personen

1 TL Wasabipulver
150 ml Crème double
1 $^1/_2$ TL Zitronensaft
1 EL Sojasauce
2 EL Mayonnaise

Das Wasabipulver mit 1 TL lauwarmem Wasser anrühren. Die Paste etwa 10 Minuten ruhen lassen, damit sich das Aroma entfaltet. Danach mit Crème double, Zitronensaft, Sojasauce und Mayonnaise verrühren. Schmeckt gut zu gegrillten Würstchen, Fleisch- und Geflügelspießen.

im Reifegrad. Unreife Oliven sind grün, ausgereifte schwarz. Da frisch geerntete Oliven kno- chenhart und bitter sind, müssen sie zunächst eingelegt werden. Erst nach einer 1- bis 3mona- tigen Behandlung werden sie genießbar. Durch die Gärung verlieren sich die Härte und der bittere Geschmack. Oliven werden als ganze Früchte eingelegt, oft aber auch leicht zerdrückt, weil dann die im Fruchtfleisch vor- handenen Bitterstoffe schneller entzogen werden.

OLIVEN

(Lat. Olea europaea)

Die kleinen, ovalen Früchte des Ölbaums gehören zu den ältesten Früchten, die wir kennen. Ihre ersten Spuren gehen bis in das Jahr 3500 v. Chr. auf die Insel Kreta zurück. Die Semiten sollten schon 3000 v. Chr. Oliven ange- baut haben. Gesalzene, grüne Oli- ven wurden bei Ausgrabungen in Pompeji gefunden. Der Kaiser Konstantin VIII. von Byzanz (919–959 n. Chr.) soll angeblich Oliven genauso gern gegessen haben wie Kaviar. Hauptanbaugebiet für Oliven ist nach wie vor der Mittelmeerraum. Der Unterschied zwischen grünen und schwarzen Oliven besteht

SORTEN

Aus Spanien kommen fast vor- wiegend grüne Oliven, häufig schon entsteint und gefüllt mit Mandeln, Pimientos, Anchovis, Kapern oder Zwie- beln. Am besten sind übrigens die hellgrünen, spanischen Manzanillas. Frankreich ver- sorgt uns mit den länglichen, kräftig grünen Picholine und den kleineren ausgereiften Nicoise. Italien produziert überwiegend schwarze Oliven, z. B. die milde Ponentine, die runzelige Gaeta und die salzige Lugano. Aus Griechen- land kommen hauptsächlich violette und schwarze Oliven, z. B. die prallen Kalamatas.

Oliven gibt es lose und in Gläsern in Salzlake oder in Öl eingelegt, mit Kräutern gewürzt. Sie schmecken pur als Vorspeise, würzen aber auch Saucen, Salate sowie Wild, Fleisch, Geflügel und kräftige Fischgerichte. Sie sollen nicht auf der italienischen Pizza und in vielen Pastasaucen fehlen. Sie passen zu Gemüse, wie Aubergine, Paprika, Zucchini und Tomate.

LAGERUNG

Lose Oliven sollten innerhalb von 2 Tagen nach dem Kauf verbraucht werden. Eingelegte Oliven halten sich unangebrochen mehrere Jahre. Einmal geöffnet sollten sie innerhalb von ein paar Tagen verbraucht sein.

KÜCHENTIP

Oliven schimmeln im geöffneten Glas nicht so leicht, wenn man eine Zitronenscheibe darauflegt und das Glas gut verschlossen in den Kühlschrank stellt.

REZEPTVORSCHLAG

Tapenade

Für 4 Personen

150 g schwarze Oliven ohne Stein

2 eingelegte Sardellenfilets

1 getrocknete Chillischote

4 Knoblauchzehen

je 1 TL frischer Rosmarin und Thymian

6 Salbeiblätter

1 EL Kapern

ca. 100 ml Olivenöl

1 TL Zitronensaft

Salz

schwarzer Pfeffer aus der Mühle

Oliven fein hacken und mit den Sardellenfilets, der entkernten Chilischote, den Knoblauchzehen, den Kräutern und den Kapern im Mixer pürieren. Nach und nach das Olivenöl dazugießen, bis eine sämige Paste entsteht. Mit Zitronensaft, Salz und Pfeffer abschmecken. Die Olivenpaste schmeckt gut auf gerösteten Weißbrotscheiben.

TAMARINDE

(Lat. Tamarindus indica), auch Indische Dattel oder Sauerdattel genannt.

Die braunen Schoten des Tamarindenbaumes, der zur Familie der „Caesalpiniacae" gehört, wurden schon vor über 2000 Jahren von den Indern als Würze benutzt. Heimat des bis zu 25 m hohen, immergrünen Baumes mit seinen gefiederten Blättern und zuerst weißen, dann gelben Blüten ist aber vermutlich Ostafrika. Heute ist die Tamarinde in Südostasien und Indien, aber auch im Mittleren Osten und in der Karibik ein beliebtes Würzmittel. Das Mark der Schoten wird dort wie Essig oder Zitronensaft als Säuerungsmittel verwendet.

GESCHMACK UND AROMA

Tamarindenmark enthält sehr viel Weinsäure und schmeckt angenehm fruchtigsäuerlich. Das Mark hat einen dezenten feinen Duft.

VERWENDUNG

Tamarinde wird hauptsächlich als Paste in Gläsern oder Dosen angeboten. Es gibt auch getrocknetes Mark in Blöcken, ganz selten findet man in asiatischen Lebensmittelläden ganz frische Schoten. Außerdem bekommt man Tamarindensirup in Flaschen. Tamarinde eignet sich, da sie sehr viel Pektin enthält, ideal zur Herstellung von Marmeladen und Gelees. Sie würzt Pickles, Chutneys und Relishes, aber auch indische Currys, Gemüseeintöpfe, Reis- und Linsengerichte. Sehr gut paßt Tamarinde aber auch zu Meeresfrüchten, wie Garnelen, zu Fleisch und zu Geflügel, in Marinaden und Salatdressings. In der Karibik und im Mittleren Osten ist sie, mit Wasser und Zucker vermischt, ein beliebtes Erfrischungsgetränk.

LAGERUNG

Die getrocknete Tamarinde hält sich fast unbegrenzt. Angebrochene Paste sollte dagegen innerhalb von ein paar Wochen verbraucht werden.

KÜCHENTIPS

■ Sowohl das getrocknete Tamarindenmark als auch die Paste müssen vor der Zubereitung in heißem Wasser eingeweicht werden.

■ Beim getrockneten Mark bricht man ein etwa aprikosengroßes Stück ab, drückt es leicht flach und weicht es 15–30 Minuten in einigen Löffeln Wasser ein. Dann streicht man die Mischung durch ein dünnes Sieb.

■ 30 g Paste reichen für 300 ml flüssiges Tamarindenwasser oder 150 ml dickliches Tamarindenwasser.

REZEPTVORSCHLAG

Forelle in Tamarindensauce

Für 4 Personen

4 küchenfertige Forellen
4 Dillzweige
4 Limettenscheiben
4 EL Öl
4 Frühlingszwiebeln
1 cm langer, frischer Ingwer
1 Knoblauchzehe
1 TL Senfkörner
¼ TL Cayennepfeffer
3 TL Tamarindenpaste
6 TL Tomatenmark

Die Forellen mit je 1 Dillzweig und 1 Limettenscheibe füllen und beiseite legen. 2 EL Öl erhitzen, Zwiebelscheiben darin andünsten, geriebenen Ingwer und zerdrückten Knoblauch sowie Senfkörner dazugeben, etwa 1 Minute erhitzen. Cayennepfeffer, Tamarindenpaste, Tomatenmark und 100 ml Wasser einrühren, aufkochen und 5 Minuten köcheln lassen, bis die Sauce dicker wird. Inzwischen die Fische mit restlichem Öl bestreichen und von beiden Seiten etwa 5 Minuten grillen.

ZITRUSFRÜCHTE

Die zur großen Familie der Rautengewächse zählenden Zitrusfrüchte sind nach wie vor das beliebteste Fruchtgemüse in der Küche. Als Gewürz werden jedoch hauptsächlich der Saft und die Schale von Zitronen, Limetten und Orangen verwendet.

ZITRONEN
(Lat. Citrus limon)
Sie sind die Früchte eines kleinen Baumes mit grünen Blättern und kleinen, duftenden weißen Blüten, der vermutlich ursprünglich aus Hinterindien stammt. Heute gedeihen Zitronenbäume in allen mittelmeerartigen und subtropischen Klimazonen. Schon Römer und Griechen kannten die Zitrone, so richtig populär wurde sie jedoch erst im 16. Jh. n. Chr.

GESCHMACK UND AROMA
Zitronen haben einen hohen Gehalt an Zitronensäure, daher schmecken sie scharf säuerlich.

VERWENDUNG
Zitronensaft würzt Salatsaucen, Marinaden für Fleisch, Fisch und Geflügel. An hellen Saucen, zartem Gemüse sowie Fisch und Krustentieren darf die Zitrone ebenso wenig fehlen, wie an Marmeladen, Gelees, Desserts und Obstsalaten sowie Mixgetränken. Zitronensaft verhindert außerdem das Braunwerden von geschältem Obst und Gemüse, wie Äpfeln, Sellerie und Champignons. Die abgeriebene Zitronenschale – es gibt sie frisch und getrocknet – würzt Kuchen und Gebäck, süße Aufläufe sowie Quark- und Joghurtspeisen, aber auch kräftige Schmorgerichte, wie Ossobucco.

KANDIERTE ZITRONENSCHALE
Auch Succade oder Zitronat genannt.
Sie stammen von der Zedrazitrone, einer grünen Verwandten der gelben Zitrone. Sie sind unentbehrlich beim Backen.

LIMETTEN
(Lat. Citrus aurantifolia), oft auch Limonen genannt.
Es sind birnenförmige, etwa 4–5 cm kleine, grüne Früchte des Limettenbaumes. Ursprünglich in Südostasien beheimatet, werden sie heute aber auch in Südamerika, Afrika, in der Karibik und den USA angebaut. Limetten haben eine weiche Schale, sind anfangs dunkelgrün, später grüngelb und doppelt so saftig wie Zitronen.

GESCHMACK UND AROMA
Limetten sind etwas aromatischer als ihre gelben Verwandten, die Zitronen. Ihre Schale schmeckt wie eine Mischung aus Zitrone, Waldmeister und Tannennadeln.

VERWENDUNG
Limettensaft und die abgeriebene Schale lassen sich wie Zitronensaft und -schale verwenden, besonders gut schmeckt der Saft jedoch in Mixgetränken und in Salatsaucen.

ORANGEN

**(Lat. Citrus sinensis),
auch Apfelsinen oder Süße
Orangen genannt.**
Es sind die orangefarbenen
Früchte des bis zu 12 m hohen
Orangenbaumes. Ursprüng-
lich kommen die Orangen aus
China, denn das Wort Apfel-
sine bedeutet „Apfel aus China".
Heute werden sie überall
in den Subtropen und Tropen
angebaut. Aus den weißen,
aromatisch duftenden Blüten
bilden sich runde bis ovale
Früchte, deren Schale je nach
Sorte unterschiedlich dick ist.

GESCHMACK UND AROMA
Orangen schmecken fruchtig
süßlich bis leicht bitter und
sehr aromatisch.

VERWENDUNG
Orangensaft würzt Salatsaucen
und Obstsalate, Joghurt
und Mayonnaise. Kombiniert
mit Sojasauce und Chili ergibt
er eine delikate Marinade
für gegrilltes Geflügel und
Schweinefleisch. Außerdem
ist der Saft unentbehrlich für
Mixgetränke. Die abgeriebene Schale – frisch oder getrocknet – würzt Kuchen und
Cremes, aber auch pikante
Saucen, Geflügel, Fleisch und
Fisch sowie süße Aufläufe.

Zitronenbaum

KANDIERTE ORANGENSCHALE

Auch Orangeat genannt.
Sie stammt zumeist von der Bitterorange, auch Pomeranze genannt. Sie paßt zu Gebäck, Stollen und Früchtebrot sowie zu Süßspeisen.

LAGERUNG

Der Saft von Zitrusfrüchten hält sich im Kühlschrank mehrere Tage. Benötigte Schale sollt möglichst immer frisch gerieben werden. Getrocknet hält sie sich jedoch mehrere Monate. Der Saft läßt sich auch sehr gut im Eiswürfelbehälter einfrieren.

KÜCHENTIPS

■ Die meisten Zitrusfrüchte mit Ausnahme von Limetten, sind aus Haltbarkeitsgründen mit Diphenyl behandelt. Das Mittel gelangt zwar in der Regel nicht ins Fruchtfleisch, sitzt jedoch in der Schale fest, so daß diese zum Verzehr ungeeignet ist. Deshalb müssen alle behandelten Früchte vor dem Abreiben sorgfältig mit heißem Wasser abgewaschen werden. Am besten ist es noch, nur unbehandelte Früchte kaufen.

■ Zitrusfrüchte geben mehr Saft ab, wenn man sie vor dem Auspressen auf dem Tisch hin und her rollt.

■ Frische Zitrusfrüchte haben eine glänzende Schale. Sind sie überlagert, wird die Schale matt.

■ Kleine Zitronen sind dünnschaliger und saftiger als große.

ZWIEBEL

(Lat. Allium cepa),
auch Sommerzwiebel,
Küchenzwiebel, Bolle oder
Zipolle genannt.

Die Knolle einer zur Familie der
Liliengewächse gehörenden Pflanze
mit ihren grasähnlichen Blättern
und doldenähnlichen grünweißen
Blüten ist eines der ältesten
und zugleich das bei uns am mei-
sten verzehrte Gemüse. Schon
2000 – 3000 v. Chr. war die Zwie-
bel zuerst in China, dann in
Indien und im Zweistromland
beheimatet. Die römischen Söldner
brachten die „Jungfer mit den
sieben Häuten", wie die Zwiebel
auch liebevoll genannt wird, mit
nach Germanien. Die mittelgroße
Speisezwiebel mit der braunen,
papierartigen Schale ist die
gebräuchlichste aller Zwiebeln.

GESCHMACK UND AROMA
Die Speisezwiebel schmeckt
scharfwürzig.

VERWENDUNG
Speisezwiebeln gibt es frisch,
getrocknet und gemahlen
als Zwiebelpulver, mit Salz
als Zwiebelsalz, geröstet als
Flocken und als Granulat.
Gehackte, frische Zwiebeln
werden im Glas und in der
Tube sowie tiefgefroren angeboten. Zwiebeln würzen
Salate, Salatmarinaden sowie
Eintöpfe und Suppen aber
auch Schmorgerichte, Eierspeisen und Kartoffeln.

LAGERUNG
In einem kühlen, dunklen
und gut belüfteten Raum halten sich Zwiebeln etwa 1 Jahr.
Angeschnittene Zwiebeln
halten sich in Frischhaltefolie
im Kühlschrank etwa 1 Tag.

ANWENDUNG
IN DER HEILKUNDE
Zwiebeln enthalten neben vielen Vitaminen und Mineralien
auch ein ätherisches Öl, das
Blutdruck und Cholesterin-
spiegel günstig beeinflußt. Außerdem ist es entzündungs-
hemmend und wirkt somit bei
Husten und Heiserkeit.

KÜCHENTIPS

■ Zwiebeln immer erst unmittelbar vor dem Gebrauch schälen und schneiden. Sie verlieren sonst ihr Aroma.

■ Vorsicht bei Netzware. Eine einzige faule Zwiebel kann den ganzen Netzinhalt verderben.

■ Kaufen Sie nur feste, pralle Knollen mit trockener Schale. Sie dürfen sich nicht weich oder hohl anfühlen und keine grünen Spitzen haben.

DIE ZWIEBEL-VERWANDTSCHAFT

Es gibt Hunderte von Zwiebelsorten, die in Farbe, Größe und Geschmack differieren. Hier ein Überblick über die wichtigsten Sorten.

SCHALOTTEN

Sie sind die edelsten aller Zwiebeln. Sie sind umhüllt von einer rötlichbraunen Schale. Sie schmecken feinaromatisch und sind ideal für Ragouts und Saucen, wie Sauce Bearnaise und Sauce Bercy.

ROTE ZWIEBELN

Sie stammen oft aus Italien und den Balkanländern. Sie haben eine dünne, leuchtend rote bis rötlichbraune Schale und schmecken mildwürzig, fast ein bißchen süßlich. Am besten kommen sie roh zur Geltung, da beim Kochen ihre Farbe ausblutet. Sie passen gut zu Salaten und Salatmarinaden und sind sehr beliebt als Garnitur. Rote Zwiebeln sind nicht lange lagerfähig.

GEMÜSEZWIEBELN

Diese großen, goldbraunen Zwiebeln wiegen mehr als 200 g das Stück. Sie sind ausgesprochen saftig und haben ein mildes, leicht süßliches Aroma. Ideal für Zwiebelsalate, Gemüsegerichte und für Suppen. Sie sind nicht lange lagerfähig.

FRÜHLINGSZWIEBELN

Sie sind unreife Pflanzen, deren Zwiebel sich noch nicht vollständig gebildet hat. Die langen, grünen Stengel können wie bei Schnittlauch oder Lauch mitgegessen werden. Frühlingszwiebeln haben ein frisches, saftiges Aroma.

Die Zwiebelverwandtschaft

Sie passen ideal zu Salaten, in Quark, zu chinesischen Gerichten und Suppen. Im Frischhaltebeutel bleiben sie im Gemüsefach des Kühlschranks 4–6 Tage frisch.

LAUCHZWIEBELN

Auch Bundzwiebeln genannt. Sie haben nur eine schwach ausgebildete Knollenform und einen weißen, im Mittel 40–50 cm langen Schaft und frisches, grünes Laub. Sie können wie Frühlingszwiebeln verwendet werden.

Lauchzwiebeln halten sich allerdings im Kühlschrank nur 1–2 Tage, da sie sehr wasserreich sind.

PERLZWIEBELN

Auch Silberzwiebeln genannt. Sie sind mit höchstens 2,5 cm Durchmesser die kleinste Abart der Speisezwiebel. Es gibt sie leider nur sehr selten frisch auf dem Markt. Sie schmecken angenehm würzig und eignen sich ideal zum Einlegen in Essig. Ihre Haut läßt sich übrigens leichter schälen, wenn man sie vorher mit heißem Wasser überbrüht.

Essig

Essigsorten

ESSIG

*Essig ist eine der ältesten Würzzu-
taten der Welt. Schon die Babylo-
nier und Ägypter, die Perser, Griechen und Römer kannten Essig zur
Haltbarmachung von Fleisch und
Gemüse, zum Würzen von Speisen,
verdünnt mit Wasser als Erfrischungsgetränk und als Heilmittel
gegen Hundebisse, Trunksucht und
Husten. Im Prinzip wird das
Naturprodukt Essig noch heute so
hergestellt wie vor Tausenden von
Jahren.*

DIE HERSTELLUNG

Essig entsteht, wenn alkoho-
lische Flüssigkeiten, wie Trau-
benwein oder Branntwein,
mit Hilfe von Sauerstoff vergoren werden.

Beim traditionellen Rund-
pumpverfahren wird angego-
rene Maische (mit Essig und
Nährstoffen angemischter
Alkohol) unter entsprechender
Luftzufuhr und Kühlung mehr-
fach durch 4–5 m hohe Behäl-
ter gepumpt, die mit von
Essigsäurebakterien besiedelten
Buchenspänen gefüllt sind.
Nach 4–10 Tagen ist aus dem
Alkohol Rohessig entstanden.
Nur 24 Stunden dauert die
Rohessigherstellung mit dem
submersen Gährungsverfahren.

Hier werden Bakterien direkt der Maische zugeführt und durch ein Gebläse mit Sauerstoff versorgt. Wenn der Alkohol so gut wie vergoren wird, wird der Rohessig in Lagerbottiche gefüllt, wo er bis zu 1 Jahr reift. Danach wird er gefiltert, typisiert, d. h. nach Sorten gemischt, und mit so viel Wasser verdünnt, daß er den gesetzlich vorgeschriebenen Säuregehalt von 5–6 % erhält.

ESSIGSORTEN

Je nach vergorenem Rohstoff erhält man eine andere Essigsorte.

REINER ODER ECHTER WEINESSIG

Er wird aus 100 % Rotwein oder Weißwein hergestellt. Seine Qualität hängt von der des Weines ab. Die besten Sorten reifen nach dem Orléans-Verfahren in Eichenfässern, bei dem sich die Essigkultur auf natürliche Weise bildet. Rotweinessig ist kräftiger, Weißweinessig milder im Geschmack. Zu den echten Weinessigen gehören auch der kräftige Riojaessig aus Spanien und der Bordeauxessig aus Frankreich.

WEINESSIG

Ein preisgünstiger Verschnitt aus 80 % Branntweinessig und 20 % Weinessig.

BRANNTWEINESSIG

Er entsteht aus Branntweinmaische. Branntweinessig ist der bei uns am meisten produzierte Essig und wird auch als Tafelessig verkauft.

APFELESSIG

Diese Essigsorte wird aus vergorenem, naturtrübem Apfelsaft gewonnen. Er hat 5 % Säure und paßt ideal zu Frucht- und Blattsalaten.

BALSAMESSIG

Auch Aceto balsamico genannt. Er wird aus dem Most von Trebbianotrauben hergestellt. Der Most wird langsam eingekocht, bis er eingedickt ist. Dann kommt er in schon für die Essigherstellung gebrauchte Eichen- oder Kastanienfässer, deren Essigrückstände den Fermentierungsprozeß auslösen. Im Laufe der Zeit verdunstet der Rohessig und wird jedes Jahr in kleinere Fässer aus verschiedenen Harthölzern umgefüllt. Balsamessig soll mindestens 4–5 Jahre, kann aber auch 12 bis über 40 Jahre reifen. Je älter er ist, desto konzentrierter und aromatischer ist er. Der beste Balsamessig ist der „Aceto balsamico tradizionale", der aus der Provinz Modena stammt und dessen Herstellung und Lagerung streng von einem Konsortium überwacht wird. Er ist mindestens 12 Jahre alt und weniger ein Essig als mehr eine Aromazutat. Paßt hervorragend über gegrillte Speisen und warmes Gemüse, aber gehört auch in Tomaten- und Bratensaucen sowie Obstsalate.

BIERESSIG

Er wird aus Biermaische gewonnen. Bieressig hat 5 % Säure und paßt gut zu herzhaften Eintopfgerichten, Knödeln und Kartoffelsalaten.

CIDREESSIG

Eine Variante des Obstessigs, die aus Apfelpulp oder Cidre gewonnen wird. Der blaßgrüne Essig schmeckt kräftigsäuerlich und wird vor allem in der nordamerikanischen Küche für Pickles genommen.

CHAMPAGNERESSIG

Dieser Essig wird aus 100 % Champagner hergestellt und hat ein noch feineres Aroma als echter Weinessig.

FRUCHTESSIG

Die bekanntesten Fruchtessige, wie Himbeeressig, Erdbeeressig, Feigenessig, Passionsfruchtessig, Waldbeeressig oder Zitronenessig, werden vorwiegend aus Weinessig hergestellt, dem man Aromastoffe zusetzt. Sie sind ideal für milde Blattsalate und feine Saucen.

KARTOFFELESSIG

Er wird aus Kartoffelmaische gewonnen, der frischer Kartoffelsaft zugesetzt wird. Er ist kräftig im Geschmack und reich an Mineralstoffen wie Kalium und Magnesium.

KRÄUTER- UND GEWÜRZESSIG

Ein mit verschiedenen Kräutern und/oder Gewürzen aromatisierter Essig. Als Aromazutat dienen z. B. Estragon, Basilikum, Thymian, Zitronenmelisse, aber auch Wacholderbeeren und Knoblauch. Diese Essige gibt es sowohl auf Basis von Branntwein- als auch von Rot- und Weißwein-

Aromatisierte Essige

essigen. Sie passen ideal zu Salaten, feinen Saucen und südländischen Gerichten.

MALZESSIG

Er wird aus gekeimter Gerste hergestellt und ist vor allem in England und Skandinavien sehr beliebt. Der sehr kräftige Essig ist unentbehrlich in der Worcestershiresauce. Malzessig paßt zum Einmachen von Zwiebeln und Gurken, würzt Chutneys, Relishes und die bekannten englischen „fish and chips".

OBSTESSIG

Der aus dem Most verschiedener, nicht deklarierter Früchte gewonnene Essig wird in Deutschland allerdings hauptsächlich aus Äpfeln hergestellt. Obstessig ist besonders in den USA beliebt, schmeckt sehr mildfruchtig und paßt gut zu Rohkostgerichten, Chutneys und Salaten. Er kann aber auch mit Mineralwasser verdünnt getrunken werden.

REISESSIG

Der aus Reiswein hergestellten Essig gibt es in verschiedenen Sorten: süßlichmilden mit 3 % Säure und kräftigeren mit 5 % Säure, dunklen aus Naturreis mit ausgeprägtem Aroma und dickflüssigen, sehr intensiv duftenden aus China.
Generell gilt: Reisessige aus China sind wesentlich schärfer als die japanischen Sorten.
Reisessig ist ideal zum Aromatisieren von Sushi, für Dressings, Mayonnaisen und zum Einlegen von Gemüse. Der schwarze Reisessig ähnelt dem Balsamessig. Er paßt hervorragend zum Schmoren, zu Dips und Saucen.

ROSINENESSIG

Er wird aus vergorenem Rosinensud gewonnen. Paßt gut zu pikanten Salaten und zum Marinieren von Fleisch.

SHERRYESSIG

Dieser Essig entsteht aus dem zur Sherryherstellung verwendeten Most. Er schmeckt leicht süßlich und ist sehr aromatisch. Sherryessig paßt gut zu Rohkostsalaten und Wildgerichten, aber auch zum Ablöschen von Bratensatz und zum Beträufeln warmer Gemüsegerichte.

ESSIGESSENZ

Sie wird chemisch hergestellt und hat einen Säureanteil zwischen 15,5 % und 25 %. Die farblose, stark ätzende, stechend riechende Flüssigkeit ist unverdünnt getrunken lebensgefährlich. In der vorgeschriebenen Verdünnung kann man sie in einen brauchbaren Essig umwandeln, z. B. zum Einlegen von Kräutern und Gemüsen, für Beizen und Marinaden. Essigessenz ist unbegrenzt haltbar.

LAGERUNG

Essig immer fest verschlossen an einem kühlen und dunklen Ort lagern.
Nicht pasteurisiert hält er sich nur kurze Zeit, pasteurisiert dagegen bis zu 3 Jahre. Tafelessig kann bis zu 6 Jahre gelagert werden.

Kräuter-Himbeer-Essig

■ Essig immer vorsichtig dosieren. Zuerst auf einen Löffel und dann erst in den Topf oder die Schüssel geben. Oder den Daumen auf die Flaschenöffnung halten und den Essig tropfenweise herausspritzen lassen. Denn die einzelnen Sorten haben einen unterschiedlichen Säuregrad und säuern dementsprechend stark.

■ Aufgeschnittene Zwiebeln und Zitronen bleiben mehrere Tage saftig, wenn man sie auf ein Tellerchen legt, das mit etwas Essig angefeuchtet ist.

■ Auch im Haushalt ist Essig unentbehrlich: so z. B. als Putzmittel für Teppiche und Polster, als Duftmittel gegen Kohl- und Küchendunst.

Für 1 Flasche à 1 l

100 g frische Estragonzweige

2 EL Himbeeren

1 l echter Weißweinessig

Die Estragonzweige kalt abspülen, trockentupfen und mit den Himbeeren in eine gut verschließbare Flasche geben. Den Essig darauf gießen und mindestens 14 Tage stehen lassen. Da das Aroma des Estragons konserviert wird, kann man die Flasche nach Verbrauch mit frischem Essig füllen. Allerdings müssen die Zweige immer mit Essig bedeckt bleiben.

Öl

ÖL

Ob zur Salbung großer Könige, als Opfergabe, Lichtquelle oder wertvolles Nahrungsmittel – Öl ist seit über 3000 Jahren heißbegehrt. Definiert wird es übrigens als bei Zimmertemperatur (20 °C) flüssiges Fett.

DIE HERSTELLUNG

Speiseöl kann man aus ganzen Früchten, Samen und Keimen sowie Nüssen gewinnen. Und dafür gibt es verschiedene Herstellungsverfahren.

DURCH WÄRME ODER EXTRAKTION

Hierzu erwärmt man die zerkleinerte Ölsaat auf 70–100 °C an und preßt sie dann unter Druck aus. Oder man extrahiert das Öl mit Hilfe von Lösungsmitteln. Die so gewonnenen Rohöle sind meist trübe und haben einen unangenehmen Beigeschmack. Deshalb werden sie veredelt, neutralisiert und „winterisiert", das heißt auf 0 °C gekühlt.

DURCH KALTPRESSUNG

Sie ist sie älteste und schonenste Methode zur Ölgewinnung. Die Ölsaat, z. B. Oliven, Walnüsse, Kürbiskerne oder Leinsamen, wird zerkleinert und bei normaler, nicht künstlich erhitzter Temperatur in den Ölmühlen hydraulisch oder sehr oft auch mechanisch ausgequetscht. So entsteht ein kaltgeschlagenes oder kaltgepreßtes Öl von hervorragender Qualität, das allerdings nur begrenzt haltbar ist.

Das Angebot an Ölen zeigt sich ausgesprochen vielseitig. Grob unterscheidet man in Öle aus Samen und aus Nüssen, daneben sind Olivenöl und die aromatisierten Öle sehr bekannt.

① ③ ②

ÖLE AUS SAMEN

AVOCADOÖL

Er wird aus dem Frucht-
fleisch von Avocados gewonnen, ist farblos und hat ein
leichtes Anisaroma. Paßt gut
zu Blatt- und Gemüsesalaten.

DISTELÖL

Auch Safloröl genannt. Es
wird aus dem Samen der Fär-
berdistel gewonnen. Das
goldgelbe, leicht nussigscharf
schmeckende Öl hat den
höchsten Anteil an mehrfach
ungesättigten Fettsäuren und
den höchsten Linolsäurege-
halt. Paßt besonders gut zu
Salatsaucen.

KÜRBISKERNÖL ①

Es wird aus den gerösteten
Kürbiskernen gewonnen. Das
dunkelgrüne, sehr zähflüssige
Öl schmeckt angenehm nussig.
Paßt gut zu Salatdressings und
Mayonnaise, zum Beträufeln
von gedünstetem Gemüse,
aber auch zu gekochtem Rindfleisch oder Fisch und läßt sich
anstelle von Sesamöl für chinesische Gerichte verwenden.

PALMÖL

Es wird aus dem Fruchtfleisch
der walnußgroßen Ölpalm-
früchte gewonnen. Das orange-
gelbe bis farblose Öl ist fast
geruch- und geschmacklos.
Paßt gut zum Braten, Backen
und Grillen.

LEINÖL ②

Es wird aus gepreßtem Leinsamen gewonnen. Das kräftiggelbe, leicht würzigbitter
schmeckende Öl wird vorwiegend kaltgepreßt angeboten.
Es hat einen hohen Linolsäure-
gehalt, deshalb kann sich sein
Geschmack leicht verändern.
Am besten nur in kleinen
Mengen kaufen. Paßt gut zu
Pellkartoffeln und Quark.

MAISKEIMÖL

Dieses Öl wird aus den fett-
reichen Keimen des Maiskorns
gewonnen. Das kräftiggelbe
Öl ist geschmacksneutral und
reich an mehrfach ungesättigten Fettsäuren. Paßt gut zu
Salatsaucen und zum Braten.

PFLANZENÖL

Auch Speise- oder Tafelöl genannt. Es ist eine Mischung aus
verschiedenen Pflanzenölen. Es
enthält oft Kokos- oder Palmöl
und hat einen hohen Rauchpunkt. Der Rauchpunkt gibt
die Temperatur an, bei der das
Öl beim Erhitzen eine Rauch-
bildung zeigt. Dieser Wert darf
nicht überschritten werden, da
erste Zersetzungsprozesse
ablaufen. Dabei entstehen
toxische Verbindungen, die den

Geschmack beeinträchtigen.
Pflanzenöl ist geschmacksneu-
tral und paßt gut zum Kochen,
Backen und Fritieren.

RAPSÖL

Dieses Öl wird aus dem Samen
der gelbblühenden Rapspflanze
gewonnen. Das geschmacks-
neutrale Öl eignet sich zum
Braten, Kochen, Backen und
Fritieren. Es hat einen hohen
Rauchpunkt.

SESAMÖL ③

Es wird aus dem Samen der
Sesampflanze gewonnen. Man
unterscheidet in zwei Arten:
helles Öl aus ungerösteten
Samen mit einem leicht nussi-
gen, mildem Geschmack und
bernsteinfarbenes, kräftiges
Sesamöl aus gerösteten Samen.
Letzteres spielt vor allem
in der asiatischen Küche eine
große Rolle.
Das bernsteinfarbene Sesamöl
ist sehr intensiv, deshalb nur
tropfenweise verwenden. Man
träufelt es über pfannenge-
rührtes Gemüse oder gedün-
steten Fisch und Geflügel.
Es paßt auch gut in Marinaden.
Helles Sesamöl ist oft raffiniert
und hat einen hohen Rauchpunkt, deshalb ist es ideal zum
Braten, Backen und Fritieren.

SOJAÖL

Es wird aus dem Samen der Sojapflanze gewonnen. Das helle bis goldgelbe Öl ist raffiniert, geschmacksneutral, kaltgepeßt schmeckt es nussig-mild. Es hat einen hohen Anteil an mehrfach ungesättigten Fettsäuren. Paßt gut zu Salaten, zum Kochen, Braten und Backen.

SONNENBLUMENÖL

Dieses Öl wird aus den Samen der gelben Sonnenblumen gewonnen. Das hellgelbliche Öl hat raffiniert einen milden Geschmack, kaltgepreßt schmeckt es leicht nussig. Es enthält reichlich mehrfach ungesättigte Fettsäuren. Kaltgepreßt paßt es zu Salaten und Rohkost. Raffiniert ist es ideal zum Kochen und Braten.

TRAUBENKERNÖL

Es wird aus den getrockneten Kernen der Weintraube gewonnen. Das goldgelbe, manchmal auch smaragdgrüne Öl schmeckt mildfruchtig und hat einen hohen Anteil an Linolsäure. Paßt gut in Salatdressings, eignet sich auch zum Kurzbraten.

WEIZENKEIMÖL

Dieses Öl wird aus den Keimen des Weizenkorns gewonnen. Das gelbe, mildaromatische Öl hat einen hohen Gehalt an Vitamin E und B-Vitaminen. Paßt gut zu allen kalten Speisen, wie Salaten und Rohkostgerichten.

 REZEPTVORSCHLAG

Eisbergsalat mit Melone

Für 4 Personen

| 1/2 Kopf Eisbergsalat |
| 1/2 Honigmelone |
| 1 kleine Zucchini |
| 10 grob gehackte Mandeln |
| 1 EL Essig |
| 2 EL Traubenkernöl |
| 1/2 TL Salz, 1 Prise Zucker |
| Pfeffer, 1/2 Bund Petersilie |

Den Eisbergsalat in mundgerechte Stücke reißen. Melone und Zucchini fein würfeln. Alles mit den Mandeln mischen. Den Essig mit Traubenkernöl, Salz, Zucker und Pfeffer verrühren und unter den Salat heben. Die Petersilie fein hacken und darauf streuen.

③ ② ①

ÖLE AUS NÜSSEN

Für die Herstellung werden Nüsse zunächst geröstet, dann gepreßt. Nußöle sind sehr ergiebig und intensiv im Geschmack. Für ein 4-Personen-Gericht reicht oft schon 1 Eßlöffel. Da sie fast alle kaltgepreßt sind, vertragen sie kaum Hitze. Deshalb sollte man sie nicht zum Braten, Kochen oder Backen verwenden. Am besten schmecken Nußöle bei Zimmertemperatur.

ERDNUSSÖL

Es wird aus Erdnüssen gewonnen, ist hellgelb bis farblos, fast geruch- und geschmackslos. Da es einen hohen Rauchpunkt hat, ist es ein ideales Öl zum Fritieren und Braten.

Asiatisches Erdnußöl wird dagegen aus gerösteten Erdnüssen gewonnen, ist nicht raffiniert und besitzt den typischen Erdnußgeschmack. Es paßt gut zu chinesischen Gerichten, aber auch zu Salatsaucen.

HASELNUSSÖL ①

Dieses hochwertige Öl wird aus gerösteten Haselnüssen gewonnen. Das gelbliche bis bräunliche Öl ist sehr aromatisch und intensiv nussig im Geschmack. Es kommt vorwiegend aus Frankreich. Paßt gut zu Salatsaucen, als Marinade für Fisch und Geflügel, zum Beträufeln von Nudeln und Gemüse, wie Bohnen, Brokkoli und Romanesco.

KOKOSÖL

Es wird aus dem getrockneten Kernfleisch der Kokosnuß gewonnen. Das goldgelbe, leicht nussig schmeckende Öl ist reich an gesättigten Fettsäuren. Es paßt gut zu südostasiatischen und indischen Gerichten, aber auch zu Salatsaucen.

MANDELÖL

Dieses schwer erhältliche Öl wird aus den süßen Mandeln gewonnen. Das goldgelbe Öl schmeckt ein wenig süßlich und ist vergleichsweise mild. Paßt ideal zu Süßspeisen und Gebäck.

PINIENKERNÖL ②

Es wird aus Pinienkernen gewonnen. Das fast bräunliche Öl schmeckt feinwürzig. Es paßt zu gedünstetem Gemüse, wie Spinat, zu Dipsaucen und feinen Salatsaucen.

PISTAZIENÖL

Es wird aus gerösteten Pistazien gewonnen. Das dunkelgrüne aromatische Öl paßt gut in feine Salatsaucen, zum Beträufeln von gedünstetem Gemüse und zu Nudeln.

WALNUSSÖL ③

Dieses beliebte Nußöl wird aus gerösteten Walnüssen gewonnen. Das gelblichbräunliche Öl hat ein feines Nußaroma. Es wird leicht ranzig und ist auch in ungeöffneten Flaschen nur begrenzt haltbar. Paßt gut zu Salaten, wie Feldsalat, zu Krustentieren, Fisch und Geflügel sowie zu gedünstetem Gemüse.

REZEPTVORSCHLAG
Chicoréesalat mit Mango

Für 4 Personen

2 Kolben Chicorée
$^1/_2$ Mango, 2 EL Apfelessig
Salz, Pfeffer
2 EL Walnußöl
2 EL grobgehackte Walnüsse

Vom Chicorée die äußeren Blätter entfernen und den bitteren Strunk herausschneiden. Die Kolben in schmale Streifen schneiden. Die Mango fein würfeln und mit dem Chicorée mischen. Essig mit Salz, Pfeffer und Walnußöl verrühren. Das Dressing über den Salat geben und mit Walnüssen garnieren.

Olivenbaum

OLIVENÖL

Es gilt als das traditionelle, klassische Speiseöl und war schon im antiken Rom wichtiger Bestandteil der Ernährung. Olivenöl wird aus dem Fruchtfleisch und den Kernen der Oliven gewonnen. Beides wird zerdrückt und gepreßt. Die dabei entstandene Emulsion wird anschließend nur gefiltert.

Das qualitativ hochwertigste Öl ist das „Native Olivenöl extra". Es stammt aus der ersten Pressung und darf nach der EU-Verordnung höchstens 1% freie Fettsäuren enthalten. Die nächste Qualitätsstufe ist „Natives Olivenöl" mit maximal 2% freien Fettsäuren. Öl, das warmgepreßt und raffiniert wurde, ist als „Olivenöl" im Handel. Olivenöle variieren farblich von zartem Goldgelb bis zum dunklen Grün. Die besten Öle schmecken fein und fruchtig.

Olivenöl nimmt man zum Braten, Kochen und auch als Würze, z. B. für Marinaden und Salatsaucen, zum Beträufeln von knusprigem Brot und der spanischen Gazpacho. Es fehlt in keiner italienischen Pastasauce, im Pesto genauso wenig wie in der Mayonnaise. Sehr gut schmeckt es, wenn man es unter Nudeln mischt oder Gemüse damit beträufelt. Für alle typischen Gerichte der Mittelmeerküche nimmt man am besten Olivenöl.

AROMATISIERTE ÖLE

Öle lassen sich auch sehr gut mit Gewürzen, wie Wacholderbeeren, Chilis, Pfeffer, Ingwer, Zimt oder Knoblauch, sowie frischen Kräutern, wie Basilikum, Rosmarin, Thymian oder Salbei, aromatisieren. Eine Vielzahl dieser Öle gibt es bereits fertig zu kaufen, sie lassen sich jedoch auch ganz einfach selbst herstellen. Für Gewürzöle können ganze oder gemahlene Gewürze verwendet werden, Kräuter werden allein oder gemischt in Öl gegeben. Eine besonders aromatische Spezialität ist das Trüffelöl zum Würzen von Pasta, Risotto oder Salaten.

Aromatisierte Öle eignen sich hervorragend für Salatsaucen, als Marinaden für Fleisch und Wild und zum Bestreichen von Grillgut.

Auch Früchte, wie Zitronen oder Erdbeeren, lassen sich in Öl – am besten Erdnußöl – einlegen. Sie würzen Dressings und Mayonnaise.

LAGERUNG

Öl wird unter Einwirkung von Sonnenlicht leicht ranzig. Es sollte deshalb kühl und dunkel aufbewahrt werden, möglichst in festverschlossenen Blechdosen oder in Flaschen mit dunklem Glas. Einmal angebrochen halten sich kaltgepreßte Öle 5–6 Wochen, raffinierte dagegen etwa 6 Monate. Bei großer Hitze sollte man das Öl ruhig in den Kühlschrank stellen. Es kann zwar trüb oder sogar fest werden, doch bei Raumtemperatur nimmt das Öl wieder seinen ursprünglichen Zustand an. Qualität büßt es durch die Kühlung nicht ein.

REZEPTVORSCHLAG
Chiliöl

Für 1 Flasche à ¾ l

10 getrocknete, rote Chilischoten

¾ l Sonnenblumenöl

Die Chilischoten in Stücke brechen und mit dem Öl in eine festschließende, dunkle Flasche geben. Etwa 3–5 Wochen durchziehen lassen. Dann tropfenweise zum Würzen von Salaten, Reisgerichten, Eintöpfen oder Suppen nehmen.

Aromen

AROMEN

Auch Essenzen genannt.

Es sind konzentrierte Zubereitungen von Geruchs- und Geschmacksstoffen. Wegen der Haltbarkeitsmachung werden sie oft mit Trägerstoffen, wie Öl, Zucker, Stärke oder Alkohol, vermischt. Die hochwertigsten Aromen werden ausschließlich aus natürlichen Zutaten gewonnen, und zwar auf unterschiedliche Weise. Bei der Extraktion werden mit Hilfe von Alkohol oder eines chemischen Lösungsmittels den Pflanzenteilen, wie Samen, Kerne, Blüten, Blätter, Rinde oder Wurzeln, die löslichen Aromastoffe entzogen. Bei der Wasserdampfdestillation werden die ätherischen Öle mit Hilfe von heißem Wasser oder Wasserdampf freigesetzt. Daneben gibt es noch die Expression, auch Kaltpressung genannt. Sie ist die schonenste Art, Aromen zu gewinnen. Naturidentische Aromen sind synthetisch im Labor hergestellt.

ÄTHERISCHE ÖLE

Sie werden aus verschiedenen Pflanzenteilen nach den oben beschriebenen Verfahren gewonnen. Die wohlduftenden, aromatischen Substanzen waren bisher vor allem in der Naturheilkunde, speziell in der Aromatherapie, als Massagemittel, als Duftspender für Öllampen und für die Parfümherstellung beliebt. Neu dagegen ist der Trend, sie in der Küche als Würzmittel einzusetzen. Problematisch ist hier allerdings die Dosierung. Da die Öle hochkonzentriert sind, ist oft ein Tropfen schon zuviel. Und die in den Kochbüchern oft angegebenen Empfehlungen, mit einem „Hauch" zu würzen, ist praktisch nur schwer nachvollziehbar. Damit das Aroma ätherischer Öle sich voll entfalten kann und die Speise gleichmäßig würzt, sind sogenannte Emulgatoren nötig, wie Eigelb, Öl, Sahne, Mayonnaise und Essig, in denen die Aromen aufgelöst werden. Würzöle gibt es in fast unüberschaubarer Vielfalt. Dabei ist es wichtig, auf höchste Qualität zu achten. Am besten Öle nur aus kontrolliert biolo-

Lavendelfeld in der Provence

gischem Anbau mit Kontrollnummer kaufen, die in Lichtschutzgläsern angeboten werden. Die wichtigsten ätherischen Öle werden Ihnen hier vorgestellt.

GEWÜRZ- UND KRÄUTERÖLE

Die bekanntesten Vertreter sind Anisöl und Estragonöl sowie Koriander-, Kreuzkümmel-, Muskatnuß- und Oreganoöl. Sehr beliebt sind ebenfalls Pfefferminz- und Zimtrindenöl. Sie passen überall dorthin, wo frische oder getrocknete Kräuter und Gewürze ersetzt werden sollen. So würzen sie Suppen und Eintöpfe sowie Salatdressings, Eierspeisen und Milchprodukte, aber auch Gebäck und Getränke.

LAVENDELÖL

Es wird aus den Blüten und Rispen der Lavendelpflanze mit Hilfe von Wasserdestillation gewonnen. Paßt gut in Saucen, Salatdressings, Gemüsegerichte, Milchprodukte und Getränke.

ROSENÖL

Dieses edle Öl wird aus Rosenblüten durch Dampfdestillation gewonnen. Paßt gut Obstsalaten, Saucen und Gemüsegerichten, aber auch zu Getränken und zu Milchprodukten.

SANDELHOLZÖL

Das Öl wird aus der getrockneten Rinde des in Südindien beheimateten Sandelholzbaumes destilliert. Paßt gut zu Gebäck, Eis, Desserts und Milchprodukten.

YLANG-YLANG-ÖL

Das asiatische Öl wird durch Dampfdestillation aus den Blüten eines auf den Philippinen heimischen Baumes (lat. Cananga odorata) gewonnen. Es schmeckt aromatisch bitter und duftet stark blumig. Paßt gut zu Getränken ohne Alkohol, aber auch zu Eis, Gebäck und Desserts.

ZITRUSÖLE

Sie werden durch Kaltpressung der Fruchtschalen gewonnen. Zu den Zitrusölen gehören Bergamotte (Pomeranze), Grapefruit, Limette, rote und grüne Mandarine, Orange und Zitrone. Sie passen gut zu Getränken und Milchprodukten, sind aber auch sehr beliebt an Obstsalaten, Salatdressings und Marinaden. Zitrusöle am besten immer nach Ende der Garzeit zum Gericht geben, da ihr Aroma bei Hitzeeinwirkung weitgehend verfliegt.

FRUCHTESSENZEN

Erdbeeren, Himbeeren, aber auch Granatapfel lassen sich sehr gut destillieren und ergeben, zusammen mit Sirup marzerisiert, fruchtigfrische Essenzen. Sie eignen sich gut als Wintervorrat, wenn frische Früchte und Fruchtpürees selten und teuer sind. Essenzen sind ideal zum Aromatisieren von Cocktails, Eiscremes und Sorbets. Auch Torten- und Kuchenfüllungen, frische Obstsalate sowie Dessertsaucen und pikante Salatsaucen werden gern mit Fruchtessenzen abgeschmeckt.

ORANGENBLÜTENWASSER

Es ist eine ganz besonders edle Fruchtessenz. Die klare, aromatische Flüssigkeit wird durch die Destillation frischer Orangenblüten gewonnen. Sie ist sehr intensiv, muß also sparsam dosiert werden. Ideal zum Aromatisieren von Fruchtsalaten, Orangenkonfitüren und Sorbets, aber auch Salaten mit Möhren und Kopfsalat. Kann durch Rosenwasser ersetzt werden.

Apfelsinen und Apfelsinenblüte

NUSSESSENZEN

Sie werden aus den Kernen von Mandeln und Haselnüssen gewonnen. Sie sind sehr intensiv, sollten daher nur tropfenweise verwendet werden. Zu den Nußessenzen gehört das Bittermandelöl, das aus bitteren Mandeln sowie den Kernen von Pfirsichen und Aprikosen gewonnen wird. Es ist wesentlich aromatischer als das synthetisch hergestellte Bittermandelaroma (→ S. 263). Paßt, ebenso wie Nußessenz, gut zu Keksen, Kuchen und Desserts. Sind im Rezept Bittermandeln angegeben, können diese durch die gleiche Menge süße Mandeln und 1–2 Tropfen Bittermandelöl ersetzt werden.

MANDELESSENZ

Sie wird aus den süßen Mandeln hergestellt und ist nicht ganz so aromatisch wie das Bittermandelöl. Paßt wie Nußessenz ideal zum Backen und zum Aromatisieren von Konfekt und Desserts.

SONSTIGE AROMEN

ANGOSTURA

Der Bitterextrakt ist eine Mischung aus einem Auszug von den Rinden des Angosturabaumes (lat. Cusparia febrifuga), Chinarinde, Zimt, Kardamom, Nelken und Pomeranzenschalen. Er entstand im Jahr 1824 eher als ein Zufallsprodukt, als der Arzt Dr. Sieger in der venezolanischen Stadt Angostura ein Medikament mixen wollte. Aus der Medizin entwickelte sich schnell eine populäre Mixzutat. Heute kommt Angostura aus Trinidad. Es würzt neben Mixgetränken auch Obstsalate, Eis, Kompotte, pikante Saucen und Suppen sowie Fleisch- und Fischmarinade und Eintöpfe. Angostura nur tropfenweise verwenden, es würzt sehr intensiv.

BACKAROMEN

Auszüge aus verschiedenen Grundsubstanzen in Öl. Sie sind oft auch aus künstlichen Geschmacks- und Geruchsstoffen hergestellt. Es gibt sie in den Geschmacksrichtungen Arrak, Rum, Zitrone, Vanille und Bittermandel. Sie sind ideal, wenn natürliche Aromastoffe nicht zur Verfügung stehen. Backaromen immer nur in kleinen Mengen verwenden. Für 500 g Mehl reicht 1 kleine Flasche oder 1 Alubeutel. Aromatisieren Gebäck, Desserts, süße Saucen, Schlagsahne und Pralinen.

COLA

Extrakt aus den Nüssen des in Westafrika heimischen Colanitidabaumes, der mit Sirup vermischt wird. Würzt Erfrischungsgetränke, Bonbons und Schokolade.

VEILCHENWURZEL-EXTRAKT

Der Extrakt wird aus den geschälten Wurzeln des im Fernen Osten beheimateten Veilchens (lat. Iris germanica) gewonnen. Paßt gut zu Eis, Zucker- und Backwaren.

ROSENWASSER

Eine klare, duftende Flüssigkeit, die bei der Destillation von Rosenöl entsteht. Wird vor allem im Nahen Osten als Aromazutat für Desserts und Gebäck geschätzt. Man bekommt es in Apotheken und Delikatessengeschäften. Paßt gut zu Kuchen und Keksen, aber auch zu Cremes und Obstsalaten sowie zu Eiscreme, Marmeladen und Pudding. Sparsam dosieren, nicht jeder mag intensiven Rosenduft.

SARSAPARILLE

Ein bitter, fast lakritzartig schmeckender Extrakt, der aus den Wurzeln des mexikanischen Sarsaparillenbaumes (lat. Smilax aristolochiaefolia) gewonnen wird. Paßt gut zu Mixgetränken, Eis, Kuchen, Keksen und Desserts.

Süßungs- mittel

Zuckerrohrfeld

ZUCKER

Über Jahrhunderte war Zucker eine Kostbarkeit, über die nur Könige verfügen konnten — und dies auch nur in kleinen Mengen. Erst als im 16. und 17. Jh. n. Chr. Spanier und Engländer Zuckerrohr in großen Mengen in ihren süd- und mittelamerikanischen Kolonien anbauten, sanken die Preise. Zucker wurde erschwinglich. Dabei ist Rohrzucker uralt. Er wurde schon 6000 v. Chr. in Ostasien angebaut, kam dann über Indien nach Persien, dort wurde schon 600 n. Chr. der erste Zucker hergestellt. Die brachten ihn von dort im 12. Jh. n. Chr. nach Mitteleuropa. Mitte des 18. Jh. n. Chr. gelang es dem Berliner Chemiker Andreas Sieges-

mund Markgraf, aus einer heimischen Rübensorte Kristalle zu gewinnen, die denen des Zuckerrohrs entsprachen. Der Rübenzucker war entdeckt.

Der Zucker, den wir im Haushalt verwenden, ist Rohr- oder Rübenzucker (lat. Saccharose), ein Zweifachzucker, der zu gleichen Teilen aus Traubenzucker (lat. Dextrose) und Fruchtzucker (lat. Fructose) besteht. Traubenzucker wird aus Stärke hergestellt, deren Molekül sich aus Traubenzuckereinheiten zusammensetzt. Fruchtzucker wird großtechnisch meist aus Rüben- oder Rohrzucker gewonnen. Er besitzt von allen Zuckern die höchste Süßkraft. Er kann auch von Diabetikern verwendet werden. Andere Zucker sind Milchzucker (lat. Lactose), er wird aus Molke und Magermilch gewonnen, und Malzzucker (lat. Maltose), ein Zwischenprodukt der Stärkespaltung, die z. B. beim Kernen von Gerste auftritt und Hauptbestandteil des Malzextraktes ist.

DIE HERSTELLUNG

Rohrzucker gewinnt man, indem man den Saft des schilfartigen Zuckerrohrs in Mühlen auspreßt und anschließend reinigt. Der dünne Saft wird dann zu Zuckersirup eingedickt, dann weiter eingedampft, bis sich die gewünschte Zahl von Kristallen gebildet hat. Sie werden in einer Zentrifuge vom Sirup getrennt. Dabei entsteht Rohzucker, der mit Wasserdampf weiter gesäubert und durch erneutes Auflösen, Eindicken und Zentrifugieren zu Weißzucker bzw. Raffinade wird. Für die Gewinnung von Rübenzucker werden die Rüben in feine Schnitzel zerkleinert und in heißem Wasser mazeriert. Danach werden sie wie Rohrzucker weiterverarbeitet.

GESCHMACK UND AROMA

Zucker schmeckt je nach Sorte sehr bis leicht süßlich.

ZUCKERSORTEN

Sie werden vor allem nach besonderen Formmerkmalen, die von den jeweiligen Bearbeitungsverfahren abhängen, unterschieden. Die wichtigsten Sorten werden Ihnen vorgestellt.

WEISSZUCKER

Auch Grundsorte genannt. Er ist die billigste Handelssorte mit einem relativ hohen Anteil an Mineralstoffen. Er ist nicht rein weiß.

RAFFINADE

Ein besonders reiner, weißer Zucker von bester Qualität. Es gibt ihn in verschiedenen Körnungen.

BRAUNER ZUCKER

Ein dunkelbrauner, feinkristalliner Zucker, der ausschließlich aus Rohrzucker hergestellt wird. Es gibt aber auch den braunen Farinzucker, der an sich ein vollständig raffinierter, weißer Zucker ist, der mit Melasse oder Karamel eingefärbt wurde. Er hat im Vergleich zum echten Braunen Zucker einen flachen Geschmack. Paßt gut zum Backen von Brot und Lebkuchen.

DEMERANZUCKER

Ein raffinierter, großkörniger weißer Zucker, der mit Melasse behandelt und dabei leicht bräunlich wird. Er ist stets feucht und hat einen aromatischen Geschmack. Paßt gut zu Kuchen, Kleingebäck, Glühwein und Kaffee.

EINMACHZUCKER

Eine grob- oder feinkörnige Raffinade, die sich langsam auflöst und nicht schäumt. Ideal zum Einmachen von Obst, aber auch für Marmeladen und Gelees.

GELIERZUCKER

Er besteht aus Raffinade, Obstpektinen und Weinstein- oder Zitronensäure. Eignet sich ideal zum Kochen von Gelees, Konfitüren und Marmeladen.

HAGELZUCKER

Der hagelkornähnliche Zucker besteht aus granulierter Raffinade. Paßt gut zum Bestreuen von Gebäck und Desserts.

KANDIS

Ein sehr grob kristalliner Zucker, der aus konzentrierten Zuckerlösungen entsteht. Es gibt ihn weiß, aber auch gelb bis braun gefärbt. Letztere Sorten bekommen ihre Farbe durch Zusatz von Karamelprodukten oder Zuckercouleur. Kandis kommt als regelmäßig gewachsene Einzelkristalle (Würfelkandis, Kluntje), in Form von Kandisglomeraten (Krustenkandis, Stangenkandis) oder gemahlen (Grümmel) in den Handel. Paßt gut zu Punsch, Tee, Fruchtlikören und Desserts.

MELASSEZUCKER

Ein dunkler, nicht raffinierter Zucker mit aromatischem, kräftigem Geschmack und leicht klebriger Konsistenz. Er wird vor allem in angelsächsischen Länder verwendet. Paßt gut zu Chutneys, Früchtekuchen, Pfefferkuchen.

Zucker

Zuckerrüben kurz vor der Ernte

MUSCOVADO

Ein hell- oder dunkelbrauner, nicht raffinierter Zucker mit einem sehr geringen Anteil an Melasse. Er ist etwas milder im Geschmack als Melassezucker. Paßt gut zu Puddings, Obstdesserts, aber auch zu herzhaften Gerichten, wie glaciertem Schinken, Chutneys und Barbecuesaucen.

PALMZUCKER

Er wird aus Dattel-, Kokos-, Brenn- und Palmyrapalmen gewonnen. Der Saft wird durch Anzapfen des Stammes oder der Baumspitze gesammelt und zu einem hellen, durchsichtigen Sirup eingekocht. Den Sirup läßt man dann kristallisieren. Paßt gut zu asiatischen Gerichten und ist unentbehrlich in der thailändischen und indonesischen Küche.

PUDERZUCKER

Auch Staubzucker genannt.
Er ist ein sehr fein gemahlener
Zucker, bei dem die Kristall-
teilchen nicht mehr fühlbar
sind. Paßt gut zu Glasuren, zum
Bestäuben von Gebäck und
Süßspeisen. Puderzucker vor
Gebrauch immer sieben.

ROHZUCKER

Halbfertigerzeugnis der Rohr-
und Rübenzuckerfabrikation,
bei dem die Zuckerkristalle
nur zum Teil von anhaftendem
Sirup befreit und daher braun
gefärbt sind. Rohzucker ist
nicht zum unmittelbarem Verbrauch bestimmt.

VANILLEZUCKER

Mischung aus Raffinade
und gemahlener, echter Vanille
oder natürlichem Vanille-
aroma.

VANILLINZUCKER

Mischung aus Zucker und
dem künstlich hergestellten
Vanillearoma.

WÜRFELZUCKER

Eine angefeuchtete Raffinade,
die zu Würfeln gepreßt und
anschließend getrocknet
wird. Ideal zum Süßen von
Getränken.

ZUCKERROHRGRANULAT

Auch Ursüße oder Vollrohr-
zucker genannt.
Es ist der getrocknete, unraffi-
nierte Saft des Zuckerrohrs.
Alle Vitalstoffe bleiben bei
der Gewinnung von Granulat
erhalten. Der Saft wird durch
behutsames Erhitzen eingedickt. Der Sirup dann getrocknet und vermahlen. Zucker-
rohrgranulat darf man nicht
mit Farinzucker verwechseln,
der eingefärbtem, raffiniertem Zucker entspricht.

LAGERUNG

Zucker immer trocken lagern,
dann ist er fast unbegrenzt
haltbar.

KÜCHENTIPS

■ Säuerliches Gemüse, wie
Tomaten, braucht immer
1 Prise Zucker, um den
Eigengeschmack des Gemüses
im Gericht zu heben.

■ Auch der Fleischgeschmack
wird intensiver, wenn man
1 Messerspitze Zucker an Bra-
ten- und Gulaschsaucen oder
zum Wildbraten gibt.

HONIG

Ein flüssiges, dickflüssiges oder kristallines Lebensmittel, das von Bienen erzeugt wird. Die Bienen sammeln Blütennektar, andere Sekrete von lebenden Pflanzenteilen oder auf lebenden Pflanzen befindliche Sekrete von Insekten. Durch ihre körpereigenen Sekrete bereichern und verändern sie die Grundmasse für den Honig, danach wird sie in Waben gespeichert und dort reift der Honig. Sicher ist jedenfalls auch, daß Honig die älteste süßliche Substanz überhaupt ist. Er wurde schon in der Jungsteinzeit und Bronzezeit

als Süßungs- und Konservierungsmittel genutzt. Vermutlich entwickelte sich schon damals die Bienenzucht. In der Antike galt Honig vielen Völkern als göttlich und hatte seinen festen Platz als Heil-, Schönheits- und Haushaltsmittel. Mischt ein Imker oder Abfüller verschiedene Honige aus verschiedenen Blüten und Pflanzenarten, dann entsteht ein Mischhonig. Wenn ein Honig aber überwiegend aus Pollen bestimmter Pflanzen entstammt, wird er als Sortenhonig bezeichnet. Je nach Blütensorte ist der Honig unterschiedlich in Aroma, Farbe und Konsistenz. Die bekanntesten Honigsorten stellen wir Ihnen vor.

BLÜTENHONIG

Es ist eine Sammelbezeichnung. Der Honig stammt aus den von Bienen gesammeltem Nektar von Blüten, wie Linden-, Akazien- und Rapsblüten.

HONIGTAUHONIG

Er wird aus den natürlichen Absonderungen anderer Pflanzenteile, wie Nadeln und Blättern, sowie aus den ebenfalls von Bienen gesammelten Sekreten bestimmter Insekten gewonnen, die sich von Pflanzen ernähren. Honigtauhonige sind dunkler als Blütenhonige.

AKAZIENHONIG

Ein dünnflüssiger, grünlich-
gelber Honig mit angenehm
mildem Geschmack. Läßt sich
gut in Getränken verrühren.

EUKALYPTUSHONIG

Ein rötlichgelber flüssiger
Honig mit kräftigfruchtigem
Aroma. Stammt von den
Blüten der riesigen Eukalyp-
tusbäume. Paßt gut zum
Würzen von Desserts und
Obstsalaten.

HEIDEHONIG

Der goldgelbe bis rotbraune
dickflüssige Honig mit herbem,
aromatischem Geschmack
wird aus hellvioletten Blüten
des Heidekrauts gewonnen.

HYMETUS

Ein goldgelber dickflüssiger
Honig aus Griechenland mit
einem ausgeprägtem Aroma,
einer Mischung aus Thymian,
Bohnenkraut und Majoran.
Er gilt als der beste Honig der
Welt.

KLEEHONIG

Ein wasser- bis hellgelber
Honig mit kristalliner Konsistenz und zartem, feinaroma-
tischem Geschmack. Ist sehr
reich an Traubenzucker.

LINDENBLÜTENHONIG

Ein flüssiger grüngelblicher
Honig mit kräftigem, etwas
herbem Aroma.

ORANGENBLÜTENHONIG

Ein hellgelber flüssiger Honig,
der aus den Blüten des Orangenbaumes gewonnen wird.
Schmeckt fruchtig dezent.

RAPSHONIG

Ein weißlichgelber milder
Honig aus den Blüten der Rapspflanze. Von der Konsistenz ist
er meistens sehr fest.

TANNENHONIG

Ein schwarzgrünlicher zähflüssiger Honig mit ausgeprägtem, würzigem Aroma.

WALDHONIG

Ein dunkler, flüssiger Honig
mit kräftigem Aroma. Stammt
von Nadel- und /oder Laub-
bäumen.

Unterschieden wird der Honig aber auch nach der Art seiner Gewinnung:

SCHLEUDERHONIG

Honig wird in einer Zentrifuge mit Hilfe der Fliehkraft aus den entdeckelten Waben geschleudert. Er wird dazu nicht erwärmt. Das ist heute die meist verbreiteste Gewinnungsart.

SCHEIBEN- ODER WABENHONIG

Der Honig befindet sich noch in den von den Bienen gebauten und gedeckelten Waben. Die Waben kommen portionsweise geschnitten in den Handel. Der Honig weist den höchsten Grad an Naturbelassenheit auf, ist dafür auch sehr teuer.

TROPFHONIG

Ebenfalls ein ganz besonders edler Honig. Er fließt aus den entdeckelten Waben.

PRESSHONIG

Er wird durch Auspressen wenig oder nicht erwärmter Wabenstücke gewonnen. Dieser Honig ist eine Spezialität der Korbimker aus der Lüneburger Heide. Aufgrund seines hohen Wassergehaltes und Pollenanteils ist er nicht so haltbar wie Schleuderhonig.

VERWENDUNG

Honig kann man pur essen oder als Süßungsmittel zum Kochen oder Backen verwenden. Er paßt gut zu Eiscreme, Joghurt, Pudding und Müsli. Aber auch pikante Speisen, wie Grillsaucen, Vinaigrettes, werden mit Honig abgeschmeckt. Man nimmt ihn zum Glacieren von Schinken und Schweinebraten sowie Ente und Huhn. Unentbehrlich ist er beim Backen, insbesondere bei Honigkuchen ist er ein Muß.

LAGERUNG

Kühl und trocken gelagert ist Honig nahezu unbegrenzt haltbar. Er soll vor allem vor Lichteinfluß geschützt sein.

KÜCHENTIPS

■ Honigglas oder Dose immer gut verschließen, da Honig Feuchtigkeit anzieht und sehr geruchsempfindlich ist.

■ Zum Backen sind flüssige Honigsorten besser geeignet als dickflüssige, weil sie sich gut mit anderen Zutaten vermischen lassen.

■ Festen Honig kann man wieder dünnflüssig machen, indem er vorsichtig unter Rühren im Wasserbad erhitzt wird.

■ Kaufen Sie Honig direkt beim Imker. Die bessere Qualität schmecken Sie heraus.

REZEPTVORSCHLAG

Honigparfait

Für 6 Personen

75 g Rosinen

1/2 unbehandelte Zitrone

4 frische Eigelb

75 g flüssiger Honig

200 g Sahne

2 EL ungesalzene, gehackte Pistazienkerne

Eine kältebeständige Schüssel in das Tiefkühlgerät stellen. Inzwischen die Rosinen heiß abwaschen, dann in einem Sieb gut abtropfen lassen. Die Zitronenschale von der Zitrone reiben und den Saft auspressen. Die Rosinen mit der Zitronenschale und dem -saft mischen und alles zugedeckt beiseite stellen. Die Eigelbe zusammen mit dem Honig und 2 Eßlöffeln warmem Wasser verquirlen. Die aufgeschlagene Eigelbmasse im Wasserbad mit dem elektrischen Handrührgerät dickschaumig aufschlagen. Die Creme dann wieder kalt schlagen. Die Sahne steifschlagen und vorsichtig unter die Creme heben. Zuletzt die Rosinenmischung und die Pistazien darunterheben. Die Honigcreme in die gekühlte Schüssel füllen und zugedeckt mindestens 4 Stunden gefrieren lassen. Sie dabei nach 1 Stunde einmal durchrühren. Die Schüssel mit dem Parfait in warmes Wasser tauchen. Dann das Parfait auf eine Platte stürzen.

SIRUP

Sirup ist im Grunde genommen Zucker in zähflüssiger Form. Er entsteht zumeist bei der Zuckergewinnung aus Zuckerrohr und Zuckerrüben. Der Saft, der nach dem Zentrifugieren des Rohrzuckers zurückbleibt, wird zu einer zähen Masse eingekocht. Sirup ist in unterschiedlichen Konsistenzen und Geschmacksrichtungen erhältlich.

MELASSE

Ein nicht raffinierter, sehr zähflüssiger Sirup, der bei der Zuckergewinnung aus Zuckerrohr entsteht. Er hat einen bittersüßen Geschmack und erinnert ein bißchen an Anis. Im Gegensatz zur dunklen Melasse ist die helle sehr mild im Geschmack und wird vorwiegend als Tafelsirup verwendet. Die aromatische, dunkle Melasse eignet sich zum Backen von Plätzchen, Gewürz- und Früchtekuchen sowie Obstkuchen, aber auch zum Kochen von kräftigen Fleischeintöpfen. Für die bekannten amerikanischen „Boston Baked Beans" ist die Melasse unumgänglich.

GOLDGELBER SIRUP

Auch „Golden syrup" genannt. Er ist ein goldgelber geklärter Sirup aus Zuckerrohrsaft. Er hat eine honigähnliche Konsistenz und einen milden Geschmack. Paßt gut zu Pfannkuchen, als Aufstrich zu Toast, zu Müslis und Bratäpfeln. Goldgelber Sirup ist ein sogenannter Invertzucker, d. h. ein großer Teil seiner Saccharosemoleküle ist in Fructose und Glucose gespalten, was die Bildung von Kristallen verhindert. Dadurch bleibt der Sirup flüssig.

RÜBENSIRUP

Auch Rübenkraut, Rübensaft oder Zuckerkraut genannt. Rübensirup ist eine rheinisch-westfälische Spezialität. Die Zuckerrüben werden gehackt und dann gekocht. Der Brei wird gepreßt. Der dabei entstandene Saft wird eingedampft. Rübensirup hat einen relativ hohen Mineralstoffgehalt, vor allem Eisen. Paßt gut als Brotaufstrich, aber auch zu Pfannkuchen, Puffern und als Würze in Bratensaucen. Auch zum Backen eignet er sich.

AHORNSIRUP

Er wird aus dem Saft des in Nordamerika und Kanada beheimateten Zuckerhornbaumes gewonnen. Der dünnflüssige bernsteinfarbene bis fast schwarze Sirup hat ein typisches Nußaroma. Paßt gut zu Desserts, Kuchen und Keksen, aber auch zu Spareribs, Gemüse, wie Rosenkohl, Möhren und Zwiebeln. Gerne werden auch Pfannkuchen, Waffeln und Eiscreme mit ihm bestrichen.

FRUCHTSIRUP

Dieser Sirup wird aus weißem Zucker, Früchten und Wasser hergestellt und ist vor allem im Mittleren Osten sehr beliebt. Das Fruchtfleisch von Hagebutten und Johannisbeeren, aber auch Blütenblätter werden mit einem Pektinferment behandelt, eingekocht, in Gläser gefüllt und sterilisiert. Fruchtsirup paßt als Basis zu Getränken, verfeinert Eis, Obstsalate und Desserts.

APFEL- UND BIRNENDICKSAFT

Obstsirup, der durch Eindampfen des Saftes gewonnen wird. Zucker darf zugesetzt, muß aber deklariert werden. Paßt gut zum Süßen von Desserts. Apfel- und Birnenkraut ist der eingedickte Birnen- und Apfeldicksaft. Der Vermerk „extra" bedeutet, daß kein Zucker zugesetzt wurde. Er paßt ebenfalls zu Desserts, ist vor allem in der Vollwertküche ein beliebtes Süßungsmittel.

MAISSIRUP

Auch „Corn syrup" genannt. Er wird aus Maisstärke gewonnen und ist recht flüssig. Heller Maissirup ist mild im Geschmack. Dem dunklen wird Melasse zugesetzt, daher ist er etwas aromatischer. Beide passen gut zum Süßen von Back- und Süßwaren, aber auch zu Grillsaucen und süß-sauren Gerichten. Der Sirup ist in den USA sehr beliebt.

TREACLE

Mischung aus Melasse und raffiniertem Sirup. Schmeckt nicht ganz so bitter wie Melasse, hat aber einen ausgeprägten Eigengeschmack. Treacle ist vor allem in den angelsächsischen Ländern sehr beliebt. Den zähflüssigen Sirup gibt es von Goldgelb bis Schwarz. Paßt zu Süßspeisen, Gebäck, wie englischem Gingerbread, und Toffees, aber auch zu vielen Pies.

ZUCKERSIRUP

Auch Läuterzucker genannt. Er wird aus normalem Haushaltszucker hergestellt, der in heißem oder kaltem Wasser aufgelöst wurde. Eignet sich vor allem zum Mixen von alkoholischen Getränken, da sich Zucker in Alkohol sonst schwer auflöst.

LAGERUNG

Dunkel gelagert ist Sirup nahezu unbegrenzt haltbar. Vor Lichteinfluß schützen.

REZEPTVORSCHLAG
Pfannkuchen mit Ahornsirup

Für 4 Personen

175 g Mehl

1 TL Salz, 4 EL Puderzucker

1–2 TL Backpulver

4 EL Butter, 2 Eier

200 ml Milch, 4 TL Erdnußöl

Ahornsirup zum Beträufeln

Das Mehl in eine Schüssel sieben. Salz, Puderzucker und Backpulver dazugeben und alles gut verrühren. Die Butter in einer Pfanne zerlassen und leicht abkühlen lassen. Butter, Eier und Milch zum Mehl geben und das Ganze glattrühren. Den Teig im Kühlschrank etwa 1 Stunde ruhen lassen. Er sollte recht dickflüssig sein. Jeweils 1 Teelöffel Erdnußöl in einer Pfanne bei mittlerer Hitze heiß werden lassen. Mit einer Schöpfkelle 3 Teigportionen in die Pfanne geben und daraus 3 kleine Pfannkuchen von beiden Seiten goldbraun backen. Insgesamt auf diese Weise 12 Pfannkuchen aus dem Teig zubereiten. Jeweils 3 Pfannkuchen auf einen Teller anrichten und mit Ahornsirup beträufeln.

REZEPTVORSCHLAG
Überbackener Obstteller

Für 4 Personen

1 säuerlicher Apfel

1 Birne

1 EL Zitronensaft

1 Kiwi

3 Aprikosen

125 g Himbeeren

2 Eigelb

50 ml Weißwein

2 EL Apfeldicksaft

Den Apfel und die Birne jeweils halbieren, vom Kerngehäuse befreien und in Spalten schneiden. Jeweils mit etwas Zitronensaft beträufeln. Die Kiwi schälen und in Scheiben schneiden. Die Aprikosen halbieren, entkernen und in Spalten schneiden. Die Beeren verlesen. Das Obst in eine flache Gratinform geben. Die Eigelbe schaumig schlagen. Den Wein und den Apfeldicksaft unter Rühren zugießen und so lange rühren, bis eine schaumige Masse entsteht. Die Eiermasse auf dem Obst verteilen und alles unter dem Grill in etwa 10 Minuten goldbraun überbacken.

Spirituosen

ROT- UND WEISSWEIN

Seit altersher ist das Kochen mit Wein die Grundlage für feine Schlemmereien. Denn ein Blick in die Weinregionen der Welt zeigt: dort, wo der Wein zu Hause ist, gibt es eine besonders gute Küche.

Wein ist im Grunde nichts anderes als ein vergorener Traubensaft. Die Trauben werden von den Rebstöcken geschnitten, gekeltert und der dabei entstandene Most wird in Fässer gefüllt und vergoren. Die Gärung ist ein biochemischer Vorgang, bei dem der Zucker des Traubensaftes durch Einwirkung von Hefen in Alkohol und Kohlensäure gespalten wird. Die Kohlensäure verflüchtigt sich aber. Danach wird der Wein geklärt und von Trübstoffen gereinigt. Die Qualität des Weines hängt u. a. von der Wahl der Rebsorten, wie vom Boden und Klima des Anbaugebietes ab. Man unterscheidet zwischen süßen, halbtrockenen und trockenen Weinen.

ROTWEIN

Er wird aus speziellen Rotweintrauben, wie Burgunder, Portugieser, Cabernet-Sauvignon oder Trollinger, gewonnen, die fast alle ein weiches Fruchtfleisch haben. Der rote Farbstoff sitzt in den Beerhülsen und löst sich erst durch chemische Prozesse während der Gärung. Beim Rotwein werden Beeren mit Schalen und Kernen vergoren.

VERWENDUNG

Rotwein paßt zum Marinieren von Wild und Rindfleisch, zum Ablöschen von Schmorgerichten, aber auch zum Würzen von Suppen und Saucen und zum Aromatisieren von Dressings. Er eignet sich aber auch zum Dünsten von Fisch, wie Karpfen.

 KÜCHENTIPS

■ Zum Kochen eignet sich vor allem ein trockener bis halbtrockener Tafelwein oder Qualitätswein. Prädikatsweine sind oft zu schwer.

■ Wer Suppen und Saucen mit Wein würzen will, gießt den Wein erst am Ende des Kochvorgangs zu. Diese Speise darf nicht mehr kochen, sonst verflüchtigt sich das Weinaroma.

■ Kräftig gewürzte Speisen, wie z. B. mit Pfeffer, Chili und Curry, schmecken in Verbindung mit alkoholreichen Weinen, wie südländischen Rotweinen, noch kräftiger. Hier also vorsichtig dosieren, und zwar sowohl beim Gewürz als auch beim Wein.

WEISSWEIN

Dieser Wein wird aus speziellen Weißweintrauben, wie Chardonnay, Riesling oder Sauvignon Blanc oder Gewürztraminer, gewonnen. Die Trauben werden sofort nach der Lese gekeltert, der reine Most dann ohne Beerenhäute vergoren. Weißwein hat einen höheren Anteil an Säure als Rotwein.

VERWENDUNG

Weißwein paßt zum Marinieren von Fisch und Kalbfleisch, zum Würzen von Schalentieren und Meeresfrüchten. Auch Saucen, Suppen, Fisch, Geflügel und Dessertsaucen, wie Weinschaumsauce, werden mit Weißwein verfeinert.

SÜDWEINE

Auch versetzte Weine genannt.

Südweine sind haltbar gemachte Weine, die Zusätze wie Kräuter, Zucker und ähnliches enthalten.

VERMOUTH

Dies ist ein mit Zucker, Karamel, Alkohol und Kräutern versetzter Wein. Sowohl weißer (ital. bianco) wie auch roter Vermouth (ital. rosso) schmecken süß. Trockener Vermouth (dry oder extra dry) hat einen hohen Alkoholgehalt und wenig Zucker; halbsüßer Vermouth wird auch als „rosé" angeboten. Der bekannteste trockene Vermouth ist der „Noilly Prat" aus Frankreich.

SHERRY

Dieser Südwein stammt aus einem gesetzlich genau definierten Gebiet Andalusiens in Spanien. Je nach Geschmack unterscheidet man in den hellgelben „Fino", den trockensten Sherry, den frischen „Manzanilla", der etwas bitter im Geschmack ist, und den bernsteinfarbenen halbtrockenen „Amontillado". Er wird auch als „Medium" oder „Medium dry" angeboten. „Oloroso" nennt man den dunkelbraunen, leicht nach Walnuß schmeckenden Sherry. Cream Sherry ist eine sehr süße „Oloroso"-Auslese.

MADEIRA

Ein goldgelber Südwein, der auf der portugiesischen Insel Madeira hergestellt wird. Es gibt 4 verschiedene Sorten mit unterschiedlichen Süßungsgraden, die nach der verwendeten Traubensorte benannt sind. Den leichten, nicht so süßen „Bual" oder „Boal", den halbtrockenen, leicht nach Honig schmeckenden „Verdelho", den süßen „Malvasier" oder „Malmsey" und den trockenen „Sercial".

MARSALA

Ein italienischer Südwein mit mindestens 12 Vol.-%. Er darf nur in der westsizilianischen Provinz und in Teilen von Agrigent und Palermo hergestellt werden. Es gibt 4 Qualitäten: den vollen, leicht bitteren „Marsala Fine", den süßen „Marsala Superiore", den trockenen „Marsala Vergine" und den aromatisierten „Marsala Speciale".

PORTWEIN

Der aus dem Norden Portugals stammende Südwein gehört zu den berühmtesten Südweinen der Welt. Man unterscheidet weiße, rote und rubinfarbene (trübbraune) Portweine. Sie können süß, halbtrocken oder trocken sein.

VERWENDUNG

Helle Südweine, wie Sherry und Marsala oder weißer Port, würzen Suppen und Saucen sowie Fisch, Geflügel und Kalbfleisch aber auch Creme- und Geleespeisen. Sie eignen sich ideal zum Pochieren von Früchten. Dunkle Südweine, wie Madeira und dunkler Port, würzen Sahnegerichte, dunkle Saucen und Pasten, aber auch Schwein und Geflügel, wie Gans und Ente.

 KÜCHENTIP

Südweine sind durch Zusatz von Zucker und Branntwein etwas hitzebeständiger als Rot- und Weißwein. Doch auch sie sollte man erst kurz vor Ende der Garzeit zugeben, damit sich ihr Aroma nicht verflüchtigt.

BRANNTWEINE

Sie sind aus Wein, Getreide, Obst, Reis, Pflanzen oder Wurzeln destillierte Brennereierzeugnisse, die unter Zusatz von Wasser auf Trinkstärke herabgesetzt wurden. Für die Küche sind folgende Branntweine interessant.

CALVADOS

Er wird aus Cidre, dem Apfelwein der Normandie, gewonnen. Calvados dürfen sich nur die Cidrebrände nennen, die aus elf genau definierten Gebieten kommen. Nach der Destillation lagert Calvados 2–6 Jahre in Eichen- oder Kastanienfässern. Je älter er ist, desto aromatischer schmeckt er. Er hat mindestens 38 Vol.-%.

COGNAC

Dieser Branntwein wird aus ganz bestimmten weißen Trauben gebrannt, die innerhalb eines fest umrissenen Gebietes rund um die Stadt Cognac in der Charente im Südwesten Frankreichs angebaut und gebrannt werden. Jeder Cognac wird mindestens 2mal gebrannt und lagert mindestens 2 Jahre in Eichenfässern. Dabei erhält er seine dunkle, braune Farbe. Sein Alkoholgehalt beträgt 40 Vol.-%.

OBSTWASSER

Obstler, wie Kirschwasser und Zwetschgenwasser, werden meist aus Steinobstmaische destilliert und haben einen Alkoholgehalt von mindestens 40 Vol.-%.

RUM

Er wird aus der beim Sieden von Zuckerrohr übriggebliebenen, braunen Melasse destilliert. Jeder Rum ist nach der Destillation weiß und klar. Weißer Rum lagert dann in hellen Eschenholzfässern, später in Edelstahltanks. Brauner Rum reift in dunklen Holzfässern, wo er dann seine gelbliche oder bräunliche Farbe bekommt. Oft wird Zuckercouleur zugesetzt. „Original Rum" ist unverändert ohne Zuckerzusatz, „Echter Rum" ist auf Trinkstärke von 38 bis 54 Vol.-% herabgesetzt. Rumverschnitt wird mit neutralem Sprit und Wasser so verschnitten, daß er nur noch 5 % „Original Rum" enthält. Weißer Rum ist zarter im Geschmack als brauner, sein Aroma verfliegt schneller. Deshalb ist er zum Würzen weniger geeignet.

SAKE

Dieser hellgelbe, aus Reismelasse hergestellte Branntwein ist das Nationalgetränk der Japaner. Schmeckt sherryähnlich und hat einen Alkoholgehalt von 16 bis 17 Vol.-%. Man kann ihn durch Sherry ersetzen.

WEINBRAND

Er darf nur aus bestimmten Rebsorten hergestellt werden, muß mindestens zu 85 % in deutschen Brennereien verarbeitet sein und danach 6 Monate in Eichenfässern gelagert werden. Alter Weinbrand lagert 12 Jahre. Weinbrand wird wie Cognac 2mal destiliert.

VERWENDUNG

Hochprozentige Spirituosen eignen sich in der Küche vor allem zum Flambieren. Dafür wird der Alkohol erhitzt, danach über den Speisen kurz abgebrannt. Der Alkohol verdampft fast und dabei dringen Aromastoffe in die Speisen ein. Zudem fördert Flambieren das Bräunen und – sofern Zucker enthalten – das Karamelisieren.
Außerdem eignet sich Branntwein zum Ablöschen von Bratensaucen, zum Würzen von Eintöpfen und Suppen. Auch Desserts werden gerne mit Spirituosen verfeinert; Kirschwasser paßt ausgezeichnet zu allen Gerichten, die mit Kirschen zubereitet werden, Rum ist beliebt an Obstsalaten sowie Calvados für süße und herzhafte Apfelgerichte bestens geeignet ist.

LIKÖRE

Dies sind Spirituosen mit Zusatz von Zucker und aromatisierenden Stoffen, Pflanzen- und Fruchtaus- zügen sowie Destillaten, Frucht- säften oder ätherischen Ölen. Sie dürfen statt mit Zucker auch mit Kandiszucker, Glukose oder Honig gewürzt werden. Ihr Alkohol- gehalt liegt je nach Sorte zwischen 20 bis 35 Vol.-%.

AMARETTO

Ein bernsteinfarbener Likör aus Italien mit 28 Vol.-%. Wird aus süßen und bitteren Man- deln, Aprikosenkernen, Vanille und anderen Gewürzen her- gestellt.

ANISETTE

Gewürzlikör, der vorwiegend aus Sternanis hergestellt wird. Dazu kommen Zusätze, wie Fenchel, Gewürznelken, Kori- ander, Veilchenwurzel. Sein Alkoholgehalt liegt bei mind. 30 Vol.-%.

CASSIS

Ein dunkelroter Likör, der aus dem Saft von schwarzen Jo- hannisbeeren hergestellt wird. Sein Alkoholgehalt liegt bei mind. 20 Vol.-%. Ein Cassis darf sich nur Crème de Cassis nennen, wenn diese einen Mindestalkoholgehalt von 15 Vol.-% und einen höheren Zuckeranteil als Cassis auf- weisen kann.

COINTREAU

Dieser Likör wird aus reifen Bitterorangen und Zitronen gewonnen. Sein Alkoholgehalt liegt bei 40 Vol.-%.

Liköre eignen sich hervorragend zum Süßen von Obstsalaten und Desserts, zum Aromatisieren von Gebäck und Früchten. Zum Abschmecken von Saucen sind Cassis und Cointreau sehr beliebt, zum Verfeinern von Fisch und Meeresfrüchten nimmt der Feinschmecker gern Anisette.

LAGERUNG

Liköre halten sich auch angebrochen ohne Kühlung mehrere Monate.

KÜCHENTIP

Wenn Sie Saucen mit Likören abschmecken wollen, sollten Sie dies ganz zum Schluß tun, damit sich das Aroma des Likörs nicht verflüchtigt.

REZEPTVORSCHLAG

Sorbet au Cassis

Für 4 Personen

50 g Zucker

1 1/2 Tassen Wasser

400 g schwarze Johannisbeeren

4 EL Crème de Cassis

1 Eiweiß

1/2 EL Puderzucker

Den Zucker mit dem Wasser aufkochen und anschließend auskühlen lassen. Die Johannisbeeren waschen, putzen und in einem Mixer pürieren, das Zuckerwasser dazugeben, durch ein Sieb passieren und den Crème de Cassis unterrühren. Diese Masse in einer Schüssel in den Tiefkühlschrank stellen und öfters mit einem Schneebesen durchrühren. Das Eiweiß und den Puderzucker steif schlagen. Das gefrorene Eis in einer Schüssel nochmals durchrühren und das Eiweiß unterheben. In Gläsern servieren.

Anhang

Welches Gewürz paßt wozu?

	Suppen	Saucen	Salate	Gemüse	Hülsenfrüchte	Kartoffeln	Nudeln	Reis	Rind	Kalb
Ajowan				●	●			●	●	●
Anis				●					●	●
Bergkümmel	●			●						
Bockshornklee	●	●	●	●					●	●
Cayennepfeffer	●	●	●	●	●	●	●	●	●	●
Kardamom	●	●		●			●	●	●	
Koriander	●	●		●	●	●			●	●
Kreuzkümmel	●	●		●	●			●		
Kümmel	●	●	●	●		●				
Kurkuma	●	●		●			●	●	●	
Macis	●	●				●	●		●	●
Mohn		●		●		●	●		●	●
Muskatnuß	●	●		●		●	●		●	●
Nelken	●	●		●						
Paprikapulver	●	●	●	●	●	●	●	●	●	●
Pfeffer	●	●	●	●	●	●	●	●	●	●
Piment		●		●					●	●
Safran	●	●						●		
Sassafras	●			●					●	●
Schwarzkümmel				●	●					
Senfkörner	●	●		●				●	●	●
Sesam			●	●					●	
Sternanis									●	
Sumach		●	●		●			●	●	●
Szechuanpfeffer	●						●	●		
Vanille	●	●								●
Wacholder	●	●		●				●		
Zimt	●	●							●	●

Schwein	Lamm	Geflügel	Wild	Fisch	Meeresfrüchte	Desserts	Gebäck	Eingemachtes	Getränke	Welches Gewürz paßt wozu?
●	●	●					●	●		Ajowan
●		●				●	●	●		Anis
								●		Bergkümmel
	●	●	●	●				●		Bockshornklee
●	●	●	●	●	●		●		●	Cayennepfeffer
●	●	●				●	●	●	●	Kardamom
●		●					●	●		Koriander
	●	●		●				●		Kreuzkümmel
●	●				●		●			Kümmel
		●		●	●			●		Kurkuma
●	●			●		●	●		●	Macis
●	●						●			Mohn
●	●			●		●	●		●	Muskatnuß
●			●			●	●	●	●	Nelken
●	●	●		●				●		Paprikapulver
●	●	●	●	●	●	●	●	●	●	Pfeffer
●			●				●	●	●	Piment
	●	●		●		●	●			Safran
●	●	●		●	●					Sassafras
	●	●					●	●	●	Schwarzkümmel
		●		●				●		Senfkörner
		●					●			Sesam
●		●				●	●	●	●	Sternanis
●	●	●		●	●					Sumach
●		●		●						Szechuanpfeffer
		●				●	●	●	●	Vanille
●			●	●						Wacholder
	●	●	●			●	●	●	●	Zimt

Welches Kraut paßt wozu?	Suppen	Saucen	Salate	Gemüse	Hülsenfrüchte	Kartoffeln	Nudeln	Reis	Rind	Kalb
Bärlauch	●	●	●	●	●	●	●	●	●	●
Basilikum		●	●	●			●		●	●
Beifuß	●			●		●				
Bohnenkraut			●	●	●					
Borretsch		●	●	●					●	
Bouquet garni		●							●	●
Brunnenkresse	●	●	●			●				
Curryblätter	●		●					●	●	●
Dill		●	●	●						●
Estragon		●	●	●						●
Fines herbes	●	●								●
Kapuzinerkresse	●	●	●	●		●				
Kerbel	●	●	●							●
Koriander	●	●		●						
Kresse	●	●								
Liebstöckel	●	●	●	●	●	●			●	
Lorbeer	●	●							●	
Löwenzahn	●	●	●	●						
Majoran		●			●	●				
Minze	●	●		●					●	
Oregano	●	●	●	●		●	●		●	
Petersilie	●	●	●	●	●	●	●	●	●	●
Pimpinelle	●	●	●	●						
Portulak	●	●	●	●					●	●
Rauke	●	●	●	●				●	●	
Rosmarin				●	●					
Salbei						●		●	●	●
Sauerampfer	●	●	●	●						
Schnittlauch	●	●	●			●	●		●	
Schnittknoblauch	●	●	●							
Süßdolde		●	●	●						
Thymian	●	●		●	●	●			●	
Tripmadam	●		●			●			●	●
Waldmeister										
Weinraute	●	●	●						●	
Ysop	●	●	●		●	●			●	●
Zitronengras	●	●						●		●
Zitronenmelisse	●	●	●	●		●			●	●
Zitronenblätter	●	●							●	●

Schwein	Lamm	Geflügel	Wild	Fisch	Meeresfrüchte	Desserts	Gebäck	Eingemachtes	Getränke	Welches Kraut paßt wozu?
●	●	●	●	●	●					Bärlauch
●	●	●		●						**Basilikum**
●	●	●								Beifuß
●	●		●					●		**Bohnenkraut**
●				●				●	●	Borretsch
●	●			●						**Bouquet garni**
										Brunnenkresse
●	●	●		●						**Curryblätter**
		●		●	●					Dill
		●		●				●		**Estragon**
		●								Fines herbes
						●		●		**Kapuzinerkresse**
		●		●						Kerbel
		●		●				●		**Koriander**
				●	●					Kresse
										Liebstöckel
			●	●				●		Lorbeer
										Löwenzahn
●	●	●		●						Majoran
●	●	●				●		●	●	**Minze**
●										Oregano
●	●	●	●	●						**Petersilie**
				●				●	●	Pimpinelle
●		●		●						**Portulak**
										Rauke
	●	●						●		**Rosmarin**
●		●					●			Salbei
	●	●		●						**Sauerampfer**
●				●						Schnittlauch
										Schnittknoblauch
						●				Süßdolde
●	●	●		●	●					**Thymian**
●				●				●		Tripmadam
					●			●		**Waldmeister**
●		●	●	●				●		Weinraute
●	●			●						**Ysop**
●	●	●			●					Zitronengras
●	●	●		●		●		●	●	**Zitronenmelisse**
●	●	●		●						Zitronenblätter

295

Pflanzkalender

Name	Aussaat	Pflanzzeit
Basilikum	Frühjahr	Anfang Juni
Beifuß		Mai
Beinwell	Frühjahr	
Bohnenkraut	Mai–September	
Borretsch	April–Juni	
Brunnenkresse	Frühjahr	
Dill	April–Juni	
Estragon		Spätfrühjahr
Kapuzinerkresse	Frühjahr	
Kerbel	Frühjahr/Spätsommer	Frühjahr
Koriandergrün	Frühjahr	Frühjahr/Herbst
Kresse	Februar–Oktober	
Liebstöckel	April–September	Frühjahr/Herbst
Lorbeer		Frühjahr
Löwenzahn	Frühjahr–Herbst	
Majoran	März/April	Frühjahr/Frühsommer
Minze	Frühjahr/Spätsommer	Frühjahr
Oregano		Frühjahr
Petersilie	Frühjahr/Hochsommer	Frühjahr
Pimpinelle	April	Frühjahr
Portulak	Mai–September	
Rauke	Frühjahr	
Rosmarin		Frühjahr
Salbei	April	Mai
Sauerampfer	August	
Schnittlauch	Frühjahr–Spätsommer	Frühjahr/Herbst
Schnittknoblauch	März–April	
Süßdolde	Frühjahr–Spätsommer	Frühjahr/Herbst
Thymian	Frühsommer	Frühjahr
Tripmadam	Frühjahr	Frühjahr
Waldmeister		
Weinraute	Spätfrühjahr	Mittleres Frühjahr
Ysop	April	Frühjahr
Zitronenmelisse	Frühjahr	Frühjahr/Herbst

LAGE	ERNTEZEIT	VERWENDUNG
Sonne	ganzjährig	Blätter
Sonne	Juli–August	Blütenrispen
Sonne, Schatten		Blätter, Samen
Sonne, Halbschatten	Juli–Oktober	Blätter
Sonne, Halbschatten	Mai–September	Blätter, Blüte
Sonne, Halbschatten	Mai–September	Blätter
Sonne	Mai–August	Blätter, Samen
Sonne, Halbschatten	ganzjährig	Blätter
Sonne, Halbschatten	Sommer	Blätter, Samen
Sonne, Halbschatten	ganzjährig	Blätter
Sonne	ganzjährig	Blätter
Halbschatten	Februar–Herbst	Blätter
Halbschatten	ganzjährig	Blätter, Wurzel
Sonne	Sommer	Blätter
Sonne	Frühjahr	Blätter, Blüte, Wurzel
Sonne	Sommer–Frühherbst	Blätter
Sonne	Sommer	Blätter, Blütenspitzen
Sonne	Sommer	Blätter
Sonne, Halbschatten	Frühjahr–Herbst	Blätter, Wurzel
Sonne	ganzjährig	Blätter
Sonne	Mai–September	Blätter
Sonne	ganzjährig	Blätter
Sonne	Mai–Juli	Blätter, Blüte
Sonne	Juni–August	Blätter
Sonne, Halbschatten	Frühjahr	Blätter
Sonne, Halbschatten	Frühjahr–Herbst	Blätter, Blüte
Sonne, Halbschatten	Juni–Oktober	Blätter, Blüte, Stengel
Sonne, Halbschatten	Frühjahr–Herbst	Blätter, Samen, Wurzel
Sonne	Mai–Juni	Blätter
Sonne	ganzjährig	Blätter
Schatten	April–Juni	Blätter, Blüte
Sonne	Anfang Mai–August	Blätter
Sonne	ganzjährig	Blätter
Sonne, Schatten	Juni–August	Blätter

Rezeptverzeichnis

Register

ISBN: 978-3-8094-3363-7

1.Auflage
© 2015 by Bassermann Verlag, einem Unternehmen der
Verlagsgruppe Random House GmbH, 81673 München

Umschlaggestaltung: Atelier Versen, Bad Aibling
Layout: AS-Design, Ilse Stockmann-Sauer, Offenbach
Gestaltung: Christa Johanna Gramm
Redaktion: Marlein Auge
Redaktion dieser Ausgabe: Birte Schrader
Bildredaktion: Dr. Ruth Leners und Karin Herty
Herstellung: Albert Brühl
Herstellung dieser Ausgabe: Reinhard Soll
Umschlagfoto: StockFood (Studio Trizeps), München

Fotos im Innenteil:
AKG photo, Berlin: S. 6/7, 9; Beat Ernst, Basel: S. 31, 45; FALKEN Archiv: S. 2/3,
4, 13, 15, 16, 24, 27, 29, 30, 32, 34, 35, 37, 41, 43, 44, 46, 48 li., 48 re., 49 li., 49 re., 51,
52, 60, 62, 64, 65, 67, 69, 70, 75, 76, 82 li., 88, 89, 103, 104, 108, 112, 114, 115, 118 ,
120, 125, 126, 127, 128, 129, 130, 132, 133, 134, 138, 139, 140, 142, 143, 144, 146, 149,
151, 153, 156, 157, 158, 159, 161, 163, 167, 170, 174, 187, 189 li., 189 re., 206 li., 206
re., 207 li., 207 re., 209, 212 li., 212 re., 215, 220, 222, 229, 231, 232, 233, 235, 240,
243, 248, 263, 271, 272, 280/281, 282, 283, 286, 287, 288, 290/291; Fotolia/RF: S. 279
(drubig-photo); Löwen Senf, Düsseldorf: S. 191; Maggi GmbH, Frankfurt: S. 173 und
176; Reinhard-Tierfoto, Heiligkreuzsteinach: S. 17, 19, 28, 33, 36, 38, 40, 42, 50, 53,
61, 66, 113, 119, 121, 123, 145, 147, 152, 154, 202/203, 218, 234, 238/239, 246/247,
254, 259, 261, 266, 269; StockFood, München: S. 204 (TH Foto-Werbung), 225, 226
(S. & P. Eising); Thomy, Frankfurt: S. 184; TLC-Foto-Studio-GmbH, Velen-Rams-
dorf: S. 20, 22, 26, 39, 54, 56, 58 li., 58 re., 59, 63, 72, 78, 80, 82 re., 83, 84, 85 , 91, 92,
95, 96, 97, 98, 110, 117, 122, 124, 131, 135, 136, 148, 155, 164, 166, 175, 177, 179, 180,
194, 195 li., 195re., 197, 198, 211, 214, 217, 224, 227, 237, 249, 252, 256/257, 264/265,
275, 284; Südwest Verlag: S. 106 (N.N.), 107 (J. Heller)

Satz: Lithotronic Creative Repro GmbH, Frankfurt/M.
Satz dieser Ausgabe: Jung Medienpartner GmbH, Limburg
Druck und Bindung: Tesinska tiskarna, a.s., Cesky Tesin
Printed in the Czech Republic

Verlagsgruppe Random House FSC® N001967
Das für diesen Titel verwendete FSC®-zertifizierte Papier
Profimatt liefert Sappi, Ehingen.

67418310511

Der große Führer von Englands „Kräuterkönigin"

256 Seiten, über 450 farbige Abbildungen
ISBN 978-3-8094-3278-4

Dieser umfassende Ratgeber enthält die Porträts von mehr als 300 Kräuterarten und -sorten. Sie erfahren alles Wichtige zur Kultivierung, Vermehrung, zur Haltung in Kübeln und in Mischkulturen sowie zur Ernte, Konservierung und Lagerung. Bei Küchenkräutern werden die besten kulinarischen Verwendungsmöglichkeiten beschrieben, ergänzt durch besondere Kochrezepte, und bei Heilkräutern erhalten Sie Hinweise auf ihre Anwendung.

Besuchen Sie uns
auch auf

www.bassermann-verlag.de

Kochen lernen mit dem Profi